KB188635

10대라면 반드시 알아야 할
동양고전에서 배우는 한국 인물사

10대라면 반드시 알아야 할
동양고전에서 배우는 한국 인물사

초판 1쇄 인쇄 2024년 10월 23일
초판 1쇄 발행 2024년 10월 27일

지은이 김옥림

펴낸이 박세현
펴낸곳 팬덤북스

기획 편집 곽병완
디자인 김민주
마케팅 전창열
SNS 홍보 신현아

주소 (우)14557 경기도 부천시 조마루로 385번길 92 부천테크노밸리유1센터 1110호

전화 070-8821-4312 | **팩스** 02-6008-4318
이메일 fandombooks@naver.com
블로그 http://blog.naver.com/fandombooks

출판등록 2009년 7월 9일(제386-251002009000081호)

ISBN 979-11-6169-320-0 03910

10대라면 반드시 알아야 할

동양고전에서
배우는

한국
인물사

팬덤북스

동양고전을 통해
한국의 위대한 인물을 배우고 익히다

고전이란 오랫동안 많은 사람에게 널리 읽히고 모범이 될 만한 문학이나 예술작품을 말한다. 그런 까닭에 고전을 고문진보古文眞寶라 일컫는다. 그러니까 고전은 진귀한 보배라는 것이다.

고전은 크게 동양고전과 서양고전으로 나뉜다. 동양고전은 동양에서 오랫동안 많은 사람에게 널리 읽히고 모범이 되어 왔던 문학이나 예술작품을 말하고, 서양고전은 서양에서 오랫동안 많은 사람에게 널리 읽히고 모범이 되어 왔던 문학이나 예술작품을 말한다.

그런데 동양고전 중엔 중국고전이 보편적으로 널리 읽혀져 왔다. 우리나라 또한 예로부터 중국에서 많은 영향을 받았다. 중국에서 들여온 노자의 《도덕경》과 《논어》 《맹자》 《대학》 《중용》 등의 사서四書와 《시경》 《서경》 《역경》 등의 삼경三經을 비롯한 많은 책과 성리학과 같은 학문을 받아들여 고려와 조선 시대 우리나라 학자들은 그것을 바탕으로 연구하여 우리만의 학문으로 체계화시키고, 갖가지 책을 저술하였다. 그 이유는 중국은 오랜 역사 동안 동양권에서 사상과 학문이 발달한 나라였기 때문이다. 그래서일까 동양고전하면 대개 중국고전을 일러 말하는 경향이 짙다.

그렇다면 고전의 가치는 무엇이며 왜 고전을 읽어야 하는 걸까?

고전은 어렵지만 옛사람들의 삶의 지혜와 철학과 사상이 담겨 있어, 현실을 살아가는 데 있어 빛과 소금의 역할을 하기에 부족함이 없기 때문이다. 그런 까닭에 몸과 마음이 한창 자라나는 우리 10대들이 고전을 읽는다면 생각이 자라고 마음이 자라는 데 큰 도움이 되리라 생각한다.

이 책은 그런 목적을 가지고 쓴 책으로서 널리 알려진 중국고전 중에서도 우리 10대들이 읽고 마음에 새기면 도움이 될 만한 책들을 가려 뽑아, 그 책이 담고 있는 주제와 내용, 그리고 편찬한 배경에 대해 설명함으로써 10대들이 쉽게 이해하고 상식을 키우게 했다.

여기에 그것만으로는 부족하다 여겨 고전을 바탕으로 하여 우리 10대들에게 폭넓은 지식을 길러주고 싶었다. 그래서 각 고전

의 주제 또는 인물 그리고 내용에 들어 있는 핵심적인 말 등, 그
것들과 잘 맞는 한국사의 역사적인 인물과 역사적인 사건을 접
목시킴으로써 입체적인 학습효과를 거두게 하였다. 이것이 이
책이 지니는 가장 큰 장점이자 특징이라고 할 수 있는데, 이런 식
으로 쓴 10대를 위한 책은 이 책이 처음이라 글을 쓴 저자로서 자
부심이 크다 하겠다.

이 책엔 노자의 《도덕경》과 《논어》《맹자》《대학》《중용》을 비
롯해 모두 27권의 동양고전이 들어 있고, 그것을 바탕으로 하여
쓴 다양한 한국사의 인물과 역사적인 사건이 펼쳐져 있다. 그런
까닭에 이 책을 읽는 것만으로도 많은 지식을 쌓음은 물론 옛사
람들의 지혜와 삶을 배울 수 있어 10대들에게 큰 도움이 되리라
생각한다.

김옥림

차례

01

노자의
《도덕경》

● **노자** 老子 기원전 571~471 추정

중국 제자백가 가운데 하나인 도가의 청시자이자 학자이다. 저서로 《도덕경》이 있다.

● 《**도덕경** 道德經》

기원전 4세기에 발간되었으며 5,000자에 총 81장으로 구성되었다. 상편 37장을 <도경>이라 하고, 하편 44장은 <덕경>이라고 한다. 노자의 핵심사상인 무위자연에 대해 다각적으로 펼쳐 인간으로서 인간답게 살아가는 데 근본으로 삼아 행해야 할 지침과도 같은 책이다.

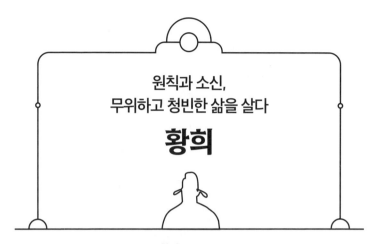

원칙과 소신,
무위하고 청빈한 삶을 살다

황희

◎ 황희黃喜 1363~1452
조선 전기 문신으로 세종대왕 때 18년 동안 영의정을 지냈다.
세종의 절대적 신임을 받은 명재상으로 청백리로 백성들의 존경을 받았다.

● 노자의 순리대로 사는 삶의 지혜

노자는 중국 제자백가 가운데 하나인 도가의 청시자이자 학자
이다. 노자는 자연의 이치를 따르고 무위無爲하게 사는 도道를 중
요하게 생각했다. 노자가 말하는 무위란 '자연을 그대로 두고 인
위를 가하지 않음'을 발한다. 다시 말해 자연의 순리에 따르는 것
으로 인간이 인간의 생각에 의해서 판단하거나 그것을 좌지우
지해서는 안 된다는 것이다. 그러니까 있는 그대로 따르는 것이

바로 무위라는 것이다. 노자에게 물은 무위중심사상의 요체要諦
이다. 물은 위에서 아래로 흐르고, 높은 곳에서 떨어져도 깨지지
않는 부드럽지만 강한 존재이다. 물과 같이 순리를 거스르지 않
고 사는 것 그것이 노자의 사상이다.

노자의 사상을 집대성한《도덕경道德經》은 기원전 4세기에 발간
되었으며, 5,000자에 총 81장으로 구성되었다. 상편 37장을 〈도
경道經〉이라 하고, 하편 44장은 〈덕경德經〉이라고 한다.《도덕경》
은 노자의 핵심사상인 무위자연無爲自然에 대해 다각적으로 펼쳐
보임으로써, 인간으로서 인간답게 살아가는 데 근본으로 삼아
행해야 할 지침과도 같은 책이다.

노자사상을 이해한다는 것은 난해할 수 있지만, 이를 쉽게 이
해하는 데 도움을 주기 위해 앞에서 말한 무위사상의 요체인 물
에 대한 이야기를 좀 더 하고자 한다.

물은 가장 대표적인 자연 중 하나이다. 물은 높은 곳에서 낮으
로 곳으로 흐르되, 아래에서 위로 흐르지 않는다. 낮은 곳에서
위로 흐르게 하려면 인위사람의 힘으로 이루어지는 일 를 가해야 한다.
다시 말해 물을 끌어 올리는 펌프라는 기계를 사용하여야만
한다. 그런데 그렇지 않고는 자연적으로 절대 낮은 곳에서 높은
곳을 향해 흐르지 않는다. 만일 그렇게 된다면 자연의 질서는 제
대로 유지 될 수 없다. 뒤죽박죽 엉망진창이 되어 소멸을 불러일
으키게 될 것이다. 그런 까닭에 물은 높은 곳에서 낮은 곳으로 흘
러가야 정상이다.

그런데 인간의 편의를 위해 인위를 가해 물길을 막는다면 어

떻게 될까? 당연히 문제를 일으키게 된다. 이를 잘 알게 하는 것이 4대강 사업에서 드러났다. 4대강 사업이란 이명박 정부 때 국토의 물자원을 효과적으로 이용 관리하기 위해 실시한 4대강 유역의 종합개발을 말한다. 4대강 사업은 총사업비 22조 원을 들여 한강, 낙동강, 금강, 영산강 외에도 섬진강 및 지류에 보 16개와 댐 5개, 저수지 96개를 만들어 4년만에 공사를 마무리하겠다는 목표로 추진해 2013년에 완료했다. 그런데 문제는 아무리 목적이 좋아도 현실에 문제가 생긴다면 그것은 아니함만 못한 것이 되고 만다.

댐과 보를 만들어 물길을 막고 물을 저장하자 문제가 생긴 것이다. 물에 녹조가 끼고 물이 썩어 오염되자 물고기를 비롯한 생물들이 떼죽음을 당하는 등 많은 문제가 4대강 곳곳에서 야기되었다. 이로 인해 환경이 훼손되고 많은 문제에 봉착하고 말았다. 그러는 중에도 물길을 터준 보에는 녹조가 끼는 일이 발생하지 않았다. 자연의 법칙에 따라 물이 흐르도록 물길을 그대로 두었기 때문이다. 이처럼 인위를 가한다는 것은 자연의 이치를 거스르고 순리를 벗어나는 일인 것이다.

이는 사람 또한 마찬가지이다. 사람도 순리에 따라 살면 문제가 되지 않으나 순리를 벗어나 살 때 문제를 일으키게 된다. 하지만 무위하게 살면 순리를 거스르지 않아 높은 품격을 지닌 채 존경받는 삶을 살아가게 된다. 평생을 무위한 삶을 실천함으로써 임금과 나라에는 충신이요 만백성들에겐 삶의 귀감이 된 이야기이다.

• 조선시대 청백리의 표상, 황희

황희는 태종이 왕위에 오르고 지신사(知申事 고려시대 밀직사의 정3품 관직으로 왕명의 출납을 맡았음. 이후 도승지로 명칭이 바뀜) 박석명의 천거로 발탁되었다. 그는 뛰어난 학문과 인품으로 태종의 두터운 신임을 받았다. 박석명 후임으로 지선사를 거쳐 1409년 참지의정부사가 되고, 형조판서, 지의정부사, 대사헌 등을 지냈다. 그 후 병조판서, 예조판서, 이조판서, 호조판서, 공조판서를 지내며 주요 관직을 두루 지냈다.

"공신은 아니지만 나는 공신으로서 대우했고, 하루라도 접견하지 못하면 반드시 불러서 접견했으며, 하루라도 좌우를 떠나지 못하게 하였다."

태종의 말에서 보듯 그에 대한 태종의 신임이 얼마나 두터운지를 잘 알 수 있다. 그러나 1416년에는 세자인 양녕대군의 잘못된 행동을 옹호하다가 파직되었다. 그후 조정에 복귀하여 공조판서, 평안도도순문사 겸 평양윤, 판한성부사를 역임하였다. 하지만 또다시 세자 폐출(작위나 관직을 떼고 내침)의 불가함을 주장하다가 태종의 진노를 사서 교하로 유배되고, 곧 남원부에 보내졌다.

세종이 즉위하고 1422년 유배에서 풀려나 직첩(조정에서 내리는 벼슬아치의 임명장)과 과전(과전법에 따라 관원에게 나누어 주던 토지)을 돌려받고 참찬으로 복직되었다. 1423년 예조판서에 이어 기근이 만연된 강원도에 관찰사로 부임하여 기근을 극복하는 데 힘썼다. 1426

년에는 이조판서와 찬성을 거쳐 우의정에 제수되었다. 이듬해 좌의정 겸 판이조사가 되었고, 그 해 어머니의 상으로 사직하였다.

하지만 그뒤 복직되어 다시 좌의정이 되었으며, 1431년 영의정부사에 오른 뒤 1449년까지 무려 18년 동안이나 영의정으로서 세종을 도와 헌신하였다. 영의정에서 물러난 뒤에도 중대사가 있을 때 세종은 그에게 자문을 구하는 등 절대적으로 신임하였다.

황희의 업적으로는 농사개량에 관심을 갖고 곡식 종자를 배급하고, 각 도에 뽕나무를 많이 심어 의식주생활을 풍족하게 하였다. 또한 국방문제에도 관심을 기울여 북방 오랑캐와 남방 왜에 대한 방비책을 강구하였다. 그리고 예법을 바르게 잡는 데에 주력해, 고려의 예법을 명나라의 예법과 조선의 현실을 참작해서 보완하고 개정하였다.

인권에도 관심을 두고 천첩소생의 천역을 면제하는 등 태종 재위의 국가기반을 확립하는 데 공헌하였다. 세종 재위기간에는 중앙과 지방 백성들의 마음을 하나로 끌어 모으면서 4군 6진의 개척, 외교와 문물제도를 정비하고, 집현전을 중심으로 한 문물의 진흥 등을 지휘하고 감독하였다. 특히, 세종 말기에 세종의 숭불과 연관해 궁중 안에 설치된 내불당內佛堂을 두고 일어난 세종과 유학자 중신 사이의 마찰을 완화하고 바로잡는 데 힘썼다.

하지만 그의 업적 중 최고의 업적은 세종대왕을 잘 보좌함으로써, 한글창제 등 수많은 치적을 쌓아 성군이 되는 데 크게 일조한 것이라고 할 수 있다. 황희는 일인지하 만인지상—人之下 萬人之上인 영의정이라는 막강한 자리에까지 올랐지만, 그의 삶은 늘 청빈했다. 공무를 볼 때는 관복을 입었지만 집으로 귀가해서는 기운 옷을 입고 소박한 음식을 먹었으며, 종의 아이들을 친손자 같이 대했다. 집에서 부리는 종들에게도 신분의 차이가 없는 듯 행동했다. 반상의 법도가 엄격한 당시의 상황에서 상하관계에 그처럼 할 수 있다는 것은 인품과 도량이 어떠한지를 잘 알게 한다. 이에 대한 이야기를 보자.

어느 날 황희 정승이 편지를 한 통 써 두었는데, 하인의 아이가 그 위에다 그만 오줌을 싸고 말았다. 그러나 그는 화를 내기는커녕, 아이의 머리를 쓰다듬으며 다음부턴 편지에 오줌 누지 말라고 말했다. 또 어느 날 그가 술을 마시고 있는데, 또 다른 하인의 아이가 흙 묻은 맨발로 들어와서는 술안주를 맨 손으로 집어 먹었다. 그리고는 어떨 결에 그의 발을 밟고 말았다.

"아이고 아프다. 이놈!"

그는 이렇게 말하며 껄껄 웃었다. 다른 양반들 같으면 하인을 불러다 호통을 치고 한바탕 난리가 났을 텐데 그는 아무렇지도 않게 여겼던 것이다. 그의 자애로운 마음을 알 수 있는 이야기를 한 가지 더 보기로 하자.

모처럼 그가 집에서 쉬고 있을 때였다. 피곤한 몸을 뉘인 채 깜빡 낮잠에 빠져들었는데 덜그럭거리는 소리에 눈을 떠보니, 선반 위 접시에 있던 배를 두 마리의 쥐가 옮기고 있었다. 그 모습이 하도 신기해 지그시 바라보다 다시 잠이 들었다.

얼마나 잤을까. 그는 밖에서 여종이 야단맞는 소리에 그만 잠이 깨고 말았다. 무슨 잘못을 했는지 부인이 따끔하게 야단을 치고 있었다. 그 이유는 선반 위에 올려놓았던 배가 없어지자 부인이 여종을 의심하였던 것이다. 부인의 계속 된 추궁에도 여종이 자신의 한 일이 아니라고 하자 "안 되겠구나. 따끔한 맛을 봐야 네가 실토를 하겠구나."라고 말하며 무섭게 매를 들었다. 여종은 매질을 당하면서도 자신의 결백을 주장했다.

황희 정승은 안 되겠다 싶어 자리에서 일어나 밖으로 나갔다. 그때 여종의 목소리가 들려왔다. 여종은 매를 견디지 못하고 자신이 한 짓이라며 거짓으로 잘못을 고백하고 있었다. 황희 정승은 자신이 잠결에 본 것을 부인에게 말해 여종의 억울함을 풀어주었다. 그는 이 일을 통해 매가 사람을 죄인으로 만든다는 것을 깨달았다.

다음 날 황희 정승은 입궐해 자신이 겪은 일을 세종대왕에게 아뢰고, 옥에 갇힌 죄인들 중에 죄가 확실하지 않은 자들의 방면을 주청했다. 세종대왕은 그의 주청을 받아들여 죄목을 재조사하여 죄목이 확실하지 않은 자들을 방면해주었다.

황희 정승은 인간의 존엄성을 존중했다. 그는 신분을 막론하고 배울 것이 있으면 배웠다. 그는 하늘을 나는 새도 떨어뜨린다는 권력을 가졌지만 남용하지 않았다. 덕으로 아랫사람들을 대하며 섬기는 마음으로 백성들을 다스렸다. 그는 인간의 도리가 무엇인지 잘 알고 실천한 참사람이었다.

일화에서 보듯 황희 정승은 하인이든 하인의 아이든, 자신이 부리는 하인이 아닌 한 사람의 인격체로 대했던 것이다. 그러니 어찌 그를 존경하지 않을 수 있을까. 사람은 누구나 평등하다는 기본 인권론을 600년 전에 이미 그는 지키고 실천했던 것이다. 참으로 높은 도량이 아닐 수 없다.

황희 정승이 청백리로 모든 사람을 따뜻하게 품고 담백한 삶을 살았던 것이나, 태종과 세종대왕의 조력자로 헌신함으로써 나라와 백성을 위해 최선을 다할 수 있었던 것은 노자의 사상인 무위한 삶을 철저하게 실천으로 옮겼기 때문이다.

우리 10대들은 노자의 무위사상을 실천한다는 것은 실현 불가능한 일이라고 여겨질 것이다. 이는 어른들도 마찬가지다. 하지만 무위하게 살도록 노력한다면 개개인의 삶의 질을 높임은 물론 점점 황폐화되어 가는 자연도 본래대로 회복되게 할 수 있다. 또 그럼으로써 지금보다 월등히 인간답고 풍요로운 삶을 살아가게 될 것이다. 그렇다. 무위한 삶이야말로 인간본질을 지키며 사는 최선이자 삶의 근본임을 잊지 말아야겠다.

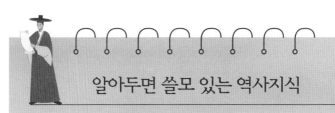

• 황희의 업적 중 최고의 업적은 세종대왕을 잘 보좌함으로써 세종대왕이 한글창제 등 수많은 치적을 쌓아 성군이 되는 데 크게 일조했다.

• 황희의 업적으로는 첫째, 농사개량에 관심을 갖고 곡식 종자를 배급하고 둘째, 각 도에 뽕나무를 많이 심어 의식주생활을 풍족하게 하였다. 셋째, 국방문제에도 관심을 기울여 북방 오랑캐와 남방 왜에 대한 방비책을 강구하였다. 넷째, 예법을 바르게 잡는 데에 주력해, 고려의 예법을 명나라의 예법과 조선의 현실을 참작해 보완하고 개정하였다. 다섯째, 인권에 관심을 두고 천첩소생의 천역을 면제하는 등 태종대의 국가기반을 확립하는 데 공헌하였다. 여섯째, 세종대에는 중앙과 지방 백성들의 마음을 하나로 끌어 모으면서 4군 6진의 개척, 외교와 문물제도의 정비, 집현전을 중심으로 한 문물의 진흥 등을 지휘하고 감독하였다. 일곱째, 세종 말기에 세종의 숭불과 연관해 궁중 안에 설치된 내불당內佛堂을 두고 일어난 세종과 유학자 중신 간의 마찰을 완화하고 바로잡는 데 힘썼다.

02

공자의
《논어》

● **공자**孔子 기원전 551~기원전 479

중국 춘추전국시대의 교육자, 철학자, 사상가, 학자. 유교의 시조. 공자의 어록 모음 집인 《논어》가 있다.

● **《논어**論語**》**

유교경전으로 4서 논어, 맹자, 대학, 중용 중 하나로 공자의 가르침을 전하는 문헌으로, 일 반적으로 유교경전을 가르칠 때 제일 먼저 가르친다. 이 책은 인仁, 군자君子, 천天, 중 용中庸, 예禮, 정명正名 등 공자의 기본 윤리개념을 모두 담고 있다. 《논어》는 모두 20 편으로 구성 되어 있으며, 내용은 '배움'으로부터 시작해 '하늘'의 뜻을 아는 '지명知命' 으로 끝난다. 이를 좀 더 구체적으로 살펴보면 공자가 한 말, 공자와 제자 사이의 대 화, 공자와 사람들과의 대화, 제자들의 말, 제자들 간의 대화 등으로 짜여 있다. 《논 어》는 사람들이 반드시 갖춰야할 인격적인 품성을 기르는 데 큰 도움을 준다.

사림파의 영수,
학행일치의 삶을 실현하다

김종직

◎ 김종직金宗直 1431~1492

조선 전기 문신이자 성리학자. 형조판서. 중추부지사中樞府知事.
영남학파의 종조로 사림파 시조이다. 지은 책으로 《점필재집》《유두유록》
《청구풍아》《당후일기》《동문수》외 다수가 있다.

● 인륜의 기본을 알려준 공자의 《논어》

유교의 창시자인 공자孔子는 중국 춘추전국시대의 교육자, 철학
자, 사상가, 학자로 이름을 드높였다. 그는 배움을 중시하였으며,
그것을 실행에 옮기는 것을 근본으로 하였다. 그런 까닭에 그는
모든 사람이 배우는 데 힘쓰기를 주장하였으며 배움은 지식을
얻기 위한 것만이 아니라 인격을 기르는 거라고 정의하였다. 공
자는 평생을 배우고 가르치는 일에 전념하여 3천 명이 넘는 제자
를 두었다고 하니 참으로 놀랍다.

인仁, 군자君子, 천天, 중용中庸, 예禮, 정명正名 등은 공자의 기본 윤리개념으로 그의 어록인 《논어論語》에 잘 나타나 있다. 그의 기본윤리 중에도 인仁은 '어짊'을 뜻하는 말로 그의 핵심사상이라고 할 수 있다. 즉 인을 중심으로 인륜人倫을 건설하는 것을 목적으로 하였다. 그로인해 효, 장례 등의 실행을 커다란 덕목으로 삼았으며, 인간 사회에서 가족생활의 윤리가 국가와 천하를 평정해야 한다는 이른바 수신제가치국평천하修身齊家治國平天下가 그것이다

그렇다면 어진 사람이 되기 위해서는 어떻게 해야 할까?

꾸준히 배우고 익혀 자신을 성찰함으로써 덕德을 쌓는 것이다. 그러니까 마음이 어질면 덕을 쌓게 되고 덕을 갖추게 되면 천하에 부끄러움이 없어 성인聖人에 이르게 된다는 것이다. 이에 대한 말을 보자.

참으로 완전한 것은 하늘의 법칙이다. 그러므로 자기완성自己完成 즉 하늘의 법칙을 깨닫기 위해서 항상 끊임없이 자기완성을 위해서 노력하는 사람은 성인聖人이다. 성인은 선과 악을 구별할 줄 안다. 그는 선은 찾아내고 그 선을 잃지 않으려고 항상 노력한다.

이 말에서 보듯 자기완성, 다시 말해 덕을 갖춘 어진 사람이 되기 위해서는 항상 배우고 익히는 데 전념을 다해야 하는 것이다. 공자에게 있어 배움은 곧 어진 사람이 되어 덕을 쌓음으로써 성인에 이르는 것이다. 그런 까닭에 덕을 갖춘 어진 사람에겐 인

자무적仁者無敵 다시 말해 적이 없고, 덕불고필유린德不孤必有隣 이라 했느니, 이는 '덕이 있는 사람은 외롭지 않고 반드시 이웃이 있다'는 말이다.

그리고 공자는 말하기를 인원호재 아욕인사인지의仁遠乎哉 我欲仁斯仁至矣, 다시 말해 '인덕이 어디 멀리 있는 것인가, 내가 어질고자 하면 어짊에 이른다'라고 하였다. 그러니까 의지만 갖고 노력하면 얼마든지 어진 사람이 되어 덕을 쌓을 수 있다는 말이다.

여기서 중요한 것은 배움은 어진 사람이 되고 덕을 갖추는 절대적인 수단으로서의 가치를 지닌다. 그러기 때문에 배움을 통해 덕을 쌓게 되면 배운 대로 행하게 됨으로써 어질고 덕망을 갖춘 성인이 된다는 것이다.

배움을 삶에 일치시키는 것을 학행일치學行一致라고 한다. 그래서 노자와 공자, 맹자와 같은 이는 성현으로 추앙받았고 지금도 높임을 받고 있다. 이렇듯 배움의 본질은 배운 것을 삶에 실천하는데 있고, 사람다운 인품을 갖추는 데 있다. 하지만 오늘날의 교육은 좋은 대학을 나와 좋은 직업을 갖는 데 그 목적이 있다. 그러다보니 좋은 대학에 가기 위해 치열한 경쟁을 일삼고, 전국 학원가에는 학생들로 불야성을 이룬다. 학문의 본질이 오도誤導되었음은 물론 그로인해 학문은 돈벌이의 수단으로 전락되었다.

스승은 없고 교사가 밥벌이의 수단으로 전락되고, 스승을 존경하기는커녕 스승을 함부로 대하는 제자들이 곳곳에서 문제화되고 있다. 스승과 제자의 도가 땅에 떨어지고 만 것이다.

그렇다면 진정한 배움의 도가 무엇이며, 학행일치의 삶이 어떤 것인지를 잘 알게 하는 이야기를 보기로 하자.

● 학행일치의 지식인, 김종직

조선 전기 문인이자 문신이며 성리학자인 김종직은 늘 적극적인 자세로 학문연구에 힘쓴 학자였다. 그는 정몽주에서 길재로, 길재에서 그의 아버지인 김숙자에게 이어진 학풍을 이어받아 크게 발전시킴으로써 영남학파의 종조가 되었으며 사림파의 시조가 되었다. 영남학파란 조선시대에, 영남지방을 중심으로 활동하던 성리학의 학파를 말하는 것이며, 사림파란 성리학을 숭상하며 훈구파와 대립했던 조선의 신진지배층을 말한다.

김종직은 어린 시절 총명하여 암기에 능했으며 날마다 수 천 자씩 기억해 신동으로 불렸다. 그는 15살에 이미 시문에 능해 많은 문장을 지었으며 20살 이전에 뛰어난 문장으로 이름을 크게 떨친 것으로 유명하다. 그의 시를 본 조선전기 때 좌의정을 지낸 어세겸은 크게 감격하여 "나보고 말채찍을 잡고 하인이 되라 해도 달게 받아들이겠다."고 할 만큼 극찬하였다.

김종직은 성리학과 문학에 뛰어나 수많은 제자를 길러냈는데 대표적인 제자로 김굉필, 정여창, 김일손, 손중돈, 이복, 권오복, 남곤, 권경유, 남효은, 조위, 이원, 강희맹 등 일일이 셀 수 없을 정도로 많다. 조선 전기에서 중기로 내려오는 문신들 중 유명한 학자들은 대개 김종직의 학풍을 이어받은 제자들이라고 해도 과언이 아니다.

김종직을 따르는 제자들이 많았던 것은 그의 올곧은 정신과 뛰어난 학식, 학행일치學行一致때문이다. 특히 학문과 행동이 일치한다는 데 많은 사람들이 존경심을 품고 가르침을 받기 위해 몰려들었다고 한다.

김종직은 함양과 선산 임지에서 근무하는 동안 미신을 타파하고, 주자가례에 따라 관혼상제를 시행하도록 하고, 도박을 금지하였으며, 서당을 세워 아이들에게 천자문과 동몽선습, 사자소학을 가르치게 하였다. 또 서원을 장려하였다. 그리고 봄가을로 향음주례鄕飮酒禮 향촌의 유생이 모여 술을 마시며 잔치한 예절 와 양노례養老禮 향촌의 질서를 유지하기 위한 행사 를 실시하고, 풍기문란 단속과 성리학적 향촌사회의 질서를 수립하였다.

김종직은 사대부들이 중심이 되어 각 고을 행정을 관리 감독하는 일종의 민간자치기구인 유향소를 다시 부활시킬 것을 주장하였으며, 이를 반대하는 훈구파와 대립하였다. 그는 성종에게 건의하여 자신의 뜻대로 관철시켰다.

김종직은 면학 분위기를 조성하여 장려할 것을 건의하였으며, 문풍 진작과 학문권면을 성종에게 건의하며 말하기를 "전하, 아무리 군주라 하여도 도리와 덕을 지키지 않으면 비판받아 마땅하다 사려 되옵니다."라고 말하며, 면학 분위기를 위해 먼저 모범을 보여야 한다고 하자, 성종은 그의 견해에 동조하여 경연에 참여하여 학문을 강독하는 등 스스로 도학적인 자세로 국사에 임했다.

또한 김종직이 신분과 집안 배경을 가리지 말고 인재를 등용할 것을 진언하자, 성종은 그대로 시행했다. 그리고 전국 각지에 서원과 향교를 세워 학문을 적극 장려하여 전국적으로 면학 분위기 조성에 최선을 다했다.

성종은 김종직의 학문의 출중함과 올곧은 인품을 높이 샀다. 그의 말이라면 어떤 말도 받아들여 시행할 정도로 그를 신뢰했다. 김종직에 대한 성종의 믿음은 대단했다. 김종직을 끔찍이도 아끼고 의지했던 성종은 그에게 금대金帶를 선물로 하사하였고, 정치에 뜻을 접고 고향으로 내려간 그에게 세 번씩이나 간청하여 조정으로 불러들이는 등 극진하게 대했다.

이렇듯 김종직은 학행일치의 본을 실천함으로써, 성종의 총애를 한몸에 받으면서 수많은 제자들을 조정에 출사시켜 나라의 동량이 되게 하였다. 김종직은 옳고 그름에 정확했으며 의리와 믿음을 매우 중요하게 생각하였다. 세조 앞에서도 전혀 주눅 드는 법이 없었다. 이에 대한 일화이다.

김종직은 1463년에 세조에게 불사佛事를 간언하다가 파직당했다. 1464년에는 세조에게 음양오행 등의 잡학을 장려한다며 극구 반대하다 어려움을 겪기도 했다. 당시 신하로서는 가당치도 않은 일이라 강직하다 못해 무모해 보이기까지 했다.

그의 강직한 성품에 대한 또 다른 일화이다.

조선 전기 때 서얼 출신으로 세조의 총애를 받아 출사한 유자광은 예종 때에는 '남이의 옥'을, 연산군 때에는 '무오사화'를 주도한 당대의 간신으로 규정된 인물이다. 그가 경상도 관찰사로 있을 당시 소고대를 바라보고 내려와 학사루의 절경에 감탄하여 시를 짓고 그림을 그렸는데, 시를 현판으로 만들어 학사루에 걸어놓았다. 마침 함양군수로 온 김종직이 학사루에 걸린 유자광의 현판을 떼어내 불태워 버리라고 명하자, 이방은 관찰사가 쓴 현판이라 그대로 두는 것이 좋겠다고 말했다.

당시 김종직은 남이 장군을 역모를 꾸몄다고 모함하여 죽인 일로 유자광을 혐오하고 경멸했다. 김종직은 고매한 선비들의 현판 가운데 어찌 유자광 같은 간신 따위의 작품이 걸릴 수 있느냐며 현판을 내려 불태워 버리라고 명령했던 것이다. 이 소문을 듣고 유자광은 분노했지만 김종직을 상대한다는 것이 상관인 그로서도 어려운 일이라 어쩌지 못하고 속만 태웠다고 한다.

이처럼 김종직은 대쪽 같은 곧은 절개로 한 번 정한 원칙은 반드시 실행했으며, 자신이 한 말에 대해서는 목숨을 내놓을지언정 번복하는 법이 없었다. 세조가 조카 단종을 폐위시키고, 왕권을 빼앗은 것에 대해 비판하며 이를 항우가 초나라 의제를 살해한 것에 빗대 27살 때 '조의제문'을 지었다. 이것이 훗날 연산군 4년에 무오사화가 발발하는 원인이 되었다. 조의제문에서 보듯 정의에서 벗어난다는 것은 의리를 손상시키는 일이며, 그것은 패악하고 무도한 일이라고 본 것이다.

이처럼 김종직은 상대가 임금이든 그 누구든 정의에서 벗어나면 가차 없이 비판하였다. 그는 옳고 그름에 매우 엄격하였으며, 정의와 의리를 지키는 것이 신하된 자의 도리요, 백성의 도리라고 보았다. 하지만 안타깝게도 그가 지은 조의제문으로 연산군 4

년에 무오사화로 참화를 당하는 바람에, 그가 지은 값진 책과 시문 등 그에 관한 모든 기록들이 불태워지고 말았다.

김종직은 올 곧은 정신과 뛰어난 학문으로 언제나 한결같은 모습을 보이며 당파를 떠나 많은 사람들로부터 존경받은 현인이었다. 김종직이 학행일치의 삶을 추구했던 것은 공자의 가르침대로 배움의 본질을 잘 알았기에 이를 실천하는 데 주저함이 없었던 것이다. 그런 까닭에 그는 벼슬길에 나서서도 가르침을 실천하였으며, 이를 선비로서 제일로 여겼다. 나아가 자신에게 부끄러움이 없는 삶이 가장 으뜸이며, 그로써 나라와 백성에게 귀감이 되는 것을 '선비의 도'라 여겼다. 그의 말은 곧 행동이며, 행동은 곧 말이었다. 또한 그의 배움은 행동이며, 행동은 곧 배움과 같다고 할 수 있다.

알아두면 쓸모 있는 역사지식

• 김종직은 상대가 임금이든 그 누구든 정의에서 벗어나면 가차 없이 비판하였다. 그는 옳고 그름에 매우 엄격하였으며, 정의와 의리를 지키는 것이 신하된 자의 도리요, 백성의 도리라고 보는 원칙주의자였다.

• 영남학파란 조선시대에 영남지방을 중심으로 활동하던 성리학의 학파를 말하는 것이며, 사림파란 성리학을 숭상하며 훈구파와 대립했던 조선의 신진지배층을 말한다.

• 조의제문이란 세조가 조카 단종을 폐위시키고, 왕권을 빼앗은 것에 대해 비판하며, 이를 항우가 초나라 의제를 살해한 것에 빗대 27살 때 쓴 글을 말한다.

• 무오사화란 훈구파 유자광 일행이 사림파를 제거하기 위해, 김종직이 지은 조위제문을 빌미로 삼아 연산군 4년에 일으킨 사화를 말한다.

• 김종직의 업적은 성종을 보좌하여 훈구파를 견제함으로써 왕권을 강화시키고, 미신을 타파하고, 주자가례에 따라 관혼상제를 시행하도록 하고, 도박을 금지하였으며, 서당을 세워 아이들에게 천자문과 동몽선습, 사자소학을 가르치게 하였다. 또 서원을 장려하였다. 그리고 봄가을로 향음주례鄕飮酒禮와 양노례養老禮를 실시하고, 풍기문란 단속과 성리학적 향촌사회의 질서를 수립하였다. 나아가 각종제도를 개혁함으로써 성종이 나라를 굳건히 하는 데 크게 헌신하였다.

03

장자의
《장자》

● **장자**莊子 기원전 369~기원전 289
전국시대의 사상가.

● 《**장자**莊子》
전국시대의 사상가인 장자莊子의 사상과 가르침을 쓴, 도가 계열의 책으로 장자와 여러 사람의 글을 편집한 것이다. 33편이 현존하는데 장자 자신이 쓴 책은 <내편> 7편이며, 나머지는 <외편> 15편, <잡편> 11편은 장자의 문하생들이 지은 것이라고 알려져 있다. 장자莊子가 쓴 내편 7편은 <소요유> <제물론> <양생주> <인간세> <덕충부> <대종사> <응제왕>이다.

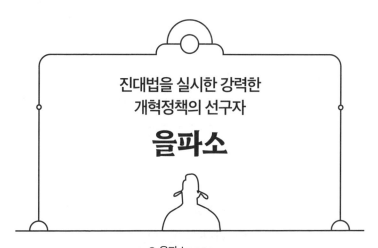

진대법을 실시한 강력한
개혁정책의 선구자

을파소

◎ 을파소乙巴素 ?~203
고구려의 국상이며 진대법을 실시하고 국가의 기강을 바로 세우는 데
크게 기여한 개혁주의자다.

● 자연으로 돌아가자는 장자의 철학

장자莊子는 전국시대 송나라의 사상가로 노자老子의 도가道家
를 계승하여 자신만의 철학을 확립한 사상가이다. 노자는 무위
한 삶을 살아가야 함을 주장하였다. 그렇다고 해서 가난하게 살
라는 말이 아니다. 순리를 거스르고 억지를 부리지 말고 살라는
말이다. 그것이 인간이 인간답게 사는 거라는 게 노자사상의 핵
심이다. 반면에 장자의 사상은 이를 넘어 삶을 초탈하여 살아야

한다는 것이다. 그는 자신의 사상을 실천하면서 평생을 살았다.

사마천이 지은 《사기史記》에 따르면, 장자는 초나라의 왕이 보낸 두 대부大夫에게 이렇게 말했다고 한다.

"당신들은 빨리 돌아가 나를 더 이상 욕되게 하지 마시오. 차라리 시궁창에서 뒹굴며 즐거워하면 했지 나라를 가진 제후諸侯들에게 구속당하고 싶지 않소이다. 죽을 때까지 벼슬을 하지 않음으로써 내 마음을 즐겁게 하고자 함이오."

장자의 말에는 자신을 구속하는 일엔 그것이 무엇이든 얽매이지 않겠다는 의지가 잘 나타나 있다. 그가 이런 자신의 생각을 바꾼다면 재상으로 남부럽지 않게 살 수도 있었다. 그의 이런 생각은 보통사람들은 이해하지 못할 것이다. 한 번 뿐인 인생을 멋지게 떵떵거리며 잘 살 수도 있는데, 왜 그처럼 자신을 가난하게 하고 비참하게 할까하고 말이다. 그의 사상을 이해하는 데 도움이되는 또 다른 일화이다.

장자의 임종을 앞두고 그의 제자들은 스승의 안장문제에 대해 어떻게 했으면 좋을지 상의하고 있었다. 그러자 장자는 이렇게 말했다.

"나는 천지를 관으로 삼고, 해와 달을 벗으로 삼으며, 별들을 보석으로 삼고, 만물을 휴대품으로 삼으니, 모든 장구는 다 갖춰진 셈이다. 그런데 여기에 무엇을 더 바라고 더 좋게 하겠느냐?"

이에 제자들이 말했다.

"관이 없으면 까마귀나 독수리 떼가 스승님을 뜯을까봐 심히 걱정이 되옵니다."

그러자 장자가 말했다.

"노천에 버리는 것은 까마귀나 독수리 떼에게 뜯어먹도록 주는 것이며, 땅에 묻는 것은 개미 떼나 땅강아지가 먹도록 내어주는 것이니 이 둘이 무엇이 다르겠느냐? 이는 마치 이쪽에서 식량을 빼앗아 저쪽에 보내는 것이나 마찬가지가 아니냐? 그러니 더 이상 아무 말 하지 마라."

장자의 말을 듣고 제자들은 더 이상 아무 말도 할 수 없었다. 참으로 장자다운 말이 아닐 수 없다. 장자는 대개의 사람이 바라는 일에서 자신을 멀리 두려고 했다. 시류에 야합하여 자칫 인간다움을 잃지 않으려는 것이 그의 사상의 본질인 것이다. 이렇게 산다는 것은 자신에게 엄격하지 않으면 절대 할 수 없는 일이다. 그만큼 장자는 욕망에서 스스로에게 엄격했던 것이다.

장자는 말로 설명하거나 배울 수 있는 도道는 진정한 도가 아니라고 가르쳤으며, 또한 도는 시작이나 끝이 없고 한계나 경계가 없다고 가르쳤다. 그리고 도에는 좋은 것, 나쁜 것, 선한 것, 악한 것이 없으니 덕이 있는 사람은 환경이나 개인적인 집착, 인습, 지금보다 세상을 더 낮게 만들려는 욕망의 집착에서 벗어나 자유로워져야 한다는 게 장자사상의 핵심이다. 이렇듯 장자의 사상은 무위자연無爲自然의 처세철학을 담은 노자의 《도덕경》과 닿아 있다. 이를 '노장사상老莊思想'이라고 한다.

장자와 비슷한 사상을 지닌 서양 철학자가 있으니 그의 이름은 디오게네스 라에르티오스이다. 그는 고대 그리스철학자로 행복해지기 위해서는 인간이 가지고 있는 자연적인 욕망을 간소하고 쉬운 방법으로 만족시키는 것이며, 그 자연적인 욕구는 하등 추한 것이 아니므로 그런 삶을 살아야한다고 주장하였다. 그는 자신의 사상을 철저하게 실천하고 생애에 의복 한 벌, 한 개의 지팡이와 두타대, 다시 말해 '수행자가 입는 세 가지 옷인 삼의 등을 넣어 목에 걸고 다니는 자루'외에는 아무것도 몸에 걸치지 않을 뿐더러, 흙관 다시 말해 통桶을 거처로 삼아 지냈다.

그러던 어느 날 디오게네스를 존경하던 세계 4대 영웅 중의 한 사람인 알렉산더 대왕이 그의 거처로 찾아와서 말했다.

"선생이여, 원하는 것이 무엇이오?"

그러자 디오게네스는 대뜸 이렇게 말했다.

"아무것도 필요 없으니, 해 비치는 그 곳에서 비켜 서 주시오."

이에 알렉산더 대왕은 "내가 알렉산더가 아니었다면 디오게네스이었을 것이다"라고 말했다고 한다.

이 이야기에서 보듯 디오게네스와 장자는 삶을 초탈하여 욕심을 버리고 자유롭게 사는 것을 최고의 행복으로 여겼다는 것을 알 수 있다.

우리의 10대들이 장자의 사상을 이해한다는 것은 쉽지 않다. 왜냐하면 지금의 현실에서 장자처럼 산다는 것은 불가능한 일이기 때문이다. 하지만 지나친 욕망에서 자신을 지켜내고 바르게 살아가는 데에는 큰 도움이 된다. 그런 까닭에 장자의 사상을 마음에 새기고 삶의 근본으로 삼고, 작게 나마라도 실천한다면 그것만으로도 훌륭한 인격체로 살아가게 될 것이다.

장자의 엄격함처럼 자신을 엄격하게 함으로써 욕망에서 자신을 지키고, 나라의 발전에 크게 기여하며 생산적인 삶을 살았던 이야기이다.

● 강직함과 지혜를 갖춘 개혁정치가 을파소

고구려의 국상으로 진대법을 비롯해 수많은 개혁을 통해, 고구려가 강력한 국가가 되는 데 기틀을 마련한 고구려의 역사상 가장 빛나는 재상 중에 재상인 을파소. 그는 고구려 2대 임금인 유리왕 때 대신이었던 을소의 후손으로, 강직한 성품과 지혜를 품은 선비로 고향인 압록곡 좌물촌에서 농사를 지으며 살았다.

당시 임금은 고국천왕으로 치세를 펼치려 하였으나, 연나부 귀족출신이며 왕후의 친척인 중외대부 패자 어비류와 평자 좌기려 등이 안하무인으로 국정을 어지럽혔다. 권력을 이용하여 정책조정과 관리임명도 제 멋대로 하고, 그 자식들과 아우들도 아버지이자 형의 권세를 악용하여 남의 집 자식들을 약탈하여 노비로 삼았다. 또한 토지와 가옥을 빼앗는 등 악행을 일삼았다. 이들의 횡포는 부패의 극치를 보는 듯해 고국천왕은 더 이상 묵과하지 않고 이들을 제거하기로 마음먹었다.

그런데 이 소식이 그들의 귀에 들어갔다. 그들은 반란을 일으켜 궁궐을 향해 공격해 왔고, 고국천왕은 이들과 맞서 어비류와 좌기려 일당을 처단하였다.

"근자에 벼슬이 측근에게 주어지고, 지위가 덕행에 맞게 올라

가지 못하는 일이 많아 그 피해가 백성에게 미치고 왕실을 동요시켰다. 이는 과인이 지혜롭지 못한 탓이다. 이제 너희 4부절노부, 순노부, 관노부, 소노부에서는 각기 초야에 묻혀 지내는 어진 이들을 추천하도록 하라."

고국천왕은 "자신을 도와 어지러운 정국을 바로잡고 나라의 기틀을 확고하게 다지기 위해 현명하고 덕을 갖춘 인물을 추천하라"며 명하였다. 이에 하나같이 동부에 거하는 안류를 추천하였다. 왕 앞에 불려온 안류가 말했다.

"아뢰옵기 황공하오나 미천한 소인은 용렬하고 어리석어 실로 중대한 나랏일을 감당할 수 없습니다. 하지만 서쪽 압록곡 좌물촌에 사는 을파소라는 사람은 유리왕의 대신이었던 을소의 후손입니다. 그는 의지가 강하고 지혜가 뛰어난데, 세상에 쓰이지 못하여 농사나 지으며 생계를 유지하고 있습니다. 대왕께서 나라를 현명하고 막힘없이 다스리려면 이 사람이 아니면 안 될 것입니다."

이에 고국천왕은 사람을 보내 을파소를 데려오라고 명했다. 을파소는 고국천왕의 부름을 받고 입궐하였다. 고국천왕은 자신이 을파소를 청한 이유를 말했다.

"짐이 외람되게 선왕의 위업을 계승하여 신하들과 백성들의 윗자리에 앉았으나, 덕이 부족하고 재주가 없어 사리에 밝지 못하다. 그대가 재능과 총명을 감추고 곤궁하게 초야에 묻혀 지낸 지 참으로 오래인데 이제 나의 부름을 받고 왔으니, 내 곁에 그대가 있음은 나에게는 참으로 다행할 뿐만 아니라 나라와 백성의

복이라고 생각한다. 하여, 내 이제 그대의 가르침을 기꺼이 받고
자 하니 마음을 다해주기 원하노라."

을파소는 고국천왕의 말을 듣고 이렇게 말했다.

"신은 우둔하여 명하신 일을 감당할 수 없습니다. 원컨대 폐하
께서는 현명한 사람을 택하여 높은 관직을 줌으로써 대업을 성
취토록 하십시오."

고국천왕은 그의 뜻밖의 말에 잠시 생각을 하다, 그 말의 진의
를 파악한 후 을파소를 국상 국무총리 으로 임명하였다. 고국천왕은
을파소에게 중외대부와 우태의 작위를 내렸는데, 을파소의 마음
에 차지 않았다. 자신이 가슴에 품은 뜻을 펼치기 위해서는 보다
더 강력한 힘이 필요로 했고, 그런 직위를 바랐던 것이다. 을파소
는 자신의 생각을 간접적으로 표현하여 고국천왕에게서 자신이
원하는 직위를 받아냈다.

여기서 한 가지 생각할 것은 만약 을파소가 중외대부의 벼슬
이 맘에 안 든다고 직접적으로 말했다면, 왕에게는 불충스러운
일이며 자신에게는 자신의 속마음을 드러내는 꼴이라 이를 잘
알고 있는 그는 간접적으로 예를 갖춰 말했던 것이다. 그런데 고
국천왕은 지혜롭게 그의 뜻을 알아채고 국상의 벼슬을 내린 것
이다. 을파소의 예禮와 현명함 속에는 당당함이 있었다.

국상에 오른 을파소는 근신들과 외척들을 정계에서 밀어내고,
그들이 정사에 간섭하지 못하게 했다. 그러자 그들은 사사건건
을파소를 적대시했지만, 그는 굴하지 않고 당당하게 자신의 직
무를 수행해나갔다. 또한 특정 집단의 권력독점을 막고, 돈으로

관직을 사고파는 부정한 일을 금지시켰다. 나아가 능력 있는 자를 뽑아서 제대로 일을 하도록 만들었다.

이러한 노력을 통해 정치가 차츰 바로 잡혀 갔다. 뿐만 아니라 을파소는 교육에도 큰 관심을 기울였다. 그는 소수림왕 2년인 372년에 오늘날 대학과도 같은 태학이 세워지기 이전에 백성들의 교육제도를 정비하였다. 그리고 고구려의 역사, 법, 전통문화, 놀이, 글자와 문예작품, 음악과 미술, 그리고 무예 등을 가르치고 외국의 역사와 문학작품도 가르치게 하였다.

을파소의 빛나는 업적 중 진대법은 단연 돋보이는 정책이라고 할 수 있다. 을파소는 굶주리는 백성들을 없게 하기 위해 춘궁기와 흉년이 들거나 수확량에 문제가 있으면, 3월부터 7월까지는 관가에서 곡식을 내어 백성들의 가족수에 따라 차등을 두어 구제 삼아 빌려주었다가, 10월에 가서 갚게 하는 법규를 제정하고 시행하여 백성들의 열렬한 환영을 받았다. 이는 우리나라 역사상 가장 획기적인 빈민구제 사업이자 명법明法이라고 할 수 있다.

그의 업적에서 보듯 을파소는 강직함과 부드러움, 결단력과 융통성을 지닌 지략가였다. 그의 뛰어난 정책은 백성들에게는 희망을 주고, 국가는 안정을 가져왔으며 군주인 고국천왕에게는 나라를 치세하는 데 있어 큰 힘이 되었다.

진대법을 시행한 지 3년 후 고국천왕이 죽고 그의 동생이 왕위를 물려받았는데, 그가 바로 산상왕이다. 을파소는 산상왕 때에도 7년이나 국상자리에 있으며 나라를 이끌었다. 을파소가 203년 산상왕 7년 에 죽자 백성들은 크게 슬퍼하며 애통해하였다고 한다. 그는 강력한 개혁으로 고구려가 왕권을 강화하고 체계를 확립하여 고구려가 강국으로 발전하는 데 크게 기여한 명재상이다.

을파소는 강력한 마인드를 지닌 당당한 개혁주의자였다. 그는 오직 나라와 임금과 백성을 위한 정책에만 뜻을 두고 강력하게 개혁을 추진하였다. 이러한 자신의 개혁계획에 방해가 되는 근신들과 외척들을 정사에서 배제시킴은 물론 그 어떤 것도 절대 용납하지 않았다. 그러나 그는 자신에게는 철저하게 엄격하였다. 재물을 탐하거나 권력을 헛되이 쓰는 일이 없었다. 청렴하고 청빈하게 자신을 살았다.

그가 이렇게 할 수 있었던 것은 장자와 너무도 같은 사상을 지녔기 때문이다. 장자처럼 세속적인 것에서 욕망을 뽑아버렸다. 공과 사를 분명히 함으로써 깨끗하고 부끄러움 없는 삶을 실천할 수 있었던 것이다.

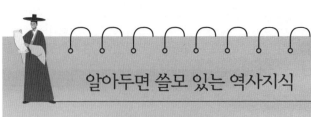

알아두면 쓸모 있는 역사지식

• 진대법이란 굶주리는 백성들을 없게 하기 위해 춘궁기와 흉년이 들거나 수확량에 문제가 있으면, 3월부터 7월까지는 관가에서 곡식을 내어 백성들의 가족수에 따라 차등을 두어 구제 삼아 빌려주었다가, 10월에 가서 갚게 하는 우리나라 역사상 가장 획기적인 빈민구제 사업이자 명법明法라고 할 수 있다.

• 을파소는 근신들과 외척들을 정계에서 밀어내고, 그들이 정사에 간섭하지 못하게 함으로써 왕권을 강화시켰다. 그는 소수림왕 2년인 372년에 오늘 날 대학과도 같은 태학이 세워지기 이전에 백성들의 교육제도를 정비하였다. 그리고 고구려의 역사, 법, 전통문화, 놀이, 글자와 문예작품, 음악과 미술, 그리고 무예 등을 가르치고 외국의 역사와 문학작품도 가르치게 하였다.

04

맹자의
《맹자》

● 맹자孟子 기원전 372~기원전 289
중국의 고대철학자로 추나라 사람.

● 《맹자孟子》
기원전 280년경에 쓴 책으로 맹자의 언행을 기록하고, 다른 사상가들과 논쟁한 것을
기록한 어록이다. 또한 맹자의 주요사상인 인의仁義의 도덕을 강조한다. 《사기》에 의하
면 《맹자》는 맹자가 은퇴한 후 제자와 함께 저술한 설이 있으나, 실제로는 맹자 말년이
나 사후에 제자들이 맹자가 남긴 말을 기록하여 엮은 책이라는 설이 지배적이다. 《맹
자》는 <양혜왕편> <공손추편> <등문공편> <이루편> <만장편> <고자편> <진심편>
등 총 7편으로 구성 되어 있다.

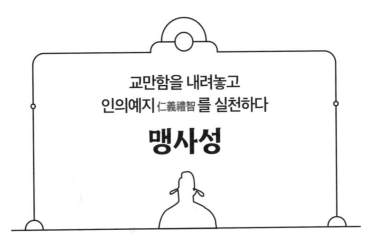

교만함을 내려놓고
인의예지 仁義禮智 를 실천하다

맹사성

◎ 맹사성 孟思誠 1360~1438
조선 전기 문신. 세종대왕 때 좌의정을 지낸 청백리이다.
길을 나설 때 소를 타고 다닌 것으로 유명하다.

● 사람으로서 갖추어야 할 심성을 강조한 맹자

맹자는 중국의 고대철학자로 추나라 사람이다. 어린나이에 아
버지를 여의고 어머니 슬하에서 자랐다. 그의 어머니는 아들 맹
자를 잘 키우기 위해 3번이나 이사를 했다. 이를 가리켜 '맹모삼
천지교 孟母三遷之敎'라고 한다. 젊은 시절의 그는 공자孔子의 손자인
자사子思의 문하생으로 수업했다. 그로인해 공자의 사상을 고스
란히 이어받았다.

그 또한 많은 사람들을 가르쳤고, 제나라 관리로서 일하기도 했다. 특히 맹자는 각국을 돌아다니며 제후들에게 인정을 베풀라며 말했다. 그리고 그는 백성들의 복지를 돌보아야 할 책임이 있다고 주장하여 맹자를 백성들을 위한 철학자라고 부르기도 한다. 맹자는 사람은 누구나 태어날 때부터 착하다는 '성선설'을 주장한 것으로 유명하다.

맹자의 사상의 핵심은 '인의예지仁義禮智'이다. 인의예지란 '사람으로서 갖추어야할 네 가지 마음가짐'을 이르는 것으로 다시 말해, '어짊과 의로움, 예의와 지혜'를 말한다. 이는 맹자의 주요사상으로 이를 '맹자孟子의 사단四端'이라고 하는데, 측은지심惻隱至心, 수오지심羞惡至心, 사양지심辭讓至心, 시비지심是非至心을 이르는 말이다.

맹자는 측은이 여기는 마음을 '인仁'의 시초라고 했는데, 측은히 여기는 마음은 곧 사랑의 마음이다. 사랑의 마음이 있어야 측은이 여기는 마음이 생기는 법이다. 그런 관계로 '어짊'의 본질은 '사랑'이라고 할 수 있다.

그런데 이 사랑이 지니는 여러 공통적인 것 중 하나가 바로 '측은이 여기는 것'이다. 측은이 여기는 마음은 사랑이 없이는 할 수 없다. 그런 까닭에 사랑은 인간에게 있어 최고의 가치성을 지닌다고 할 수 있다. 맹자는 부끄러워하는 마음을 '의義'에 시초라고 했다. 의로운 사람은 부끄러움이 없지만, 의롭지 못한 사람은 부끄러움을 지닌다는 것이다. 왜 그럴까? 떳떳하지 못하기 때문이다. 떳떳해야 그 누구에게도 어디에서도 부끄럽지 않은 법이다. 그런 까닭에 떳떳한 사람은 의롭고, 의로운 사람은 곧 떳떳한 법이다.

맹자는 사양하는 마음을 '예禮'의 시초라고 했다. 예의가 있는 사람은 눈치가 빠르고, 상대를 먼저 생각하는 마음이 크다. 그래서 누군가가 은혜를 베풀면 감사하게 여기면서도 사양한다. 사양한다는 것은 상대를 먼저 생각하는 마음으로 그것은 곧 상대에 대한 예의라고 할 수 있다.

맹자는 옳고 그르게 여기는 마음을 '지智'의 시초라고 했는데, 옳은 것과 그른 것은 서로 상반된 개념이다. 옳은 것과 그른 것을 가리기 위해서는 많이 알아야 한다. 안다는 것은 곧 '지知'를 말한다. 그러니까 많이 알아야 옳고 그름을 분별하는 데 큰 도움이 된다. 그런 까닭에 사람은 많이 배워야 하는 것이다.

그런데 인의예지가 갖추어지지 않으면 한 인간으로서 문제가 많다. 그러니까 온전한 인간으로 볼 수 없는 것이다. 그런 까닭에 인의예지를 갖춰야 하는 것이다. 인의예지를 갖추기 위해서는 학문에 힘쓰고, 배운 것은 실행에 옮김으로써 '인'과 '의'와 '예'와 '지'를 길러야 한다. 그렇게 될 때 마음이 어질지 못한 사람도 어진 성품을 갖게 되고, 그럼으로써 의와 예와 지를 실천하며 살아가게 되는 것이다. 다음은 실력, 다시 말해 지知는 갖추었으되, 인을 갖추지 못해 예를 행하지 못했던 이가, 가르침의 깨달음을 얻고 어질게 됨으로써 덕을 베풀고 만인의 존경을 받은 이야기이다.

• 청백리의 성품과 온화함을 지닌 학자 맹사성

맹사성은 세종 때 좌의정을 지낸 청백리로 성품이 온화하고, 예인적인 기질이 강해 왕의 신임을 입고 백성들의 존경을 받았다. 그는 태조 때 예조의랑으로, 정종 땐 간의우산기상시, 간의좌산기상시가 되었다. 태종 초에 좌사간의대부, 이조참의를 지냈으며, 1407년 예문관제학이 되어 진표사로 명나라에 가는 세자를 시종관으로서 수행하였다.

1408년 사헌부대사헌이 되어 지평 박안신과 함께 평양군이자 경정공주의 부군인 조대림을 태종에게 보고도 하지 않고 잡아다가 고문하였다. 이 일로 태종의 큰 노여움을 사 처형될 뻔했으나 영의정 성석린의 도움으로 죽음을 면하였다. 1411년 다시 기용되어 판충주목사로 임명되었다. 그러자 예조에서 관습도감 제조인 맹사성이 음률에 정통하므로 선왕의 음악을 복구하기 위하여 서울에 머물게 하여 바른 음악을 가르치도록 건의하였다. 그 이듬해에도 황해도 관찰사에 임명되자, 영의정 하륜이 음악에 밝은 맹사성을 서울에 머물게 하여 악공樂工을 가르치도록 요청하였다.

1416년 이조참판에 이어 예조판서가 되었다. 이듬해 생원시에 시관試官이 되었으며, 왕이 참관한 문과 복시에 독권관조선시대 왕이 친림하는 전시의 상시관으로, 의정 1명과 종2품 이상의 문관 2명으로 구성하였으며, 과거응시자가 제출한 답안을 왕 앞에서 읽고 그 내용에 대하여 설명하는 업무를 담당하는 직책이 되었다. 그 해 노부老父의 병간호를 위해 사직을 원했으나 윤허되지 않고, 역마와 약을 하사받았다.

맹사성은 호조판서가 되어서도 고향의 노부를 위해 다시 사직을 원했으니, 태종은 충청도 관찰사로 삼아 노부를 봉양하게 하였다. 1418년 공조판서가 되어 또다시 노부의 병간호를 위해 사직하려 했으나 받아들여지지 않았다. 세종대왕이 즉위한 1419년 이조판서와 예문관대제학이 되었고, 이듬해에 다시 이조판서가 되었다. 1421년 의정부찬성사를 역임하고, 1422년에는 육전수찬색의 제조가 되어《신속육전》편찬작업에 참여하였다.

1427년 맹사성은 우의정에 임명되어 좌의정 황희와 함께 의정부의 각종 업무들을 총괄하였다. 또 맹사성은 의례상정소의 제조를 겸임하면서, 중국과 우리나라의 옛 제도연구와 이를 바탕으로 한 새로운 제도와 문물 정비를 추진함에 있어 주도적인 역할을 하였다. 1430년에는 황희와 함께《태종실록》편찬 감관사로서 감수하였으며, 1431년《태종실록》이 완성되자 세종대왕은 전대의 제왕들은 선왕의 실록을 직접 보지 않은 경우가 없었다고 하면서 자신도《태종실록》을 보고 싶다는 뜻을 피력하였다.

이에 대해 맹사성은, 세종대왕이 실록을 보게 되면 후대의 왕들도 반드시 이를 전례로 삼아 실록을 볼 것이고 더러는 마음에 들지 않는 내용을 고치려는 경우도 생길 것이며, 그렇게 되면 사관이 두려운 마음이 생겨서 사실을 공정하게 기록할 수 없게 될 것이라고 하면서 반대 입장을 분명히 하였다. 그의 말을 듣고 세종대왕은《태종실록》을 보겠다는 입장을 철회하였다. 이후 맹사성은 1431년 좌의정으로 승진하였으며, 이듬해 권진, 윤회 등과 함께《세종실록지리지》를 저술하고 편집하였다. 1435년 76살이 된 맹사성은 49년 동안 관직생활을 마감하였다. 하지만 이후에도 국가적으로 중요한 정사가 있을 때마다 세종의 부름을 받아 자문에 참여하였다.

맹사성의 업적 중 특별한 것이 있다면 음악 발전에 크게 기여했다는 점이다. 맹사성은 의례상정소의 제조로서 각종 문물과 제도와 국가 의례를 정비하는 과정에서 중추적인 역할을 담당하였다. 그 중에서도 특히 맹사성이 남보다 특출한 전문성을 지녔던 분야는 바로 음악이었다. 맹사성은 태종대에 관습도감의 제조를 맡았으며. 세종대에는 유학에서 이상으로 여기는, 예와 악에 기반한 정치를 구현하기 위해 대대적인 음악 정비사업이 추진되었다.

세종대왕은 박연朴堧을 등용하여 고대부터 당시까지 축적되어 온 음악이론 연구와 악기제작, 새로운 악보체계 창안 등의 성과를 거두었다. 이 과정에서 맹사성은 국가의 음악 교육과 연구를 담당하던 악학의 최고 책임자인 영악학으로 활동하며 전반적인 사업 추진을 총괄하였다. 회례악에서 아악만을 사용하는 것에 세종대왕이 강하게 반대하자, 맹사성은 먼저 아악을 사용한 후 향악을 겸하여 연주하자는 '아악, 향악 겸용론'을 제시하여 이를 제도화시켰다.

이렇듯 맹사성은 자신의 특출한 능력을 십분 발휘함으로써 세종대왕 때 유교적 예악정치의 기초를 세우는 데 크게 공헌하였다. 뛰어난 인품과 능력으로 나라발전에 크게 기여한 맹사성에게도 벼슬길에 처음 나섰을 땐 문제가 많았다. 그는 열아홉 살에 장원급제한 천재였다. 어린 나이에 관직에 오른 맹사성은 자만심에 우쭐하여 바람직하지 못한 행동을 하기도 했다. 맹사성은 학식은 뛰어났지만 인품은 여물지 않았다. 그런 그가 인품과 학문이 뛰어난 무명선사를 찾아가 고을을 다스리는 사람으로서, 제가 우선시해야 할 좌우명이 무엇이라고 생각하느냐고 물었다.

그의 말을 듣고 무명선사가 "나쁜 일을 하지 말고 백성들에게 선을 베풀면 됩니다."라고 말했다.

맹사성은 뻔한 대답에 못마땅한 얼굴로 말했다.

"그것은 삼척동자도 다 아는 사실이 아닙니까. 먼 길을 온 내게 해줄 말이 고작 그 말뿐이라니, 제가 스님을 잘못 알고 헛걸음을 한 것 같습니다."

맹사성은 자리에서 일어나 나가려 했다.

"이왕 오셨으니 녹차나 한 잔 하고 가시지요."

무명선사의 권유에 맹사성은 마지못해 다시 자리에 앉았다. 잠시 후 무명선사는 끓인 찻물을 찻잔에 따랐다. 스님은 찻물이 넘치는데도 계속 따랐다.

"스님, 찻물이 넘쳐 방바닥이 젖습니다."

맹사성의 말에도 무명선사는 아랑곳하지 않고 계속해서 물을 따랐다. 무명선사는 나직한 목소리로 말을 이어갔다.

"찻물이 넘쳐 방바닥을 적시는 것은 알면서 어찌 지식이 넘쳐 인품을 망치는 것은 모른단 말입니까?"

무명선사의 낮고 준엄한 말에 맹사성은 머리를 한 대 얻어맞은 것 같았다. 그는 황급히 자리에서 일어나 문을 열고 나가려다 문에 머리를 세게 부딪히고 말았다. 그 모습을 보고 무명선사가 빙그레 웃으며 말했다.

"고개를 숙이면 부딪치는 법이 없습니다."

등 뒤에서 들려오는 스님의 말에 맹사성은 얼굴이 발개진 채로 관아로 돌아왔다. 무명선사와의 만남은 맹사성에게 중요한 교훈을 남겼다. 그는 자신의 마음에 자리한 교만을 버리기로 굳게 마음먹고 말 한 마디와 사소한 행동 하나하나에도 신중을 기했다.

이후 그의 삶은 180도 달라졌다. 그는 아랫사람을 대할 때도 함부로 하지 않았으며 손님이 방문하면 상석에 앉히며 배웅은 문밖까지 나가서 했다. 반면에 주요 관직에 있는 사람들에게는 냉엄하게 대했다. 강한 자에게는 강하고, 약한 자에게는 관대했다. 맹사성은 가마 대신 소를 타고 다닌 것으로도 유명하다. 이에 대한 일화이다.

어느 날 그는 충남 온양에 계신 부모님을 뵈러 길을 떠났다. 다른 양반들은 말을 타고 다녔지만, 그는 소를 타고 다녀 소를 탄 정승으로 널리 알려졌다.

"얘야, 늦기 전에 어서 길을 나서자."

맹사성은 소고삐를 잡은 시동에게 길을 나서자고 말했다. 그가 고향으로 온다는 소식을 접한 온양 인근의 사또는 맹사성을 정중히 맞이하기 위해 준비를 한 채 기다렸다. 하지만 정승의 행차는 어디에도 없었다. 다만 그 시각에 한 노인이 소를 타고 지나가고 있었다.

맹사성이 지나가길 기다리다 화가 난 사또는 그 노인을 잡아오라고 명했다. 그러자 형방은 노인을 향해 달려갔다. 그리고는 불러 세워 말했다.

"사또께서 노인을 붙잡아 들이라 했소. 그러니 어서 따르시오."

그러자 맹사성은 아무렇지도 않게 말했다.

"이보게, 온양에 가는 맹고불이라고 하면 사또께서 알걸세."

형방이 돌아가 사실을 고하지 사또는 깜짝 놀라 어쩔 줄을 몰라 했다. 고불은 맹사성의 호였던 것이다.

"대감, 저의 무례함을 용서하여 주시옵소서."

두려움에 떨며 사또가 맹사성을 쫓아가 머리를 조아리며 사죄하였으나, 맹사성은 아무 일 없었다는 듯이 가던 길을 갔다.

이 일화에서 보듯 맹사성은 학문은 뛰어났지만 성품이 어질지 못해 예를 갖추지 못했다. 그랬던 그가 무명선사의 가르침에 큰 깨달음 얻고, 맹자사상 요체인 인의예지를 길러 실천해 옮겼다. 그러자 그의 성품은 어질게 되었고 그럼으로써 손아래 사람이든, 하인이든 그가 누구든 함부로 대하지 않았다.

또한 그는 좌의정이라는 높은 벼슬을 하면서도 청렴하여 언제나 소박한 음식을 먹고, 남루한 의복을 즐겨 입었다. 그러한 그의 삶은 그에게 청백리라는 영예로운 별칭을 갖게 했고, 백성들로부터 깊은 존경을 받았다.

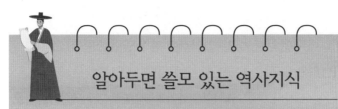

알아두면 쓸모 있는 역사지식

• 맹사성은 국가의 음악 교육과 연구를 담당하던 악학의 최고 책임 자인 영악학으로 활동하며 전반적인 사업 추진을 총괄하였다. 회 례악에서 아악만을 사용하는 것에 세종대왕이 강하게 반대하자 맹 사성은 먼저 아악을 사용한 후 향악을 겸하여 연주하자는 '아악, 향 악 겸용론'을 제시하여 이를 제도화시켰다. 그로인해 유교적 예악 정치의 기초를 세우는 데 크게 공헌하였다.

• 중국과 우리나라의 옛 제도연구 및 이를 바탕으로 한 새로운 제도 와 문물 정비를 추진함에 있어 주도적인 역할을 하였으며, 1430년 에는 황희와 함께 《태종실록》 편찬 감관사로서 감수하였다. 또한 권진, 윤회 등과 함께 《세종실록지리지》를 저술하고 편집하였다.

05

사마천의
《사기》

● **사마천**司馬遷 기원전 145~기원전 86
한나라의 학자이자 사상가.

● 《**사기**史記》
중국의 역사서 가운데 가장 대표적인 책으로 구성은 <본기> 12권, <표> 10권, <서>
8권, <세가> 30권, <열전> 70권 들 총 총 130권의 방대한 분량으로 이루어진 기전
체 형식의 역사서이다.

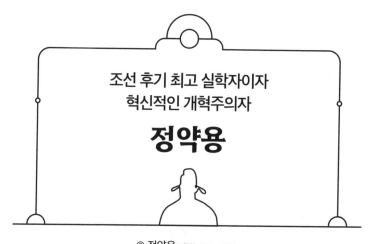

조선 후기 최고 실학자이자
혁신적인 개혁주의자

정약용

◎ 정약용丁若鏞 1762~1836
조선 후기의 문신이자 실학사상의 집대성자이자 개혁사상가이며 학자이다.
저서로《경세유표》《목민심서》등이 있다.

● 중국 역사의 교본을 쓴 사마천

《사기史記》는 한나라의 학자이자 사상가인 사마천이 저술한
역사서이다. 이 책엔 중국의 전설시대부터 하, 은, 주, 춘추전국
시내, 진나라, 한제국의 초기에 이르기까지의 역사가 기록되어
있다.《사기》는 본래《태사공서》라 하였으나, 후한 말에 와서《태
사공기》라 하였다. 그리고 이를 줄여《사기》라 칭하였다.《사기》
는 중국의 역사서 가운데 가장 대표적인 책으로 구성은 〈본기〉

12권, 〈표〉10권, 〈서〉8권, 〈세가〉30권, 〈열전〉70권 등 총 130권의 방대한 분량으로 이루어진 기전체 형식의 역사서로 사마천의 역작이다.

《사기》는 인간과 하늘의 상호관계에서 전개되는 인간의 역사를 냉엄하게 통찰하여 초자연적인 힘에서 벗어난 인간 중심의 역사를 서술했다고 보는 경향이 짙다. 그런 까닭에 사기는 열전에 가장 많은 비중을 두었으며, 주로 유가경전을 기준으로 합리적으로 믿을 수 있다고 판단되는 자료만을 취해 기록하였다. 또 열전의 첫 머리에 이념과 원칙에 따르는 백이伯夷, 숙제叔齊의 열전을, 마지막에 이利를 좇는 상인의 열전 화식열전을 두어, 위대한 성현뿐 아니라, 시정잡배가 도덕과 물질적 욕망의 본능 사이에서 방황하고 고뇌하는 생생한 모습을 보여준다. 사기는 '살아 숨 쉬는 인간'에 의해서 역사가 창조된다는 점을 분명하게 한다는 데 그 의미가 크다고 하겠다. 또한 예리한 사안과 비판정신도 바로 여기서 비롯된 것이라 보기도 한다.

《사기》를 쓸 당시 사마천의 직책은 태사령으로 천문 관측, 달력 개편, 국가대사와 조정의례의 기록을 맡았다. 그는 태사령이었던 아버지 사마담이 이루지 못한 꿈을 이루고자, 그리고 아버지의 유언을 받들어 《사기》 집필에 돌입했던 것으로 잘 알려져 있다.

사마천은 《사기》를 집필하던 중 뜻하지 않는 인생 최대의 고난을 맞게 된다. 그는 흉노에 투항한 이릉을 변호하다 무제의 심기를 건드려 분노한 그의 명에 의해 생식기를 잘리는 궁형에 처해지고 말았다. 당시, 궁형은 남자에게는 가장 치명적이고 수치스러운 형벌이었다. 남성성을 잃은 남자의 비애는 말로 형언하기 힘들 만큼 고통 그 자체였다. 그렇다고 사마천은 스스로 목숨을 끊을 수도 없었다. 아버지의 당부인 《사기》를 집필해야 했기에 수치스러워도 참으며 집필에 몰두해야 했고, 마침내 《사기》를 완성시켰다. 《사기》는 중국 역사에서 매우 의미 있고 가치를 지닌 책이지만, 그 이면에는 저자인 사마천의 굳은 의지가 담긴 인간 승리의 책이라고 할 수 있다.

《사기》는 문학적으로 보면 문장은 간결하면서도 문체는 힘이 있는 것으로 평가받는다. 그리고 역사적인 측면으로는 볼 때, 정사正史로 기록된 역사적 사건에 대해 그 시대의 생활상 등을 상세하게 알 수 있어 그 의미를 더한다. 《사기》는 사마천이 진정성을 담아 혼신을 다했기에 오늘날에 있어서도 변함없이 명저로 평가받고 있다.

우리 10대들이 《사기》를 통해 역사의 중요성에 대한 인식을 키웠으면 한다. 또한 인생에 있어 최악의 순간에도 강인한 의지와 인내심으로 자신의 목표인 《사기》를 끝까지 집필하여 중국 역사에서 가장 출중한 역사서를 남긴 사마천의 강의목눌剛毅木訥, 다시 말해 '의지가 굳어 무슨 일에도 굴하지 않는' 강인한 정신을 배웠으면 한다.

다음은 사마천과 같은 굳은 인내심으로 자신의 인생을 만대에 남긴 이야기이다. 서점에 가면 10대들이 읽으면 좋을 《유배지에서 보낸 편지》라는 책이 있다. 이는 다산 정약용이 아들들에게 보낸 편지를 엮은 책이다. 유배지에 있다 보니 자식들과 함께 하지 못함에 아버지로서 자식들에게 전하고 싶은 마음을 편지로 써 보냄으로써, 자식들의 몸과 마음가짐을 바르게 하는 데 그 목적이 있다. 그 역시 대학자이기 전에 비록 유배지에 있는 형편이지만 아버지로서의 본분을 다하고자 함이었다.

● 정치, 경제, 사회, 철학 모든 학문의 천재성을 보인 개혁정치인 정약용

조선 후기의 문신이자 실학자, 저술가, 철학자로 유명한 다산 정약용丁若鏞. 그는 1789년 27살 되던 해에 대과에 급제하여 관직에 출사하였다. 규장각에서 정조의 총애를 받아 공부하면서 1791년에는 수원 화성 설계에 참여하여 거중기를 발명하고, 한강에 배를 이용한 배다리를 놓는 등 과학에도 조예가 깊은 다재다능한 인물이다.

정약용은 정조가 혁신적인 개혁정치를 펼치는 데 있어 아주 중요한 인물이었다. 그는 이익의 학통을 이어받아 발전시켰으며, 각종 사회개혁사상을 제시하여 낡고 정체된 나라를 새롭게 혁신하고자 노력하였다. 다시 말해 혼란스러운 당시의 사회를 개혁하여 조선왕조의 질서를 새롭게 강화시키려는 의도를 가지고 있었다. 이런 생각을 근본으로 하여 그는 정치와 경제, 사회 그리고 문화와 사상 등 각 방면에 걸쳐 사회개혁의 필요성을 인식하고 자신의 생각을 다각적으로 펼쳐보았다.

첫째, 정치적으로는 왕권강화론을 제시하였다. 이른바 나라에 공이 많고 벼슬 경력이 많은 사람들이 권력을 장악하고 정치를 전횡하던 상황에서 국가 공권력의 회복을 위해 왕권의 절대성을 강조했던 것이다. 하지만 그가 말하는 절대왕권은 공권력을 대표하는 권위의 상징일 뿐이었다. 영조와 정조 재위 때 탕평정책에서 추진되었던 왕권강화책과도 차이가 있었다. 그가 말하는 절대 왕권이라는 것은 국왕이나 관료가 공적인 관료기구를 통해 권력을 행사하는 것을 가장 이상적인 형태로 파악하였다.

또한 그의 정치사상은 왕도정치의 이념을 구현하는 데 집중되었고, 주로 집권층의 정치관을 수정시키려는 방향에서 전개되었다. 이를 좀 더 부연하면 집권층에 대해서는 위로는 국왕을 정점으로 하는 통치질서의 강화에 협조하고, 아래로는 애민, 교민, 양민, 휼민하는 목민지도牧民之道를 확립함으로써, 유학의 기본적 가르침이었던 백성중심의 의식을 실천해야 함을 말한다.

정약용은 관료기구의 개혁안 마련에도 주력하였다. 우선 육조에 소속된 아문관원들이 정무를 보는 곳을 통틀어 이르는 말 들을 재배치하고, 승정원 및 왕실 관련 아문들을 모두 이조에 예속시켰다. 군영의 상급관아의 경우도 병조에 소속시켜 명령전달체계를 일원화시켰다. 또한 그는 권력이 집중된 관료기구의 효율적 운영을 위해 의정부의 기능을 강화시키고자 하였다. 그 방안으로서 비변사조선시대에 군국의 사무를 맡아보던 관아 를 혁파하고 중추부조선시대에 현직이 없는 당상관들을 속하게 하여 대우하던 관아 를 실제화하여 변무업무만을 담당하게 할 것을 제안하였다.

동시에 이전까지 비변사가 장악하던 군국기무 처리기능을 의정부에 회복시키고 고위관직에 대한 인사권을 부여함으로써, 의정부가 명실공히 관료기구의 중심이 되는 행정체계를 구상하였다. 정약용은 과거제의 실시절차를 정비보강해 제시하였다. 고대 중국에서 각 지방의 우수한 인재를 추천하여 등용하던 공거제貢擧制를 과거시험의 1단계에서 도입하고, 소과와 대과를 통합했으며, 마지막으로 홍문관, 예문관, 교서관 등 삼관三館의 관료들이 급제자과거에 합격한 자 와 경륜을 논하는 조고朝考를 추가하였다.

고시과목도 대폭 증설, 경학과 관련된 과목들이 시험 때마다 바뀌도록 했고, 중국사는 물론 우리 역사, 관료의 실무 행정과 관련되는 잡학雜學, 체력의 단련을 요하는 시사試射 등을 새로이 추가함으로써 관료로서의 기본적인 자질과 실무능력을 높이려는 의도에서 비롯되었다.

둘째, 토지개혁안을 제시하였다. 정약용은 기존의 정전제, 균전제, 한전제를 비판하였다. 중국 고대의 정전제는 한전旱田 밭, 평전平田에서만 시행되었던 것이므로, 수전水田 논 과 산전山田이 많은 우리나라의 현실에는 맞지 않는다고 판단하였다. 그리고 균전제는 토지와 인구를 계산하여 이를 표준으로 삼는 방법인데, 당시 조선은 가구와 인구의 증감이 수시로 변동되고 토지의 비옥도가 일정치 않기 때문에 적합하지 못하다고 보았다.

끝으로 한전제는 전지의 매입과 매각에 일정한 제한을 두고자 하는 제도이지만, 타인의 명의를 빌어 한도 이상으로 늘이거나 줄이는 것을 일일이 적발해낼 수 없다고 하였다. 그런 까닭에 균산에 목적을 두지 않고 오직 농업생산력을 상승시킬 수 있는 치전耕作함에 목적을 둔 토지제도의 개혁을 주장함으로써, 경자유전耕者有田 다시 말해 '농사짓는 사람이 밭을 소유하는 것'을 원칙으로 하고자 하였다.

정약용은 농사를 짓지 않는 사, 공, 상의 토지 소유를 반대하였다. 이에 따라 상인과 수공업자는 독립적으로 여전제와 사회적 분업관계를 이루도록 하였다. 사족조선 후기 향촌사회에서 농민을 지배하던 계층의 경우 직업을 바꾸어 농사에 종사하거나 그밖의 생산활동, 그러니까 상업, 수공업, 교육 등에 종사할 것을 주장하였다. 특히 사士선비들이 이용후생利用厚生을 위한 기술연구에 종사하는 것을 가장 높이 평가하였다. 이렇듯 정약용의 토지개혁론은 오늘날로 말하자면 상업적인 이윤과 자본주의의 경영을 전제로 한 것으로, 농민에게 토지를 갖게 하되 양반 및 상공 계층은 제외하고 농업을 통한 상업적 이윤을 추구하게 한다는 점에서 다른 실학자들과는 차이가 있다고 하겠다.

정약용은 상업과 수공업 분야에 대해서도 개혁적인 생각을 가지고 있었다. 그는 방직 분야 등에서 드러난 낙후된 국내 기술을 발전시키고 생산력의 향상을 통한 국부國富를 증대시킬 목적으로 선진기술을 과감히 받아들여야 한다고 주장하였다. 그리고 중국으로부터 선진기술을 받아들이기 위해서 이용감과 같은 관청을 설치할 것을 제안하였다. 그리고 선박과 수레 제조기술을 장려하기 위해서는 전함사나 전궤사와 같은 관청을 정부에 설치해서 정부 주도로 기술을 발전시켜 나가야 한다고 주장하였다.

나아가 정약용은 당시 전국적으로 화폐가 유통되는 현실을 인정하면서도 농업을 산업의 근본으로 하는, 함부로 쓰지 아니하고 꼭 필요한 데에만 써서 아껴야 한다는 절약론의 입장에서 화폐유통의 구조개선을 주장하였다. 또한 사회개혁론의 일환으로 광업개혁론을 제시하기도 했다.

셋째, 사회신분제와 교육에 대해 자신의 의견을 제시하였다. 사회 신분제에 대해서는 직능직무를 수행하는 능력적 관점에서 파악하고자 하였다. 정약용은 인간의 본질적 평등에 관해서는 인정을 했지만, 신분간의 위계질서는 어느 정도 필요한 것으로 보았다. 그런 까닭에 양반 사족의 지도나 통솔이 없이는 국가가 존립할 수 없다는 신분관을 가지고 있었던 것이다. 이러한 그의 생각은 교육관에도 잘 드러난다. 양반 자제와 서민은 교육기관이나 교육내용을 엄격히 구분지음으로써 양반은 지도자로서 수기치인修己治人, 다시 말해 유학이 실현하고자 하는 진리 구현의 방식으로, 스스로 수양하고 세상을 다스린다는 뜻으로 군자의 두 가지 기본 과업을 말한다.

그러니까 사서四書 중의 하나인 《대학大學》에서 《대학》의 도로서 밝힌 팔조목에서 격물, 치지, 성의, 정심, 수신은 수기에 관련된 조목이라면 제가, 치국, 평천하는 치인에 관련된 조목이다. 수기에 일차적 관심을 두고 학문하는 목적은 자신의 인격적 완성을 지향하는 거라고 주장하였다. 그리하여 일반백성은 효제의 윤리교육을 실시하고, 양반은 통치자로서 갖추어야 할 덕목을 배우고 평민은 피지배자로서 지켜야 할 윤리를 배워야 한다는 것이다. 하지만 정치를 담당하는 신분을 양반임을 내세우는 고정된 신분관에서 벗어나지 못했으며, 그로인해 완전한 신분제의 타파로 나아가지도 못하였다.

앞에서 살펴보았듯이 정약용의 개혁사상이 가지고 있는 특성들은 그의 철학과 역사관에 깊은 관련을 맺고 있다. 이처럼 혁신적이고 개혁지향주의자였던 정약용은 남인 소장파 학인들과 교류하게 되면서 성호 이익 문하에서 학습하여 학문적으로 뛰어난 권철신과도 연을 맺게 되었다. 이들은 천주학과 서양학문을 연구하는 터라 정약용은 자연스럽게 천주교를 접하게 되었다. 권철신이 주도하여 1777년과 1779년에 경기도 양주에 있는 주어사와 천진암을 오가며 여러 날에 걸쳐 서학교리 강습회를 열었는데 정약용은 이벽, 정약전, 권일신, 이가환, 이기양, 이승훈 등과 함께 참여하였다. 그로인해 그는 서양학문과 함께 천주학을 접하게 되었다.

1784년 4월에 큰 형수의 제사에 참여했다가 귀경하면서 큰형 정약현의 처남 이벽으로부터 천주교 교리에 대해 설명을 들었다 천지창조의 기원, 영혼과 육신, 생사의 이치에 관한 이벽의 설명에 빠져들었다. 이를 계기로 천주교에 대한 책을 여러 권을 탐독하며 심취했다. 그러나 그 일은 그의 인생에 씻을 수 없는 아픔과 고통을 남기게 되었다.

1791년 전라도 진산에 윤지충이 모친상을 천주교식으로 치른 후 제사를 폐함으로 인해 사회적으로 큰 충격을 주는 진산사건이 발생했다. 정약용의 집안도 큰 충격에 휩싸였다. 왜냐하면 윤지충은 정약용의 외가쪽 친척이었기 때문이다. 조상제사거부는 유학의 핵심인 '효'를 부정하는 일로써, 이는 곧 나라의 어버이되는 왕에 대한 '충'을 부정하는 행위와도 같았기 때문이다. 이는 유교이념으로 떠받쳐져 있는 조선의 지배체제 자체를 부정하고 도전하는 것이었다. 윤지충과 그의 행위에 동조한 외사촌 권상연은 참수 당하고, 평택현감으로 있던 정약용의 매부 이승훈은 삭탈관직을 당했다.

정약용은 1791년 진산사건에 충격을 받고 천주교가 사악한 종교로 낙인이 찍힌 이 사건을 계기로 천주교와 관계를 완전히 청산했다. 그러나 윤지충과 친척이었던 관계로 서인들의 공격을 받았다. 집안 내에서도 갈등이 발생했다. 둘째 형 정약전도 이번 사건 발생 직후 배교를 했으나 셋째형 정약종은 반회사건1787년 반촌 '지금의 서울 명륜동, 혜화동'에서 이승훈이 정약용 등과 함께 천주교 교리에 대하여 연구, 토론한 일을 유생들이 성토한 사건 과 신해박해1791년에 일어난 최초의 천주교도 박해사건 로 전국이 소란스러웠는데도 불구하고 천주교에 대한 열정에는 변함이 없었다. 정약종은 교리에 따라 제사 참여를 거부하며 갈등하다가 처자식을 데리고 한강 건너 양근의 분원으로 이사를 가버렸다.

그후 정조가 갑자기 승하를 하자 어린 순조의 섭정을 맡은 정순왕후가 1801년 1월에 천주교 탄압령을 내리며 남인에 대한 대대적인 숙청작업을 시작했다. 오가작통법조선시대 다섯 집을 1통으로 묶은 호적의 보조조직 을 적용하고 역율로 다스리라는 엄명이 전국에 떨어졌던 것이다.

1797년 정약용은 천주교도로 오해 받자 《자명소》를 써서 반박했고, 1799년에는 《책사방략》을 저술하여 배교를 분명히 한 적이 있다. 그리고 '동부승지 사직상소'에서도 배교했음을 분명히 밝힌 적이 있었다. 그는 천주교신도를 색출하려면, 믿음이 약한 노비나 학동을 신문할 것을 제안하기도 했다. 하지만 정약용의 주장은 먹히지 않았다. 그 까닭은 조선인 최초로 세례를 받은 후 천주교 선교활동을 주도했던 이승훈은 정약용의 매형이고, 천주교 교리 연구회장인 정약종은 셋째 형이며, 진산사건1791년 을 일으킨 윤지충은 외사촌 형이었기 때문이다. 그러던 중 다행히도 잡혀온 여러 신자들의 국문이 거듭될수록 정약용의 배교가 명백한 사실임을 증명하는 증거들이 쏟아져 나왔다. 분명한 물증들로 인해 정약용과 정약전은 구속된 지 18일만에 유배로 감형된 후 석방되었다.

정약용은 18년 동안 경상도 장기, 진라도 강진 등지에서 유배생활을 했다. 유배 기간에 《목민심서》《경세유표》 등 500권을 저술함으로써 당대 최고의 저술가이자 학자로 이름을 남기었다. 정약용의 유배생활은 아이러니하게도 그에게는 고통의 시간이 아니라 조선 후기 최고의 실학자이자 저술가가 되게 하는 기회가 되었던 것이다. 이는 마치 사마천이 궁형에 처해진 후에도 굳은 의지와 신념으로 《사기》를 저술한 거와 너무도 닮았다. 물론 정약용은 유배를 당하는 형벌을 받았지만, 무려 18년이라는 세월은 그 어떤 형벌보다도 힘든 기간이었을 것이다.

하지만 정약용은 그 오랜 인고의 생활을 학문을 연구하고 저술함으로써 창의적이고 생산적인 기회로 만들었다. 여기에 정약용의 위대함이 있는 것이다. 만일 그가 술을 마시며 자신의 삶을 한탄했다면 우리역사에 길이 남는 학자가 되지 못했을 것이다.

• 1789년 27살 되던 해에 대과에 급제하여 관직에 출사하였다. 규장각에서 정조의 총애를 받아 공부하면서 1791년에는 수원 화성 설계에 참여하여 거중기를 발명하고, 한강에 배를 이용한 배다리를 놓는 등 과학에도 조예가 깊은 다재다능한 인물이다.

• 정약용의 주요개혁안은 첫째, 정치적으로는 왕권강화론을 제시하였다. 둘째, 토지개혁안을 제시하였다. 셋째, 사회신분제와 교육에 대해 제시하였다.

• 정약용은 서학 다시 말해 천주교를 믿은 죄목으로 18년 동안 경상도 장기, 전라도 강진 등지에서 유배생활을 했다. 하지만 그는 유배 기간에 《목민심서》《경세유표》 등 500권을 저술함으로써 당대의 최고의 저술가이자 학자로 이름을 남겼다.

06

《대학》

● 《대학大學》

《예기禮記》의 한 부분으로 송나라 이후 매우 중요시 되었다. 송나라 유학자 주희가
이 책을 공자의 사상을 바탕으로 하여 증삼과 그의 문하생들이 만든 것이라 주장하
였다. 그리고 원문을 수정하여 자신이 주석을 달고 저술하여 《대학장구》라 이름 하
였다. 전문 1750자의 글이지만 주희는 《논어》《중용》《맹자》와 더불어 《대학》을 사
서四書라 명명하고 학문을 처음 배우는 이들의 필독서로 삼은 까닭이다.

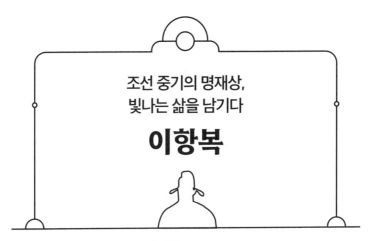

조선 중기의 명재상,
빛나는 삶을 남기다

이항복

◎ 이항복李恒福 1556~1618
조선시대 우의정, 좌의정, 영의정 등을 역임한 문신이자 학자이다. 지은 책으
로《사례훈몽四禮訓蒙》1권과《주소계의奏疏啓議》각 2권외 다수가 있다.

● 자기수양과 학문의 기본 가치를 일깨운 고전 《대학》

《대학大學》은《예기禮記》의 한 부분으로 송나라 이후 매우 중요
시 되었다. 송나라 유학자 주희가 이 책을 공자의 사상을 바탕으
로 하여 증삼과 그의 문하생들이 만든 것이라 주장하였다. 그리
고 원문을 수정하여 자신이 주석을 달고 저술하여《대학장구》라
이름 하였다. 주희는《논어》《중용》《맹자》와 더불어《대학》을
사서四書라 명명하고 학문을 처음 배우는 이들의 필독서로 삼은

까닭이다.

《대학》은 자기수양을 완성하고 사회질서를 이루는 과정을 다룬다. 다시 말해 수신제가치국평천하修身齊家治國平天下를 이루기 위한, 교과서와도 같은 책이다. 그리고 그 의미를 크게 두 가지로 정리할 수 있다. 하나는 통치자가 근본으로 하는 통치자의 책이며, 또 하나는 인격도야를 위한 책이 그것이다.

또한《대학》은 소학을 마치고 태학에 입학하여 배우는 교재와 같다고 할 수 있다.《대학》은 유가의 주요사상을 체계적이고 일목요연하게 설명한다. 주희는 사서 중《대학》을 맨 앞에 놓을 만큼 이를 매우 중요시 하였다.《대학》의 주요 내용을 담은 삼강령三綱領과 팔조목八條目은 다음과 같다.

삼강령의 첫째, 명명덕明明德은 자신의 밝은 덕을 드러냄을 말하고, 둘째, 신민新民은 자신의 밝은 덕으로 백성을 새롭게 하고, 셋째, 지어지선止於至善은 최선을 다해 가장 합당하고 적절하게 처신함을 말한다.

팔조목의 첫째, 격물格物은 세상의 모든 것의 이치는 찬찬히 따져 보고, 둘째, 치지致知는 지식과 지혜가 극치를 이르게 하고, 셋째, 성의誠意는 의지를 성실히 하고, 넷째, 정심正心은 마음을 바로 잡아야 하고, 다섯째, 수신修身은 몸과 마음을 수양하고, 여섯째, 제가齊家는 집안을 화목하게 이끌고, 일곱째, 치국治國은 나라를 잘 다스리고, 여덟째, 평천하平天下는 세상을 화평하게 하는 것을 말한다.

《대학》은 1750자의 짧은 글이지만, 사서 중 으뜸으로 맨 앞자리에 놓았다.

우리 10대들은 《대학》은 잘 모르지만 '수신제가치국평천하修身齊家治國平天下'란 말은 한 번쯤 들어 보았을 것이다. 이는 '몸과 마음을 닦아 수양하고 집안을 가지런하게 하며 나라를 다스리고 천하를 평정한다.'는 뜻으로, 선비가 취해야 할 자세 다시 말해 몸가짐에 그 근본 목적이 있다. 다음은 수신제가함으로써 치국평천하를 이룬 뜻 깊은 이야기이다.

● 진심으로 몸과 마음을 수양한 학자 이항복

조선 중기 때 명재상이었던 백사白沙 이항복李恒福은 오성대감이라 불린다. 그 까닭은 임진왜란 때 왕비와 왕자를 안전하게 모시고, 선조를 의주까지 잘 모신 공을 인정받아 오성부원군에 봉해졌기에 따른 것이다.

이항복은 9살 때 아버지를 여의고 어머니 슬하에서 자랐다. 소년시절 놀기 좋아하고 장난하기를 좋아했지만, 기지가 넘치고 재치가 넘쳤다. 특히 죽마고우인 한음 이덕형과의 얽힌 이야기는 유쾌하게 할 뿐만 아니라 그의 기발함에 무릎을 치게 만든다. 놀기 좋아하고 장난기 넘쳤던 이항복은 홀어머니의 가르침을 받으며, 학업에 열중함은 물론 몸과 마음을 닦으며 수양하는데 전심전력을 다했다.

1571년선조 4 어머니를 여의고, 삼년상을 마친 뒤 성균관에 들어가 학문에 힘써 명성이 높았다. 이항복은 영의정 권철의 아들로 행주대첩으로 유명한 권율 장군의 사위가 되었다.

이항복은 1575년 진사 초시에 오르고 1580년 알성 문과에 병과로 급제해 승문원부정자가 되었다. 이듬 해 선조의《강목綱目》 강연이 있었는데, 고문을 천거하라는 왕명에 따라 이이李珥에 의해 이덕형 등과 함께 5명이 천거되어 예문관검열에 올랐다. 이들에게 내장고內藏庫의《강목》한 질씩이 하사되고 홍문관에 들어갔다. 1583년 사가독서賜暇讀書 조선시대에 국가의 유능한 인재를 양성하고 문운을 진작시키기 위해서 젊은 문신들에게 휴가를 주어 독서에 전념할 수 있도록 한 제도, 다시 말해 나라에서 은혜를 내려 베푸는 은전을 입었다.

그후 1589년 예조정랑 때 발생한 역모사건에 문사낭청으로 친국에 참여해 선조의 두터운 신임을 받았다. 또 신료 사이에 비난이나 분쟁이 있을 때, 삼사에 출입해 이를 중재하고 시비를 공평히 판단, 무마해 그의 덕을 입은 사람도 많았다고 한다.

1590년 호조참의가 되었고, 정여립의 모반사건을 처리한 공로로 평난공신平難功臣 3등에 녹훈되었다. 그 이듬해 송강 정철의 죄에 대한 논의가 있자 사람들은 화를 입을까 염려되어 정철과 거리를 두었다. 그러나 이항복은 좌승지의 신분으로 날마다 찾아가 이야기를 나누자 정철사건의 처리를 태만히 했다는 공격을 받고 파직되었으나 곧 복직되고 도승지에 발탁되었다. 이때 사헌부와 사간원의 반대가 심했으나 대사헌 이원익의 적극적인 비호로 진정되었다.

1592년 임진왜란이 일어나자 선조를 평양을 거쳐 의주까지 호종임금이 탄 수레를 호위하여 따르던 일 하였다. 그러는 동안 이조참판으로 오성부원군에 봉해졌고, 이어 형조판서로 오위도총부도총관을 겸하였다. 곧이어 대사헌 겸 홍문관제학, 세자좌부빈객, 병조판서 겸 주사대장, 이조판서 겸 홍문관대제학 등을 거쳐 의정부우참찬에 승진되었다.

이항복은 이덕형과 함께 명나라에 원병을 청할 것을 건의했고 윤승훈을 해로로 호남지방에 보내 근왕병 임금이나 왕실을 위하여 충성을 다하는 군인 을 뽑았다. 선조가 의주에 머무르면서 명나라에 구원병을 요청하자, 명나라에서는 조선이 왜병을 끌어들여 명나라를 침공하려 한다며 병부상서 석성이 황응양을 조사차 보냈다. 이에 이항복은 일본이 보내온 문서를 내보여 의혹이 풀려 마침내 구원병이 파견되었다.

명나라 장수 이여송이 대병력을 이끌고 평양을 탈환하고, 이어 서울을 탈환함으로써 환도하였다. 이듬해 선조가 세자를 남쪽에 보내 분조를 설치해 경상도와 전라도의 군무를 맡아보게 했을 때 병조판서로서 세자를 받들어 보필하였다. 1594년 봄 전라도에서 송유진의 반란이 일어나자 여러 관료들이 세자와 함께 환도를 주장하였다. 그러나 이항복은 반란군 진압에 도움이 되지 못한다고 상소해 이를 중단시키고 반란을 곧 진압하였다. 이항복은 나라가 어지러운 중에도 흔들림 없이 국사에 힘쓰고 밖으로는 명나라 사절의 접대를 전담하였다. 이렇듯 이항복은 외교에 있어 탁월한 능력을 지닌 외교가이기도 하였다.

1598년 우의정이 되었는데, 명나라 사신 정응이 동료 사신인 경략 양호를 무고한 사건이 발생하자, 우의정으로 진주변무사가 되어 부사 이정구와 함께 명나라에 가 소임을 마치고 돌아와 토지와 재물 등 많은 상을 하사받았다. 이후 문홍도가 휴전을 주장했다는 이유로 유성룡을 탄핵하자, 자신도 함께 휴전에 동조했다고 자진해 사의를 표명하고 병을 구실로 나오지 않았다. 그러나 조정에서 도원수 겸 체찰사에 임명하자, 남도 각지를 돌며 맨 먼저 민심을 수습하고 안민방해책룰 16조를 지어 올리기도 하였다.

1600년 영의정이 되었으며, 호성1등 공신에 녹훈되었다. 1602년 정인홍, 문경호 등이 최영경을 모함, 살해하려 한 장본인이 성혼이라고 발설하자 삼사에서 성혼을 공격하였다. 이에 성혼을 비호하고 나섰다가 정철의 편당으로 몰려 영의정에서 자진사퇴하였다. 1608년 다시 좌의정 겸 도체찰사에 제수되었으나 이해 선조가 죽고 광해군이 즉위해 북인이 정권을 잡게 되었다. 그는 광해군의 친형인 임해군臨海君의 살해 음모에 반대하다가 정인홍 일당의 공격을 받고 사의를 표했으나 수리되지 않았다.

1617년 인목대비 김씨가 서궁 지금의 덕수궁에 유폐되고, 이어 폐위해 평민으로 만들자는 주장에 맞서 싸우다가, 1618년에 관작이 삭탈되고 함경도 북청으로 유배되어 그곳에서 세상을 떠났다. 죽은 해에 관작이 회복되고 그 해 8월 고향 포천에 예장되었다.

당대의 문장가이자 좌의정 이정구는 이항복에 대해 말하기를 "그가 관작에 있기 40년, 누구 한 사람 당색에 물들지 않은 사람이 없을 정도였지만, 오직 그만은 초연히 중립을 지켜 공평히 처세하였다. 그렇기 때문에 아무도 그에게서 당색을 찾아볼 수 없을 것이며, 또한 그의 문장은 이러한 기품에서 이루어졌으니 뛰어날 수밖에 없지 않겠는가."라면서 기품과 인격을 칭송하였다. 저서로는 《사례훈몽四禮訓蒙》 1권과 《주소계의奏疏啓議》 각 2권외 다수가 있다. 시호는 문충文忠이다.

이항복에 대한 일화가 많다. 그만큼 그는 인간적이고 기지가 뛰어나 어렸을 때부터 세인들의 관심의 대상이었다. 또한 그는 스승 받들기를 하늘과 같이 모신 걸로 유명하다. 그의 뛰어난 인품을 잘 알게 하는 이야기이다.

어느 날 남루한 노인이 찾아와 하인에게 이항복를 가르쳤던 사람이라고 말했다. 그러자 하인은 이항복에게 달려가 스승이 찾아 옴을 아뢨다.

"대감마님, 대감마님의 스승님께서 오셨습니다."

"스승님께서 오셨다고?"

어느 날 스승이 왔다는 하인의 말에 방에 있던 이항복은 버선발로 뛰어나갔다. 좌중에 있던 사람들은 그의 행동에 놀라움을 감추지 못했다. 일인지하만인지상 一人之下 萬人之上 영의정인 그가 보여준 행동은 그러고도 남았다.

"스승님, 오셨습니까?"

이항복은 이렇게 말하며 초라한 행색의 노인을 모시고, 방으로 들어와서는 큰절을 올렸다.

"스승님, 잘 오셨습니다. 어떻게 지내시나 궁금했는데 찾아주

셔서 감사드립니다. 그간 잘 지내셨는지요?"

"나는 잘 지냈소이다."

그의 스승은 말을 올려 말했다. 이항복은 말씀을 놓으라며 깍듯이 말했다.

"스승님, 계시는 동안 편히 지내십시오."

이항복은 어린시절 가르침을 주었던 스승을 극진히 모시고, 그가 갈 때 면포 십여 단과 쌀 두 섬을 노자로 주었다. 그러자 스승은 나라의 재산을 이렇게 많이 받을 수 없다고 말했다. 이 항복은 자신의 것에서 드리는 것이니 받아달라고 청하였다. 그러자 스승은 쌀 두 말만 갖고 가겠다고 했다. 이에 이항복은 스승님이 그러시면 제가 너무 송구하다고 말했고, 스승은 어찌 스승이라고 하면서 말을 따르지 않는가, 하고 말했다. 그러자 이항복은 아무 말도 못하고 스승의 말에 따랐다고 한다. 이항복의 스승은 청빈하고 강직하였는데, 제자인 이항복 또한 청빈하고 강직하여 명 재상으로 이름을 드높였다.

이항복은 임진왜란 중에도 임금과 나라와 백성을 위해서 최선을 다해 환란을 종식시키는 데 최선을 다했다. 뛰어난 지략과 지혜로 임금을 잘 보좌하였으며, 탁월한 행정가이자 외교가로 백성들이 전쟁을 극복하는 데 많은 힘이 되었다. 좌의정 이정구가 평했듯이 인품이 뛰어나 그 어느 누구와도 적을 지는 일이 없었다. 또한 인간적이고 정이 많아 억울한 사람들을 보면 도와주기를 자기 일처럼 하였다.

이항복이 이처럼 인격을 갖춘 문신이 될 수 있었던 것은《대학》의 핵심사상인 수신제가치국평천하修身齊家治國平天下를 이루기 위한 자기 수양에 크게 힘썼기 때문이다. 그에게 있어 학문과 수양을 쌓은 일은 그의 인생을 평탄하게 함은 물론 임금과 나라와 백성들에겐 큰힘이 되었던 것이다.

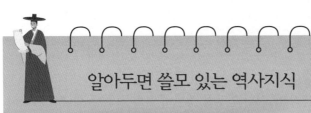

알아두면 쓸모 있는 역사지식

• 이항복은 1589년 예조정랑 때 발생한 역모사건에 문사낭청으로 친국에 참여해 선조의 두터운 신임을 받았다. 1590년 호조참의가 되었고, 정여립의 모반사건을 처리한 공로로 평난공신平難功臣 3등에 녹훈되었다.

• 이항복은 1592년 임진왜란이 일어나자 선조를 평양을 거쳐 의주까지 호종하였다. 그는 이조참판으로 오성부원군에 봉해졌다. 선조가 세자를 남쪽에 보내 분조를 설치해 경상도와 전라도의 군무를 맡아보게 했을 때 병조판서로서 세자를 보필하였다. 1594년 봄 전라도에서 송유진의 반란이 일어나자 여러 관료들이 세자와 함께 환도를 주장하였다.

• 이항복은 반란군 진압에 도움이 되지 못한다고 상소해 이를 중단시키고 반란을 곧 진압하였다. 그는 나라가 어지러운 중에도 흔들림 없이 국사에 힘쓰고 밖으로는 명나라 사절의 접대를 전담하였다. 이렇듯 이항복은 외교에 있어 탁월한 능력을 지닌 외교가이기도 하였다. 1600년 영의정이 되었으며, 호성1등 공신에 녹훈되었다.

• 이항복의 가장 큰 업적은 임진왜란 중에도 임금과 나라와 백성을 위해서 최선을 다해 환란을 종식시키는 데 최선을 다한 것이다. 뛰어난 지략과 지혜로 임금을 잘 보좌하였으며, 탁월한 행정가이자 외교가로 백성들이 전쟁을 극복하는 데 많은 힘이 되었다.

07

손무의
《손자병법》

● **손무**孫武 기원전 545~ 기원전 470
중국 춘추시대의 전략가. 손자는 손무의 경칭이다. 지은 책으로《손자병법》이 있다.

● **《손자병법**孫子兵法》
고대 중국의 병법서로 시계편, 작전편, 모공편, 균형편, 병세편, 허실편, 군정편, 구변
편, 행군편, 지형편, 구지편, 화공편, 용간편 등 총 13편으로 구성되어 있다. 원본은
2500년 전인 춘추시대 말기 때 손무가 썼다는 것이 정설이다

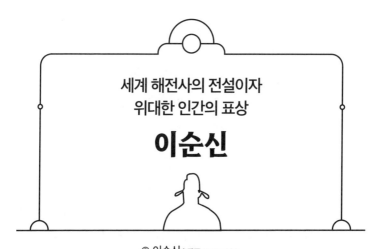

세계 해전사의 전설이자
위대한 인간의 표상

이순신

◎ 이순신李舜臣 1545~1598
시호 충무공으로 삼도수군통제사를 지냈으며 임진왜란을 승리로 이끌었다.
지은 책으로 《난중일기》가 있다.

• 지피지기백전불태의 신화, 중국 최고의 병법서

《손자병법孫子兵法》은 고대 중국의 병법서이다. 원본은 2500년 전인 춘추시대 말기 때 손무孫武가 썼다는 것이 정설이다. 항간에는 손무의 손자인 손빈이 썼다는 설이 있지만, 1972년 은작산 한 나라 무덤에서 상당량의 죽간이 발견되었다. 이를 토대로 하여 연구한 결과 이는 《손빈병법》으로 알려져, 《손자병법》은 손무가 쓴 것이 증명되었다.

《손자병법》은 총 13편으로 구성되어 있다. 첫째, 시계편은 전쟁에 앞서 승리에 대한 전략을 세우는 것의 중요성에 대해 말하고 둘째, 작전편은 전쟁을 하는 데 있어 경제성에 대해 논하고 셋째, 모공편은 싸우지 않고 이기는 방법에 대해 말하고 넷째, 균형편은 군대의 형세, 다시 말해 상황을 보고 승패를 논하고 다섯째, 병세편은 공격과 방어, 병사의 활용을 논하고 여섯째, 허실편은 적의 강점을 피하고 허점에 대해 말하고 일곱째, 군정편은 실제 전투에서 유리한 위치를 선점하는 등의 방법에 대해 말하고, 여덟째, 구변편은 승리할 수 있는 조건과 경계해야할 위험과 대비 태세에 대해 말하고, 아홉째, 행군편은 행군과 주둔시 유의해야 할 갖가지 사항과 상황에 대해 말하고 열 번째, 지형편은 지형의 이해득실과 장수의 책임에 대해 말하고 열한 번째, 구지편은 지형의 유리한 이용과 적의 취약성과 기동의 신속성에 대해 말하고 열두 번째, 화공편은 화공의 원칙과 방법에 대해 말하고 열세 번째, 용간편은 정보의 중요성과 간자를 이용하는 방법에 대해 말한다.

《손자병법》은 '지피지기백전불태知彼知己百戰不殆', 다시 말해 '상대에 대해 잘 알고 있으면, 백 번 싸워도 위태로울 것이 없다'는 말로 잘 알려진 병법서이다. 이는 전쟁뿐만 아니라, 일반적인 삶을 살아가는 데 있어 처세로 삼아도 좋은 방법이다. 이런 의미에서 《손자병법》은 뛰어난 삶의 지략서智略書라고 할 만하다 하겠다.

인간의 삶은 한 마디로 총칼 없는 전쟁터와 같다. 하루하루 치열하게 경쟁하면서 사는 게 삶이기 때문이다. 학생들은 좋은 학교에 진학하기 위해 입시경쟁에 매달리고, 대학을 졸업하면 취업시험으로 경쟁을 해야 한다. 기업은 기업대로 더 좋은 제품을 만들기 위해 경쟁을 하고, 국가는 더 부강한 나라가 되기 위해 경쟁한다. 다시 말해 내가 잘 되기 위해서는 경쟁자들을 물리쳐야 하고, 내 기업이 잘 되기 위해서는 경쟁기업을 물리쳐야 하고, 내 나라가 잘 되기 위해서는 경쟁상대국들을 물리쳐야 한다. 그런데 여기서 중요한 것이 있다. 상대를 이기기 위해서는 내가 상대보다 강해야 하고 실력이 더 나아야 한다는 것이다. 그렇지 않으면 상대를 이길 수가 없기 때문이다. 그런 까닭에 이기기 위한 지략이 뛰어나야 한다는 것이다. 다시 말해 경쟁상대를 이길 수 있는 나만의 비책이 필요한 것이다.

《손자병법》은 전쟁에서 이기기 위한 갖가지 비책과 전술로 구성되어 있다. 하지만 앞에서도 말했듯이 꼭 전쟁에만 국한시킬 필요는 없다. 이를 잘 활용한다면 입시에서도, 취업에서도, 사회생활을 해 나가는 데 있어서도 큰 도움이 된다.

• 문인의 성품과 무인의 강인함을 갖춘 충신, 이순신

우리나라 역사상 가장 위대한 인물로 평가받는 충무공 이순신 장군. 그는 성품이 강직하여 그 어떤 불의에도 마음을 두지 않았으며, 강한 사람 앞엔 강하고, 약한 사람에겐 한없이 너그럽고 관대하였다. 하지만 이순신은 부하장수가 불의를 저지르면 엄격하게 벌하여 다시는 같은 일로 죄 짓는 일이 없게 하였다. 이런 이 순신도 어린시절에는 매우 마음이 여렸다고 한다.

이순신은 할아버지인 백록이 조광조를 비롯한 소장파 사림들과 뜻을 같이 하여 벌어진 기묘사화로 참화를 당하자, 그의 아버지는 관직에 뜻을 접고 평민으로 지내는 관계로 가세가 기울대로 기울었다. 가난한 집안 형편이었으나 이순신은 어머니에게서 엄한 교육을 받았다. 어머니의 교육은 이순신의 정신적 토양이 되었으며 그가 위대한 장군이 되는 데 밑거름이 되었다.

이순신은 28살 되던 해 무과조선시대에 무관을 뽑는 과거에 응시하였다. 그는 달리는 말에서 떨어졌으나 다친 다리를 싸매고 끝까지 달려 사람들을 놀라게 했다. 하지만 아쉽게도 실격하고 말았다. 그후 4년이 지난 1576년 식년무과에 급제하였다. 이순신은 강직하고 정의로운 성품으로 인해 어려움을 많이 겪었다. 그는 언제나 한결같은 마음으로 그 어떤 불의와도 타협하지 않았다. 그러다보니 상관의 미움을 사 한직으로 돌다 47세가 되어서야 전라좌도수군절도사가 되었다. 이에 대한 일화를 보자.

이순신이 전라도 발포수군의 만호품계가 종 4품의 무관로 있을 때 일이다. 어느 날 좌수사가 사람을 보내왔다.

"만호 나리께 아룁니다."

"무슨 일이냐? 어서 말해보라."

이순신의 말에 좌수사가 보낸 이가 말했다.

"좌수사께서 발포진 동헌에 있는 오동나무를 베어 오라하셨습니다."

"그래? 그 나무는 어디에 쓰시려고 하는가?"

"좌수사께서 풍유를 좋아하시는지라, 그동안 좋은 오동나무를 보면 거문고를 만드시려고 했습니다. 그런데 일전에 이곳 오동나무를 보고 맘에 드셨나 봅니다."

이순신은 그의 말을 듣고 굳은 얼굴로 말했다.

"뭐라? 거문고를 만들기 위해서 오동나무를 베어오라고 했다고? 전함을 만들기 위해서라면 몰라도, 거문고를 위해서라면 절대 아니 된다. 가서 그렇게 전하라."

"정녕, 좌수사 영감의 명을 거역하시겠습니까?"

"아무리 윗분이라 해도 부당한 것은 들어줄 수 없다. 나무 하나라도 관청의 것은 그가 누구든 사사로이 할 수 없느니라."

"알겠습니다. 그리 전하겠나이다."

좌수사가 보낸 이는 이렇게 말하며 속으로 중얼거렸다.

'허참, 앞뒤가 막혀도 꽉 막힌 사람이구나. 그까짓 오동나무가 뭐라고.'

그는 좌수영으로 가서 이순신이 말한 대로 전했다. 그러자 좌수사는 얼굴이 붉으락푸르락 대노하여 말했다.

"뭐라, 내 말을 거역해? 내 이놈을 당장! 어디 두고 보자."

그로부터 얼마 후 좌수사의 말대로 이순신은 발포만호의 자리에서 물러났다. 그러나 이순신은 좌수사를 원망하지 않았다. 그는 공과 사를 엄격히 하여 아무리 윗사람이라 해도 옳지 않은 일엔 응하지 않았으며, 아무리 아끼는 부하라 할지라도 군율을 어기거나, 법도에 어긋나면 절대 용서하지 않았다.

이 이야기에서 보듯 이순신의 강직함과 청렴함은 언제 어디서나 예외가 없었다. 이순신은 왜군의 침공에 대비해 군사훈련을 실시했으며, 전선을 제조하고 거북선을 만드는 등 군비를 확충하는 등 만반의 준비를 하였다. 임진왜란이 일어나자 이순신의 지략은 빛을 발했다. 그는 싸우는 전투마다 승리하였다. 그러나 원균 등의 모략으로 옥에 갇히고 말았다. 이순신이 없는 조선 수군은 왜군의 침공으로 추풍낙엽이 되었다.

그러자 조정에서는 이순신에게 다시 지휘권을 주었다. 하지만 남은 군사는 120인에 배는 고작 12척이었다. 이순신은 이에 굴하지 않고 133척의 왜군과 싸워 왜군 배 31척을 격침시키는 대승을 거뒀다. 이를 '명량해전'이라고 한다. 이순신은 수군을 재정비하고 강화시키는 데 열정을 다함으로써 탄탄한 수군으로 거듭나게 했다. 1598년 이순신은 왜군 500척 중 200여 척을 격파하고 대승을 거두었는데, 이를 '노량해전'이라고 한다. 하지만 안타깝게도 이순신은 전사를 하고 말았다.

이순신이 임진왜란 때 전승을 거둔 것 가운데 몇 가지 전투를 《손자병법》의 병법으로 살펴보기로 하겠다.

첫째, 이순신은 수군절도사로서의 책무를 다하기 위해 군영을 비롯한 이곳저곳 진지들을 세세히 살피며, 보수할 곳이나 새로 구축해야 할 곳은 없는지를 체크하였다. 그리고 예하 군영을 순찰하며 복무에 이상이 없는지를 살폈다. 그의 철저함과 빈틈

없음에 예하부대 지휘관과 병사들은 잔뜩 긴장하며 그의 눈치를 살폈다. 그리고 깐깐한 장군으로 인해 자신들의 앞날이 편치 않을 거라 생각했다.

그러나 그건 이순신의 단면만 본 오해였다. 다시 말해 이순신은 아버지 같이 자상하고 관대하다는 것을 날이 갈수록 느끼게 되었던 것이다. 다시 말해 이순신은 부드러움과 엄격함을 두루 겸비한 장군이라는 걸 알게 된 것이다. 그러자 예하부대 지휘관과 병사들은 이순신을 진심으로 따르기 시작했다.

이순신은 왜군의 침략에 대비하여 전선戰船을 만들고, 병기창고에는 병기로 가득 채우고, 병사들을 훈련시키는 등 군비확충에 힘쓰고, 군량미 확보를 위해 해도에 둔전을 설치할 것을 조정에 요청하는 등 만반에 준비를 하였다. 다른 장수나 조정에서조차도 그가 유별을 떠는 것처럼 생각하는 이들이 많았지만, 그는 전혀 개의치 않았다. 오직 자신에게 주어진 책무를 다하고자 함이었다. 이처럼 이순신은 자신 스스로를 괴롭힐 정도로 치밀하게 살피고, 철저하게 준비한 끝에 언제든지 싸울 태세를 갖췄다.

그런데 1592년 4월 13일 왜군이 침략을 감행한 것이다. 이순신의 준비전략은 시의적절하게 잘 맞아떨어졌다. 이순신은 그동안 철저하게 준비하고 닦은 전술전략으로 왜군과 맞서 싸웠다. 이순신이 싸우는 전쟁마다 이기자 그의 실체를 알게 된 왜장과 왜군들은 신출귀몰한 이순신이란 이름만 들어도 벌벌 떨었다. 이순신은 옥포해전, 한산도 대첩, 명량해전, 노량해전 등 수많은 전투에서 전승을 거둠으로써 세계 해전 역사에 있어 전무후무한 기록을 남겼다.

미전선산 다산취승

未戰先算 多算取勝

이는 《손자병법》〈시계편〉에 나오는 말로 '전쟁을 하기 전에 미리 계산하여 준비하되, 철저하게 준비를 많이 해야 승리할 수 있다'는 것을 뜻한다. 이순신 장군이 전쟁에서 이길 수 있었던 것은 《손자병법》에 있는 '미전선산 다산취승' 병법을 잘 적용했던 것이다.

둘째, 임진왜란 때 이순신 장군과 신립 장군은 명장으로서 크게 활약하였다. 그런데 이 둘은 같은 점도 있지만 다른 점이 더 컸다. 이순신은 뛰어난 지략으로 하는 전투마다 전승을 거뒀지만, 신립은 잘못된 전략으로 탄금대에서 패했다. 두 사람의 이야기를 통해 적을 알고 나를 안다는 것이 적과 싸움에서 엄청난 결과를 초래한다는 것을 깨닫게 될 것이다.

이순신은 지혜롭고 현명하여 매사를 허투루 하는 법이 없었다. 그랬기에 그가 쓴 《난중일기亂中日記》를 보면 자나 깨나 나라와 백성을 생각하는 그의 충정을 알 수 있다. 그런 그의 충정은 만사불여튼튼 매사가 튼튼히 하는 것보다 더 나은 것이 없음을 이르는 말이었다. 이순신은 왜군과의 전투에서 전승을 거뒀는데, 여러 가지 전략 중 적인 왜군에 대해서 잘 알았다는 데 있다. 입수한 정보를 철저하게 분석하고 치밀하게 전략을 세웠던 것이다.

이순신이 만든 거북선은 물길이 센 남해바다에는 최적화되었을 뿐만 아니라, 전투에 잘 맞는 전함이었다. 그야말로 천하무적이었다. 그리고 배 바닥이 평평하고 2층 구조로 되어 있어 판옥선은 빠른 물길에는 느리지만 그만큼 안정성이 컸다. 또한 2층에서 공격할 수 있어 전투를 하는 데 유리하였다.

이에 비해 일본 배는 바닥이 좁고, 폭이 좁아 물살을 헤치고 나가는데는 빠르지만, 빠른 물살을 만나면 쉽게 전복될 수 있는 배였다. 이순신은 왜군의 배의 특징을 간파하고, 그들을 물살이 빠른 곳으로 유인해 급습함으로써 승리를 거뒀던 것이다. 뿐만 아니라 이순신은 왜군의 상황에 맞게 심리전으로 또는 물때에 맞게 그때마다의 맞춤식 전략을 펼쳐 왜군과의 전투에서 전승을 거둘 수 있었다.

이순신은 뛰어난 지략가이며, 지형과 지세에 대한 지질학 전문가였으며, 해양 전문가이며, 과학에 능통한 전문가이며, 정보 전문가이며, 심리전문가이며, 문장에도 능한 문인이기도 했다. 이처럼 이순신은 다방면에서 특출난 장수였다. 그렇지만 그는 자신의 뛰어남을 믿고, 경거망동하거나 자만하지 않았다. 그런데다 뛰어난 혜안으로 천리天理를 따르며 적을 알고 자신을 아는 멀티 플레이어였다.

지피지기 백전불태

知彼知己 百戰不殆

이는《손자병법》의 〈모공편〉에 나오는 것으로 '적을 알고 나를 알면 백 번 싸워도 위태롭지 않다.'는 뜻이다. 이순신이 전쟁에서 이길 수 있었던 것은 '지피지기 백전불태'의 전략이었다.

그러나 신립 장군은 달랐다. 그는 용장으로서는 뛰어났지만, 그런 만큼 위험성을 안고 있는 장수였다. 그는 산세가 험한 지형을 이용해 조령에서 진을 치고 재를 올라오는 왜군을 치도록 전략을 세우고 대비하는 것이 마땅한데도 남한강을 뒤로 하고 탄금대에서 배수진을 쳤다는 것은 이해할 수 없는 일이었다. 그것은 삼류 장수도 하지 않는 전략이니까. 물론 자신만만한 자신감에서 그렇게 했다 해도 그것은 장수가 할 일은 아닌 것이다.

유능한 장수는 냉철해야 한다. 그래야 모든 것을 이성적으로 생각하고 정확하게 판단할 수 있기 때문이다. 하지만 그는 그렇지 않았다. 결국 그는 충주 탄금대에서 왜군과의 전투에서 패하고 말았다. 신립이 패한 원인은 '부지피부지기不知皮不知己' 다시 말해, '적을 모르고 자신도 몰랐기' 때문이다. 오직 자신감만으로만 충만해 있었기 때문이다.

당시 일본은 성능이 우수한 조총을 가지고 있었다. 조총은 활에 비해 신속하게 적에게 타격을 줄 수 있는 무기였다. 그런데 이를 잘 몰랐던 것이다. 아니 알았다 해도 그의 성격에 과소평가했을 수도 있었다. 또한 왜군은 조령에 대해 잘 알지 못한다. 하지만 그는 지형의 유리함을 무시했던 것이다.

신립이 패한 것은 '부지피부지기 매전필태不知皮不知己 每戰必殆', 다시 말해 '적을 알지 못하고 자신을 알지 못하면 매번 싸움에서 위태롭다'는 진리를 알지 못한 것에 있다. 전쟁은 자신감만으로 되는 것이 아니다. 그 무지함과 오만함이 결국 자신은 물론 수많은 병사들의 목숨을 잃게 한 것이다.

셋째, 1592년선조 25 4월 일본군은 수륙병진계획 바다와 육지에서 동시에 공격하여 나아가는 일 으로 조선을 침범하였다. 그러나 그들 수군이 남해와 서해로 침범하던 중 옥포, 당포, 당항포, 율포 등지에서 연전연패하였다. 그러자 왜군의 유능한 장수였던 와키자카는 정예 병력을 늘려 73척을 이끌고 거제도 등지를 침범하였다. 수군장수였던 구키도 42척을 거느리고 뒤를 따랐다. 왜군들의 정세를 파악한 이순신은 7월 5일 이억기와 함께 전라좌우도의 전선 48척을 본영이 있는 여수 앞바다에 집결시켜 합동훈련을 실시하였다. 다음 날인 7월 6일 본영을 출발해 노량에 이르러 원균이 이끌고 온 7척과 합세하니 3도의 전선은 모두 55척이었다.

7일 저녁 당포 앞바다에 이르러 목동 김천손에게서 일본전선 70여 척이 견내량에 머무르고 있다는 보고를 받았다. 8일 한산섬 앞바다에 이르러 이를 확인하였다. 그때 일본 수군의 세력은 대선 36척, 중선 24척, 소선 13척 등 모두 73척으로써 지휘관은 수군장수 와키자카였다.

이순신은 견내량 주변이 좁고 암초가 많아서 판옥전선의 활동이 자유롭지 못한 것을 확인하고, 한산섬 앞바다로 유인해 격멸할 계획을 세웠다. 먼저 판옥전선 5, 6척이 일본 수군을 공격하여 반격해 오면 한산섬으로 물러나면서 유인하였다. 일본 수군들은 그때까지 패전한 것에 대해 보복하려는 듯 거세게 공격해 왔다. 싸울 기회를 포착한 이순신은 모든 전선이 학익진鶴翼陣을 짜서 공격하게 하였다.

학익진이란 '전투에서 사용하는 진법의 하나로 학이 날개를 펼친 듯한 형태로 적을 포위하여 공격하는 것'을 말한다. 여러 장수와 군사들은 지자·현자 총통 등 각종 총통을 쏘면서 돌격하였다. 싸움의 결과 중위장 권준이 층각대선 1척을 나포하는 것을 비롯해 47척을 격파시키고 12척을 나포하였다. 아군의 압도적 공세에서 겨우 살아남은 왜적 4백여 명은 배를 버리고 근처의 육지로 달아났다. 이 해전은 조선 수군의 큰 승리로 막을 내렸다. 이 전쟁을 '한산도대첩'이라고 하는데, 격전 중 조선 수군의 사상자는 있었으나 전선의 손실은 전혀 없었다.

범선처전지이대적자일 후처전지이추전자로 고선전자 치인이불치어인

凡先處戰地而待敵者佚 後處戰地而趨戰者勞 故善戰者 致人而不致於人

이는《손자병법》〈허실편〉에 나오는 것으로 '전쟁터의 거처를 선점하여 적을 기다리는 자는 편안하다. 늦게 전쟁터에 거처를 잡고 전투에 달려가는 자는 피로하다. 그런 까닭에 전쟁을 잘 하는 자는 적을 끌어들이되 적에게 끌려가지 않는다.' 뜻이다. 이순신이 한산도대첩을 거둘 수 있었던 것은 '범선처전지이대적자일 후처전지이추전자로 고선전자 치인이불치어인'라는《손자병법》의 전략이었다.

남을 이기려는 자는 반드시 자신을 이겨야한다.

이는 제자백가 중 잡기雜家의 대표적인 책이자 일종의 백과사전인 《여씨춘추呂氏春秋》에 나오는 말로 자신을 이기는 자만이 남을 이길 수 있음을 말한다. 이순신은 적을 알고 나를 알았기에 '적을 독안에 가두는 지략'으로 이길 수 있었다. 또한 자신이 자신을 이겼기에 그 어떤 두려움도 갖지 않았던 것이다. 왜일까? 자신을 이기는 자가 가장 강한 자이기 때문이다.

《손자병법》〈시계편〉에는 장수가 갖춰야 할 다섯 가지 조건에 대해 이렇게 말한다.

장자지신인용엄야

將者智信仁勇嚴也

이는 곧 '지혜, 신의, 어짊, 용맹, 엄정함'을 뜻한다. 훌륭한 장수는 지혜로써 이길 수 있는 전략을 세우고, 병사들을 내 몸처럼 아끼되 잘못을 범하면 군율로써 엄히 다스려야 한다. 그래야 기강이 서기 때문이다. 그리고 모든 일에 솔선수범하며 덕德으로써 병사들을 대하고, 그 어떤 상황에서도 절대 흔들리는 모습을 보여서는 안 된다. 그런 까닭에 때론 풀처럼 부드럽고 때론 산처럼 우뚝하고, 때론 해불양수海不讓水, 다시 말해 '바다는 어떤 물도 마다하지 않고 다 받아 들이듯 모든 병사들을 포용할 수 있어야 한다.' 그래야 장수와 병사 들이 하나가 되어 적과의 싸움에서 이길 승산이 크기 때문이다.

이순신은 《손자병법》의 관점에서 보면 장자지신인용엄 將者智

信仁勇嚴을 갖춘 대표적인 장군이다. 그는 유능한 장수가 갖춰야 할 조건을 다 갖춘 멀티 플레이어이다. 이순신은 어질고, 엄정하고, 지혜롭고, 매사에 빈틈이 없었으며, 다방면에서 뛰어난 재능을 지녔으며, 불굴의 의지를 지닌 덕장德將이자, 지장智將이며, 용장勇壯이었다.

이순신 장군의 이야기에서 보듯 이순신장군은 싸우기 전에 이미 이겨놓고 싸웠다는 것을 알 수 있다. 매사에 군의 기강을 바로 잡고 철저하게 훈련을 하고 준비를 하는 등 대비에 임했다. 그랬기에 이순신장군은 임진왜란에서 싸우는 전쟁마다 승리함으로써 7년의 임진왜란을 끝낼 수 있었다.

이순신 장군의 마인드를 《손자병법》에 입각해 크게 두 가지로 본다면, 첫째는 《손자병법》〈모공편〉에 있는 '백 번 싸워 백 번 이기는 것은 최선의 상책이라고 할 수 없다. 싸우지 않고 적을 굴복시키는 것이 최선의 상책인 것이다.'라고 할 수 있고, 둘째는 《손자병법》〈균형편〉에 있는 '승리하는 군대는 먼저 승리할 수 있는 여건을 조성해 놓고 전쟁을 시작하고, 패배하는 군대는 먼저 전쟁을 시작하고 나서 승리하기를 기대한다.'라고 할 수 있다.

그렇다. 우리 10대들은 이순신을 위대한 장군으로만 알고 있지 《손자병법》에서 보듯 병법의 전략을 상황에 맞게 잘 적용시켰다고는 세세하게 알 수 없을 것이다. 또한 이순신 장군의 훌륭한 점을 한 가지 더 말한다면, 그를 존경하고 따르는 백성들로 인해 선조로부터 시기와 견제를 받았다. 그러던 차에 간신 원균의 온갖 모함으로 인해 이순신의 삼도수군통제사의 직위를 박탈하려는 선조에게 영의정 류성룡은 끝까지 통제사의 적임자는 이순신밖에 없으며, 만일 한산도를 잃는 날이면 호남 지방 또한 지킬 수 없다고 간청하였지만 소용없었다.

삼도수군통제사가 된 원균이 왜군에게 처참하게 패하고 그의 패보가 조정에 이르자 조정과 백성들은 놀라서 어찌할 바를 몰랐다. 선조는 조정대신들을 불러 의논하였으나 당황하여 바로 대답조차도 못하였다. 오직 병조판서 이항복만이 이순신을 다시 통제사로 기용해야한다고 주장하였을 뿐이었다. 이에 선조는 이순신을 다시 삼도수군통제사로 삼았다. 이에 이순신 장군은 남은 군사 120인과 배 12척을 바탕으로 다시 수군을 재정비하여 왜군을 격파함으로써 임진왜란을 승리로 이끌었던 것이다.

이렇듯 이순신 장군의 훌륭한 점은 억울하게 삭탈관직을 당했지만, 백의종군을 하며 나라를 위한 애국심을 끝까지 놓지 않고 마침내 나라를 구해냈다는 데 있다.

알아두면 쓸모 있는 역사지식

• 이순신은 왜군의 침략에 대비하여 전선戰船을 만들고, 병기창고에는 병기로 가득 채우고, 병사들을 훈련시키는 등 군비확충에 힘쓰고, 군량미 확보를 위해 해도에 둔전을 설치할 것을 조정에 요청하는 등 만반에 준비를 하였다.

• 이순신은 옥포해전, 한산도 대첩, 명량해전, 노량해전 등 수많은 전투에서 전승을 거둠으로써 세계해전 역사에 있어 전무후무한 기록을 남겼다.

• 이순신은 뛰어난 지략가이며, 지형과 지세에 대한 지질학 전문가였으며, 해양 전문가이며, 과학에 능통한 전문가이며, 정보전문가이며, 심리전문가이며, 문장에도 능한 문인이기도 했다. 이처럼 이순신은 다방면에서 특출 난 장수였다. 그렇지만 그는 자신의 뛰어남을 믿고, 경거망동하거나 자만하지 않았다. 이순신은 《손자병법》의 관점에서 보면 장자지신인용엄將者智信仁勇嚴을 갖춘 대표적인 장군이다.

08

좌구명의
《춘추좌씨전》

● **좌구명**左丘明 기원전 556~기원전 451
중국 춘추시대의 노나라 학자로《좌씨전左氏傳》《국어國語》의 저자다.

●《**춘추좌씨전**春秋左氏傳》
《춘추》의 주석서로 가장 오래되고, 가장 대표적인 주석서의 하나. 다른 명칭으로는
《좌전左傳》 또는《좌씨전左氏傳》《좌씨춘추左氏春秋》라고도 한다.

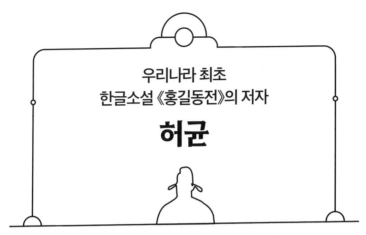

우리나라 최초
한글소설《홍길동전》의 저자

허균

◎ 허균許筠 1569~1618
조선의 문신, 호는 교산으로 좌참찬을 지냈다.
최초의 한글소설《홍길동전》의 작가다.

• 춘추시대의 실증적 자료가치를 인정받는 《춘추좌씨전》

《춘추좌씨전春秋左氏傳》은《춘추》의 주석서로 가장 오래되고, 가장 대표적인 주석서의 하나이다. 다른 명칭으로는《좌전左傳》또는《좌씨전左氏傳》《좌씨춘추左氏春秋》라고도 한다.《춘추좌씨전》은《춘추곡량전》《춘추공양전》과 함께《춘추삼전》으로 불린다.《춘추좌씨전》은 풍부한 사료를 기반으로 하여 다른 삼전에 비해 그 내용이 풍부하고, 역사적인 사실에도 충실한 편이다. 그런 까닭에 춘추시대를 이해하는 중요한 자료가 되고 있다.

유학자들을 중심으로 《춘추좌씨전》의 저자를 공자와 같은 시대에 살았던 노나라 문인인 좌구명이라 하지만, 분명하지 않다고 여기는 것이 정설이다. 《사기史記》에 《좌씨춘추》라는 말이 나오는데, 이 책이 《춘추좌씨전》을 말하는지도 분명하지 않다. 《춘추좌씨전》은 춘추시대에 일어난 정치적·사회적·역사적·경제적·문화적·종교적·군사적 사건들을 담고 있다. 또한 중국 최초의 대화체 형식으로 문장을 서술하고 있다는 것이 특징이다. 이러한 서사구조로 인해 중국문학과 사상서에 있어 매우 독보적이라는 평가를 받고 있다.

그리고 이 책에는 당시 철학 유파 등에 대해 부분적이기는 하지만 기록되어 있어, 이 또한 이 책이 지닌 가치라고 하겠다. 이러한 것은 역사적으로 볼 때 실증적인 자료가 되기 때문이다. 《춘추좌씨전》의 대표적인 주석서로는 서진西晉의 두예가 쓴 《춘추좌씨경전집해》을 들 수 있다. 그후 《춘추좌씨전》에 대한 모든 연구는 이 책을 바탕으로 하고 있다. 이는 《춘추좌씨경전집해》가 그만큼 《춘추좌씨전》을 연구하는 데 있어 가치가 있음을 방증한다고 하겠다. 《춘추좌씨전》은 여러 나라의 흥망성쇠를 담고 있으며, 당시의 사회상과 인간 군상들의 삶을 생생하게 보여준다는 점에서 역사적인 사료로서 가치를 지닌다. 이 책은 총 30권으로 구성되어 있다.

• 우리나라 최초의 한글 소설 《홍길동전》

《춘추좌씨전》이 중국 최초의 대화체 형식으로 문장을 서술하고 있듯이, 우리 10대들은 우리나라 최초의 한문소설이 조선시대 매월당 김시습이 지은 《금오신화》로 알고 있을 것이다. 그렇다. 이 책은 〈만복사저포기〉 〈이생규장전〉 〈취유부벽정기〉 〈용궁부연록〉 〈남염부주지〉 등 5편이 수록되어 있는 단편 소설집이다.

또한 《홍길동전》은 조선 중기 허균이 지은 고전소설이자 우리나라 최초의 한글소설이라는 것도 잘 알 것이다. 이처럼 어느 한 분야에서 최초가 된다는 것은 매우 의미 있는 일이다. 그것은 선도자적인 의미를 담고 있기 때문이다. 그런 관점에서 《홍길동전》은 의미가 있다고 하겠다. 이 소설은 사회적으로, 인간적으로 문제의식이 아주 강한 작품이다. 왜 그럴까? 이 소설은 사회 문제를 다루면서 지배층의 이념과 질서를 신랄하게 비판하기 때문이다.

이 소설은 당대 현실에 실제로 존재했던 사회적인 문제점을 있는 그대로 보여 준다는 점에서, 사실주의적이고 현실주의적인 경향을 지닌다. 또한 적자와 서자의 차별 등의 신분적 불평등은 마땅히 개혁되어야 한다는 주제 의식을 지닌다는 점에서 혁신적이고 진보적인 역사의식을 잘 드러낸다고 하겠다. 그런 까닭에 이런 면에서 《홍길동전》은 소설로서의 가치를 획득한다고 할 수 있다. 이 소설의 주요 내용을 보자.

주인공 홍길동은 조선조 세종 때 서울에 사는 홍 판서의 여종인 춘섬이 낳은 서자이다. 길동은 어려서부터 도술을 익히고 앞으로 훌륭한 인물이 될 기상을 보였으나, 첩의 자식이기 때문에 호부호형呼父呼兄 아버지를 아버지라 부르고 형을 형이라 부르는 것 하지 못하는 것에 대한 한을 품는다. 가족들은 길동의 비범한 재주가 장래에 화근이 될까 두려워하여 자객을 시켜 길동을 없애려고 한다.

그러나 길동은 자객에게서 죽음의 위기에서 벗어나, 집을 나와 도적의 두목이 된다. 길동은 기묘하고 이상한 계책으로 해인사의 보물을 탈취하였다. 그후 길동은 스스로를 활빈당이라 이름하고, 기묘한 계책과 도술로 팔도수령들이 부당하게 얻은 재물을 빼앗아 가난한 백성에게 나누어 주었다. 그러면서도 길동은 백성들의 재물을 전혀 건드리지 않았다.

길동이 함경도 감영의 재물을 탈취해가자, 함경감사가 조정에 장계를 올려 좌우포청으로 하여금 홍길동이라는 대적을 잡게 한다. 이에 우포장 이흡이 길동을 잡으러 나섰으나, 이흡은 도리어 길동에게 제압당하고 만다. 일이 이렇게 되자 임금이 길동을 잡으라는 체포령을 전국에 내렸다. 그러나 바람과 비를 불러일으키고 몸을 둔갑시키고 마음대로 숨는 신출귀몰한 길동의 초인간적인 도술을 당해낼 수 없었다.

조정에서는 홍 판서를 시켜 길동을 회유하고, 길동의 형인 인형도 이에 가세하여 길동의 소원대로 그에게 병조판서를 제수한다. 길동은 서울에 올라와 병조판서가 된다. 그뒤 길동은 고국을 떠나 남경으로 가다가 산수가 아름다운 율도국을 발견한다.

이후 길동은 요괴를 퇴치하여, 요괴에게 볼모로 잡힌 미녀를 구하고 율도국의 왕이 된다. 마침 아버지 홍 판서가 죽었다는 부음을 듣게 되고, 길동은 고국인 조선으로 돌아와 홍 판서의 삼년상을 마친 후 다시 율도국으로 돌아가 율도국을 다스린다.

《홍길동전》은 조선 중기 이후 빈번해지던 농민봉기와 그것을 주도했던 인간상에 바탕으로 하여, 현실적인 패배와 좌절을 승리로 이끌어 가고자 하는 민중의 꿈을 충족시키기 위해 실제적인 이야기와 허구적인 이야기를 잘 조화시킨 구성력이 돋보이는 소설이라고 할 수 있다.

《홍길동전》을 쓴 허균은 1569년 선조 3년 강릉 초당동에서 군수와 동지중추부사를 지낸 초당 허엽과 둘째 부인인 강릉 김씨 예조참판 김광철의 딸 사이에서 삼남삼녀 가운데 막내로 태어났다. 1592년 임진왜란 당시 의병을 일으켜 싸운 공로로 선무원종공신 1등에 녹훈되었다. 1594년 문과에 급제하고 1597년 다시 중시문과에 급제하여 공주 목사를 거쳤으나 반대자에게 탄핵받아 파면되고 유배당했다.

시류에 영합하지 않고, 기생과 어울리기도 했고, 불교를 신봉하여 논란을 야기하기도 했다. 1614년 광해군 6년 8월 27일 위성원종공신 2등에 책록되었다. 벼슬은 정헌대부 의정부좌참찬 겸 예조판서에 이르렀다. 광해군 때 대북북인의 한 분파로 임진왜란 직후인 1599 선조 32년 에 같은 북인인 홍여순과 남이공 사이에 반목이 생겨 갈린 후 홍여순의 파를 일컬음에 가담하여 실세로 활동하였으며,

1617년 인목대비 폐모론에 적극으로 가담하였다. 그해 12월 12일 의정부좌참찬이 되었다가 12월 26일 우참찬이 되었다. 하지만 기준격 등은 계속 상소를 올려 그가 역모를 꾸민다고 공격하였다. 그럼에도 허균은 1618년 1월 좌참찬이 되고 그 역시 자신이 역모와 무관하다며 해명하였다.

결국 그해 2월 우의정 한효순 등이 2품 이상의 대신들을 이끌고 허균과 기자헌을 추국하고 문제를 종결시킬 것을 청한다. 허균도 자신을 변호하는 맞상소를 올리는데, 광해군은 웬일인지 진상을 조사하지 않고 묻어두었다. 그 와중에 허균은 이이첨과 관계가 멀어지게 된다. 이 무렵 이이첨의 외손녀인 세자빈이 아들을 낳지 못하자 허균의 딸이 양제 세자의 후궁 로 내정된 것이다. 허균의 딸은 소훈 조선시대 세자궁에 딸린 종5품 내명부의 품계 이 되어 입궐하였다. 그로인해 허균에 대한 이이첨의 경계는 한층 강화되었고, 그를 제거하기로 기도한다.

그런데 이이첨이 허균을 제거 대상으로 생각하던 중, 그러니까 1618년 8월 10일 남대문에 '포악한 임금을 치러 하남 대장군인 정아무개가 곧 온다.'는 내용의 벽서가 붙는 사건이 발생한다. 1618년 8월 남대문 격문은 허균의 심복 현응민이 붙였다고 한다. 1618년 기준격이 상소를 올려 허균이 왕의 신임을 얻은 것을 기회로 반란을 계획한다고 모함하고, 허균이 반대 상소를 올렸으나 허균에게는 계속 국문이 열렸고 그때마다 무수한 고문이 가해졌다. 결국 허균과 기준격을 대질 심문시킨 끝에 역적모의를 하였다고 옭게 되고, 그의 심복들과 함께 능지처참형을 당해 생을 마감하였다.

조선시대 한성부좌윤, 대사간 등을 역임한 문신 유몽인은 역적 허균은 총명하고 재기가 뛰어났다고 평가했다. 그가 지은 소설 《홍길동전》은 사회제도의 모순을 비판한 작품으로 알려져 있다. 또한 허균이 진보적인 종교인이어서, 천시받던 불교는 물론 천주교회까지 신봉하였다는 평가도 있다. 문집에 실려 있는 그의 한시는 품격이 높고 시어가 정교하다는 평을 받았다. 시화詩話에 실려 있는 그의 문학비평은 그때는 물론 현재에도 문학에 대한 안목을 인정받고 있다.

그러나 그의 사람됨에 대하여서는 경박하다거나 인륜도덕을 어지럽히고 이단을 좋아하여 행실을 더럽혔다는 등 부정적 평가를 내리고 있다. 그 이유는 그는 오만불손하게도 영남학파의 종조이자 사림파의 시조이며 학행일치를 지향함으로써, 성종의 절대적인 신임을 얻음은 물론 당대의 쟁쟁한 학자들은 모두 그의 제자였다. 하나같이 그의 높은 덕성과 학문 그리고 강직한 인품을 높이 흠모하였거늘, 그런 대학자를 자신의 속 좁음과 낮은 안목에서 비판했으니 어찌 온당하겠는가. 그는 그 일로인해 죽기까지 호된 비판을 받았으며 죽은 후에도 그에 대한 좋지 않은 평가는 여전하였다. 또한 그의 생애를 통해볼 때 몇 차례에 걸친 파직의 이유가 대개 그러한 부정적 견해를 대변해주고 있음을 부정하지 않을 수 없다.

10대들은 허균이 《홍길동전》의 저자이자 당시 사회의 신분적인 모순을 비판적으로 바라보며 개혁하려는 야망을 가진 사람으로 배웠을 것이다. 물론 틀리지 않다. 하지만 동전의 양면이 있듯이 그는 양면적인 성품이 누구보다도 강한 인물이었다. 자신과 생각이 다르거나 맞지 않은 사람은 예외 없이 무분별하게 비판하고, 기생을 데리고 부임지로 가는 등 나라의 녹을 먹는 신하로서 해서 안 되는 잘못을 저질렀다. 이를 좀 더 부연한다면 내로남불 다시 말해 '내가 하면 로맨스, 남이 하면 불륜'이라는 이중적인 잣대를 가진 사람을 표현할 때 쓰는 말'로 이의 전형적인 인간형이라고 할 수 있다.

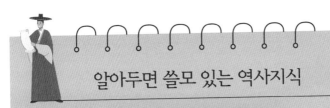

알아두면 쓸모 있는 역사지식

• 우리나라의 최초의 한글소설《홍길동전》은 당대 현실에 실제로 존재했던 사회적인 문제점을 있는 그대로 보여 준다는 점에서, 사실주의적이고 현실주의적인 경향을 지닌다. 또한 적자와 서자의 차별 등의 신분적 불평등은 마땅히 개혁되어야 한다는 주제 의식을 지닌다는 점에서 혁신적이고 진보적인 역사의식을 잘 드러낸다.

• 문집에 실려 있는 그의 한시는 품격이 높고 시어가 정교하다는 평을 받았다. 시화詩話에 실려 있는 그의 문학비평은 그 때는 물론 현재에도 문학에 대한 안목을 인정받고 있다.

• 1618년 기준격이 상소를 올려 허균이 왕의 신임을 얻은 것을 기회로 반란을 계획한다고 모함하고, 허균이 반대 상소를 올렸으나 허균에게는 계속 국문이 열렸다. 결국 허균과 기준격을 대질 심문시킨 끝에 역적모의를 하였다고 응하게 되고, 그의 심복들과 함께 능지처참형을 당해 생을 마감하였다.

09

사마광의
《자치통감》

● **사마광** 司馬光 1019~1086
중국 북송의 유학자, 역사가, 정치가다.

● 《**자치통감** 資治痛鑑》
고대에서 당나라 말까지 고대 중국 16개조 1362년의 역사를 다룬, 총 294권의 방대
한 역사서로 일명 '제왕의 책'이라고 한다. 사마광은 이 책을 쓰기 시작해서 마치는
데 19년이 걸렸다.

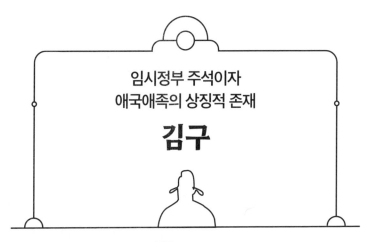

임시정부 주석이자
애국애족의 상징적 존재

김구

◎ 김구金九 1876~1949
독립운동가, 정치인. 상해 임시정부 초대 경무국장,
임시정부 주석을 지냈다.

● 중국 제왕의 책이라고 불리는 《자치통감》

《자치통감資治通鑑》은 북송의 사마광이 지은 역사서로 일명 '제
왕의 책'이라고 한다. 이 책은 고대에서 당나라 말까지 고대 중국
16개조 1362년의 역사를 다룬, 총 294권의 방대한 책으로 처음
에는 《통사通史》라 이름을 붙였다. 그런데 사마광이 북송 황제 신
종에게 이 책을 바치자, 신종은 이 책은 정치에 대한 교과서라고
할 만하다며 《자치통감》이라는 책 이름을 지어주었다.

《자치통감》은 쓰기 시작해서 완성할 때까지 19년의 세월이 흘렀다. 이 책을 쓰는 동안 한대사의 권위자로 손꼽히던 유빈이 전후한 시대를 맡아 했으며, 당대사는 사마광의 제자인 범조우가 맡아했다. 그리고 삼국에서 남북조에 관해서는 당시 사학연구의 권위자였던 유서가 맡았다. 이렇듯 많은 학자들의 도움이 있었으며, 사마광은 정기가 고갈이 날 정도로 온힘을 쏟아 부었다고 스스로 말할 만큼 심혈을 기울였다.

사마광이 이 책을 저술한 목적은 주나라의 위열왕이 진晉나라의 3경을 제후로 인정한 기원전 403년부터 오대십국시대의 후주의 세종 때인 959년에 이르기까지, 1362년의 정치적 변천과정을 정리함으로써 대의명분을 밝혀 제왕 치정의 거울로 삼고자 함이었다. 그런 까닭에 이 책은 사마광의 역사관이 집약적으로 나타나 있다. 이 책엔 각 왕조의 정사正史외에 실록, 야사, 소설 등 잡사雜史 322가지가 사용 되었으며, 이 자료에 대한 고증을 거쳤다. 그런 까닭에 높은 사료적 가치를 지닌 책으로 평가받고 있다.

현재 우리가 흔히 알고 있는《자치통감》은 송나라 유민인 호삼성의 주석이 달린 책이다. 이 책은 철저한 고증으로 정확성이 높고 수준도 높은 것으로 평가받는다.《자치통감》은 송대에 큰 영향을 주었으며, 우리나라의 역사연구에도 많은 영향을 주었다. 앞에서도 말했지만《자치통감》이 쓰이는 데 무려 19년이란 세월이 흘렀다. 이 책을 쓰기 위해 사마광은 19년이란 긴 세월을 자신의 인생에게 바쳤던 것이다. 그런데 세계적으로는 책 쓰는 데 무려 60년이 걸린 책이 있다. 그것은 요한 볼프강 폰 괴테의《파우

스트》이다. 이 희곡은 괴테가 23살에 쓰기 시작해서 그가 죽기 8개월 전 그러니까 그의 나이 82살 때 완성하였다. 참으로 놀라운 일이 아닐 수 없다.

물론 괴테는 이 책에만 자신의 인생을 쏟은 것은 아니다. 그는 시인, 극작가, 정치가, 과학자, 화가이기도 했다. 그는 다른 일을 하면서 틈틈이 그리고 20년 동안 중단되었던 것을 다시 쓰기 시작해서 완성했던 것이다. 어쨌든 그토록 오랜 시간 공을 들였기에《파우스트》는 위대한 대작으로 평가받고 있는 것이다.

이런 점에서 볼 때《자치통감》또한 오랜 시간 공을 들이고 혼신을 다했기에 고전으로서의 가치를 인정받고 오늘에 이른 것이다. 사마광은《자치통감》으로 인해 자신의 이름을 크게 떨치며 많은 사람들에게 회자되고 있다.

어떤 분야에서건 한 사람이 자신이 하는 일에 평생을 건다는 것은 그 사람의 인생을 쓰는 역사서와 같다. 그런 까닭에 자신의 혼을 바친 인생은 그만큼 가치가 있고 빛나는 것이다.

● 민족과 조국에 헌신한 지도자 김구

우리 10대들은 독립운동가이자 상해임시정부 주석이었던 김구 선생을 어떻게 생각하는지 묻고 싶다. 대개는 독립운동가, 임시정부 주석이라고 배운 대로 말할 것이다. 하지만 그렇게 말하기엔 그의 인생은 전 생애가 온전히 애국애족이었다. 그만큼 그는 자신의 인생을 송두리째 조국을 위해 민족을 위해 바쳤던 것이다. 한 마디로 김구의 인생을 책으로 비유하자면, 시대별로 쓴 중국의 역사서인 《자치통감》처럼 위대한 걸작 '대한민국 독립서' 라고 할 만하다.

김구 본명은 김창수인데 김구金九로 개명하였다. 그리고 그의 호가 백범인데는 다음과 같은 이유가 있다. 백정범부白丁凡夫, 다시 말해 천한 직업의 백정白丁과 보통의 사내라는 범부凡夫라는 말에서 따서 지었다. 이를 보더라도 김구는 지위의 높고 낮음, 배우고 배우지 못하고, 잘 사고 못 사는 것 등에 편견을 두지 않고 누구에게나 겸허하고 스스로 자신을 낮추었다. 이는 마음이 어질지 못하면 절대로 할 수 없다.

그런데 사람들 중에는 김구의 호 백범을 흰색의 호랑이인 백호白虎로 잘못 알고 있는 사람들이 의외로 많다. 임시정부의 주석이라는 신분에는 백호白虎, 다시 말해 백범이 잘 어울리니 그렇게 생각하는 것도 무리는 아니다.

김구는 황해도 해주백운방의 김순영의 7대 독자이며, 어머니는 곽낙원이다. 인조 때 삼정승을 지낸 방조 김자점이 권세다툼에서 청나라군사를 끌어들였다는 역모죄로 효종의 친국을 받고 1651년 사형당하자, 화를 피하여 선조되는 사람이 그 곳으로 옮겨왔다.

김구는 9살에 한글과 한문을 배우기 시작하였으며, 아버지의 열성으로 집안에 서당을 세웠다. 14살에 《자치통감》《십팔사략》과 병서를 즐겨 읽었으며, 15살에는 서당에서 본격적인 한학수업을 받았으며, 17살에 조선왕조 최후의 과거에 응시하였으나 뜻을 이루지 못하였다.

김구는 당시 벼슬자리를 사고파는 부패된 세태에 울분을 참지 못하여 18살에 동학에 입도하였으며, 황해도 도유사의 한 사람으로 뽑혀 제2대 교주 최시형을 만났다. 그리고 19살에 팔봉접주가 되어 동학군의 선봉장으로 해주성을 공격하였는데, 이 일로 인해 1895년 신천의 안태훈 집에 은거하였다. 안태훈은 대지주로 안중근 의사의 부친이다. 그런 까닭에 안중근과 함께 지내며 그와 우의友誼를 다질 수 있었다.

김구의 인생에 있어 큰 가르침이 되었던 것을 크게 두 가지로 본다면 첫째, 그가 평생 스승으로 모셨던 고능선에게서 인간의 도리와 삶의 가치에 대해 배웠다. 특히 김구가 인간관계에서 제일 중요하게 생각했던 '의리'에 대해 배운 것은 그의 인생에서 절대적인 영향을 끼쳤다.

선생은 주로 의리가 어떤 것인지에 대해 말씀하셨다. 아무리 뛰어난 재주와 능력이 있는 사람이라도 의리에서 벗어나면 그 재능이 도리어 화근이 된다고 하셨다. 또 사람의 처세는 마땅히 의리에 근본을 두어야 한다는 것과, 일을 할 때에는 판단, 실행, 계속의, 세 단계로 사업을 성취해야 한다는 등의 좋은 말씀을 많이 들려주셨다.

김구의 말에서 보듯 스승에게 배운 '의리'의 정신은 김구에겐 하나의 신념이 되었다. 김구는 사사로운 개인관계에서도 그렇고, 임시정부요인으로 일할 때도 늘 의리를 중시함으로써 사람들에게 깊은 신뢰와 믿음을 주었다. 의리를 헌신짝 버리듯 하는 요즘 사람들에겐 귀감이 되기에 부족함이 없다. 이처럼 김구는 배움과 가르침을 준 스승을 매우 소중하게 생각했다.

또한 김구가 사람으로서는 참기 어려운 모진 고통을 참아낼 수 있었던 것은, 스승인 고능선에게서 배운 시구詩句의 힘으로 자신을 이겨냈기 때문이다.

득수반지미족기 현애살수장부아

得樹攀枝未足奇 懸崖撒手丈夫兒

이는 중국 송나라 야부도천冶父道川의 〈금강경 송金剛經 頌〉의 일부로써, 그 뜻은 '가지를 잡고 나무에 오르는 것은 기이한 일이 아니지만, 벼랑에 매달려 잡은 손을 놓는 것은 가히 장부로다'이다. 김구는 이 시구를 평생의 좌우명으로 삼아 어려운 일이 있을 때마다 이 시구에 의지해 이겨냈다.

둘째, 개신교에 입교하면서 인간에 대해, 신학문에 대해 지대한 영향을 받은 것이다. 믿음, 소망, 사랑이라는 기독교 정신은 사람을 사랑하고 아끼는 마음을 갖게 했으며, 훗날 독립운동을 하는 데 있어 크게 작용하였다. 이는 김구가 사람들을 차별하지 않고 평등하고 겸허하게 대하는 데 크게 영향을 끼쳤던 까닭이다.

김구는 압록강을 건너 남만주 김이언의 의병부대에 몸담았다.

그러던 중 을미사변으로 충격을 받고 귀향을 결심, 1896년 2월 안악 치하포에서 쓰치다를 맨손으로 처단하여 21세의 의혈청년으로 국모의 원한을 푸는 첫 거사를 결행하였다. 하지만 집에서 은신 중 체포되어 해주감옥에 수감되었고, 7월 인천 감리영에 이감되었으며, 다음해인 1897년 사형이 확정되었다. 사형직전에 집행정지령이 내려져 생명을 건질 수 있었지만, 석방이 되지 않아 이듬해 봄에 탈옥하였다. 그리고 공주 마곡사에 입산하여 승려가 되어 원종이란 법명을 받았으며, 그후 평양 근교 대보산 영천암의 주지가 되었다가 몇 달만에 환속하였다.

김구는 숨어 다니면서도 황해도 장연에서 봉양학교를 설립하고, 교단 일선에서 계몽과 교화사업을 실시하였다. 이런 가운데 1905년 을사조약이 체결되자 상경하여 상동교회 지사들의 조약반대 전국대회에 참석하였으며, 이동녕, 이준, 전덕기 등과 을사조약의 철회를 주장하는 상소를 결의하고 대한문 앞에서 읍소하면서 종로에서 가두연설을 하였다.

1906년 해서교육회 총감으로 학교설립을 추진하여, 다음해 안악에 양산학교를 세웠다. 나아가 김구는 전국 강습소 순회에 나서서 애국심을 고취하는 한편, 재령 보강학교 교장이 되었다. 그때 비밀단체 신민회의 회원으로 구국운동에도 가담하였다. 그해 가을 안중근의 거사에 연루되어 해주감옥에 투옥되었다가 석방되었다.

1911년 1월 김구는 데라우치 총독의 암살을 모의했다는 혐의로 안명근 사건의 관련자로 체포되어 17년형을 선고받았다.

1914년 7월 감형으로 형기 2년을 남기고 인천으로 이감되었다가 가석방되었다. 1919년 3·1운동이 일어나자 김구는 그 직후에 상해로 망명하여 대한민국 임시정부의 초대 경무국장이 되었고, 1923년 내무총장, 1924년 국무총리 대리, 1926년 12월 국무령에 취임하였다.

그리고 이듬해 헌법을 제정, 임시정부를 위원제로 고치면서 국무위원이 되었다. 1929년 재중국 거류민단 단장을 역임하였고 1930년 이동녕, 이시영등과 한국독립당을 창당하였다. 1931년 한인애국단을 조직, 의혈청년들로 하여금 직접 왜적 수뇌의 도륙항전에 투신하도록 지도력을 발휘하였다. 1932년 1월 8일 이봉창의거와 4월 29일 윤봉길의거를 주도하였다. 이봉창은 실패로 끝났지만, 윤봉길의 의거가 성공하여 크게 이름을 떨쳤다.

1933년 장개석 총통을 만나 한중 양국의 우의를 돈독히 하고 중국 뤄양군관학교를 광복군 무관양성소로 사용하도록 합의를 본 것은 주목받을 성과였으며, 독립운동가들에게 큰 용기를 주었다. 1934년 임시정부 국무령에 재임되었고, 1940년 3월 임시정부 국무위원회 주석에 취임하였다.

1942년 7월 임시정부와 중국정부 간에 광복군 지원에 대한 정식협정이 체결되어, 광복군은 중국 각 처에서 연합군과 항일 공동작전에 나서며 보폭을 넓혀갔다. 그뒤 개정된 헌법에 따라 1944년 4월 충칭 임시정부 주석으로 재선되었다.

김구는 일본군에 강제 징집된 학도병들을 광복군에 편입시키는 한편, 산시성 시안과 안후이성, 푸양에 한국광복군 특별훈련반을 설치하면서 미육군전략처와 제휴하여 비밀특수공작훈련을 실시하는 등, 중국 본토와 한반도 수복의 군사훈련을 적극 추진하고 지휘하던 중 시안에서 8·15광복을 맞이하였다.

1945년 11월 임시정부 국무위원과 함께 제1진으로 환국하였다. 그 해 12월 28일 모스크바 3상회의에서의 신탁통치결의가 있자 신탁통치반대운동에 적극 앞장섰으며, 오직 자주독립의 통일정부 수립을 목표로 정계를 영도해 나갔다.

1946년 2월 비상국민회의의 부총재에 취임하였고, 1947년 비상국민회의가 국민회의로 개편되자 부주석이 되었다. 1947년 11월 국제연합 감시하에 남북총선거에 의한 정부수립결의안을 지지하면서, 그의 논설 〈나의 소원〉에서 밝히기를 '완전자주독립노선만이 통일정부 수립을 가능하게 한다.'고 역설하였다. 하지만 1948년 초 북한이 국제연합의 남북한총선거감시위원단인 국제연합한국임시위원단의 입북을 거절함으로써, 선거가능지역인 남한만의 단독선거가 결정되었다. 이러한 상황에서도 김구는 남한만의 선거에 의한 단독정부수립방침에 절대 반대하는 입장을 취하며, '3천만동포에게 읍고함'이라는 성명서를 통하여 마음속의 38선을 무너뜨리고 자주독립의 통일정부를 세우자고 강력히 호소하였다.

김구는 통일을 우선시하여 제헌국회의원선거를 거부하고, 그 해 4월 19일 남북협상차 평양로 갔다. 김구, 김규식, 김일성, 김두봉 등이 남북협상 4자회담에 임하였으나, 민족통일정부 수립에 실패하고 그 해 5월 5일 서울로 돌아왔다. 그뒤 한국독립당의 정비와 건국실천원양성소의 일에 힘쓰며 구국통일의 역군 양성에 주력하였다.

남북한의 단독정부가 그 해 8월 15일과 9월 9일에 서울과 평양에 각각 세워진 뒤에도 민족분단의 비애를 딛고 민족통일운동을 재야에서 전개 하였다. 하지만 애석하게도 이듬해 6월 26일 서울 서대문구의 경교장에서 육군 소위 안두희에게 암살당함으로써 통일이라는 대업의 뜻을 이루지 못한 채 영면하였다.

김구는 인간을 존중하고 사랑하는 따뜻한 마인드를 가진 평화주의자였다. 남에게 군림하려는 마음은 어디에도 없었다. 그가 상해임시정부 주석으로 일할 때나 그 어느 때에도 자신의 아랫사람에게도 인격적으로 대했다. 자신의 권위를 내세워 상대를 주눅 들게 하는 일이 없었다. 아랫사람들을 사랑하고 존중하는 그의 따뜻한 마음이 담긴 일화를 보자.

김구는 귀국 후 경교장에서 생활을 했는데 경제적으로 여의치 못했다. 지원금이 들어오면 직원들의 월급을 챙겨주었지만 지원금이 신통치 않았다. 그러다 보니 경교장에 근무하는 직원들에게 월급을 주지 못할 때가 많았다. 어쩌다 돈이 생기면 생활비조로 얼마간의 돈을 주기도 했는데 그것은 김구의 며느리인 안미생이 변통해서 챙겨주었던 것이다.

식사 때는 따로 상을 봐서 김구가 거처하는 2층에 올려다 주었다. 직원들은 아래층 식당에서 따로 식사를 했다. 경제적으로 어렵다 보니 김구에게는 쌀밥을 들게 하고, 직원들은 보리밥을 먹었다. 김구는 이런 사실에 대해 전혀 알지 못했다.

그러던 어느 날 아래층 식당으로 내려 온 김구가 우연히 직원들이 식사하는 것을 보게 되었다. 그들은 보리밥을 먹고 있었다.

"아니, 자네들은 왜 보리밥을 먹고 있는가?"

그러자 직원들은 보리밥이 좋아서 먹는다고 말했다. 하지만 김구는 그들이 하는 말을 믿지 않았다. 그들은 자신에게 걱정을 끼치고 싶지 않아서 그런다는 걸 눈치로 알았던 것이다.

"그래? 그럼 나도 내일부터는 식당에서 같이 먹겠네."

하고 말했다. 그러자 놀란 직원들이 말했다.

"선생님, 그러면 저희들이 불편해서 안 됩니다."

"아닐세. 나도 함께 먹겠네."

김구의 말에 직원들도 더 이상 어찌할 수가 없었다. 그 날 이후 김구는 아래층 식당에서 직원들과 함께 식사를 했다. 그러나 직원들이 하도 만류를 하는 바람에 떠밀리다시피 다시 2층에서 식사를 했다고 한다.

이 일화에서 보듯 김구는 자신의 신분 따위에는 별다르게 생각하지 않고, 직원들의 입장에서 생각하고 행동했다. 다시 말해 경제적으로 어려워 직원들은 보리밥을 먹는데 자신 혼자서만 쌀밥을 먹을 수 없었던 것이다. 그것은 인간에 대한 도리가 아니라고 여겼던 것이다. 자신의 입도 직원들의 입도 다 똑 같은 입이라고 생각했다.

김구가 이처럼 할 수 있었던 것은 직원들이 단지 자신이 부리는 아랫사람이 아니라 인격을 가진 존재, 다시 말해 자신과 같이 동등한 존재라고 생각했던 것이다. 이는 인간에 대한 진실한 사랑 없이는 할 수 없는 행동이다. 이처럼 김구는 사람들을 사랑하고 존중했음을 알 수 있다.

이 이야기에서 보듯 그가 따뜻한 마음을 가졌기에 일생을 오직 조국의 독립을 위해 헌신할 수 있었다. 그리고 남과 북이 하나가 되어 통일을 이루는 데 힘썼다. 아쉽게도 독립의 꿈은 이루었으나 통일의 꿈은 이루지 못했다. 김구는 대통령이 된다든가, 기득권을 취한다던가 하는 등의 욕심조차도 없었다. 나라가 잘되고 국민이 잘 살면 그것이 최고의 바람이었다.

10대들 중엔 김구 선생이 상해임시정부의 주석이며 독립운동가로만 알고 있는 사람들이 더 많을 것이다. 하지만 이는 단면에 불과하다. 그는 항일운동을 하면서 학교를 세워 어린이들과 공부 때를 놓친 청소년들이 공부를 할 수 있도록 힘쓴 교육가이다. 배운다는 것은 단지 학습을 하는 것이 아니라, 배움으로써 나라를 부강하게 하고, 모두가 잘 사는 삶의 터전을 만드는 근본으로 삼았던 것이다. 이렇듯 그는 미래를 내다보는 안목이 뛰어났으며, 타인을 존중하고 자유와 평화를 사랑하였다.

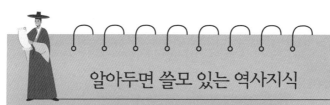

알아두면 쓸모 있는 역사지식

• 김구의 인생에 있어 큰 가르침이 되었던 것을 크게 두 가지로 본다면 첫째, 그가 평생 스승으로 모셨던 고능선에게서 인간의 도리와 삶의 가치에 대해 배웠다. 특히 김구가 인간관계에서 제일 중요하게 생각했던 '의리'에 대해 배운 것은 그의 인생에서 절대적인 영향을 끼쳤다. 둘째, 개신교에 입교하면서 인간에 대해, 신학문에 대해 지대한 영향을 받은 것이다. 믿음, 소망, 사랑이라는 기독교 정신은 사람을 사랑하고 아끼는 마음을 갖게 했으며, 훗날 독립운동을 하는 데 있어 크게 작용하였다.

• 김구의 업적 중 대표적인 것을 보자면 한인애국단을 조직, 의혈청년들로 하여금 직접 왜적 수뇌의 도륙항전에 투신하도록 지도력을 발휘하였다. 그리고 1932년 1월 8일 이봉창의거와 4월 29일 윤봉길의거를 주도하였다. 이봉창은 실패로 끝났지만, 윤봉길의 의거가 성공하여 크게 이름을 떨쳤다.

• 김구는 상해임시정부의 주석이며 독립운동가일 뿐만 아니라, 항일운동을 하면서 학교를 세워 어린이들과 공부 때를 놓친 청소년들이 공부를 할 수 있도록 힘쓴 교육가이다.

10

오궁의
《정관정요》

● **오긍**吳兢
당나라 역사가로《정관정요貞觀政要》를 편찬했다.

● **《정관정요貞觀政要》**
당나라 역사가 오긍이 당태종과 신하의 정치문답을 편찬한 책으로 제왕학의 교과서
로 불린다.

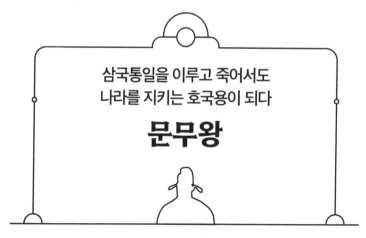

삼국통일을 이루고 죽어서도
나라를 지키는 호국용이 되다

문무왕

◎ 문무왕文武王 626~681
신라 제30대 임금. 삼국통일을 완성하고,
나라의 틀을 세웠다.

● 군주의 도리와 인재 등용의 지침서 《정관정요》

《정관정요貞觀政要》는 640년경 만들어진 책으로, 당나라 제2대
황제 태종 이세민과 그를 보좌했던 대신 위징, 방현령, 두여회,
왕규 등과 나눈 정치문답집으로 제왕의 교과서라고 불린다. 정
관貞觀은 당나라 태종의 연호이다.《정관정요》는 618년에 세워진
당나라 왕조의 기틀을 마련한 태종 이세민의 정치철학을 기본적
인 내용으로 하고 있으며, 군주의 도리와 인재등용 등의 지침을

적어 놓아 치세술의 명저로 손꼽힌다.

《정관정요》란 '정관의 치'를 가져온 정치의 요체라는 의미로, 《군도편君道篇 》《신종편愼終篇》등 모두 10권 40편으로 이루어져 있다.

제1권은 군주가 갖추어야 할 도리와 정치의 근본에 관한 논의에 대하여, 제2권은 어진 관리의 임명과 간언의 중요성에 대하여, 제3권은 군주와 신하가 거울로 삼아야 할 계율, 관리선발, 봉건제에 대하여, 제4권은 태자와 여러 왕들을 경계시키는 내용에 대하여, 제5권은 유가에서 강조하는 인仁, 충忠, 효孝, 신信, 공평함에 대한 문답에 대하여, 제6권은 절약과 사치, 겸양에 대하여, 제7권은 유학, 문학, 역사에 대하여, 제8권은 백성들의 생활과 밀접한 관련이 있는 농업, 형법, 부역, 세금 등의 논의에 대하여, 제9권은 국외적인 문제인 정벌과 변방 안정책에 대하여, 제10권은 군주의 순행이나 사냥 등에 있어 신중해야 됨을 강조함에 대해 기록되어 있다.

태종은 아버지 태조를 도와 당나라를 창건했으며, 제2대 황제에 올라 널리 인재를 모아 적재적소에 그들을 배치함으로써 효율적인 정치를 구현하여 당나라 300년의 기초를 튼튼히 쌓았다. 태종이 태평성대를 누릴 수 있었던 것은 뛰어난 신하들의 간언을 잘 받아들였으며, 그들 각자가 자신의 지닌 능력을 십분 발휘할 수 있도록 했기 때문이다.

《정관정요》의 핵심내용을 짧게 요약하자면 요순시대부터 당나라 태종에 이르는 시대적 변화상을 한눈에 볼 수 있도록 구성되어 있다. 다시 말해 과거와 현재의 변화상을 비교하고 관찰함으로써 발전적인 미래로 도약할 수 있는 발판을 제시하고 있다. 그 방법의 일환으로 통치자의 인재등용을 통한 정의사회 구현을 제시하며, 통치자와 백성들을 연결시켜 주는 고리 역할로서의 관리의 의무, 민의를 반영한 정치 등을 강조한다.

한 마디로 당태종 이세민의 정치철학은 유가의 민본이었다, 그러한 그의 사상은 유가에서 내세우는 예악, 인의, 충서, 중용지도를 실천함으로써 정치적으로 발현되었던 것이다. 또한 그는 유학을 숭상하여 공자를 높이 존경하였다. 그리고 유학자들의 학문적 여건을 개선하려고 노력하였다. 이런 그의 노력이 정치적으로 크게 작용함으로써 신하와 백성에게서 존경받는 황제로 이름을 올리게 되었으며 중국역사에 성군으로 기록 된 것이다.

동양이든 서양이든 예로부터든 지금에 이르러서든 나라를 잘 통치하는 지도자들은 자신만의 정치철학이 있다. 그리고 국민을 사랑하는 애민정신이 뛰어나다. 미국의 경우에는 링컨, 워싱턴, 프랭클린 루스벨트 등이 그러했으며, 영국은 벤저민 디즈레일리, 처칠 등이 그러했으며, 남아프리카 공화국은 넬슨 만달라가 그러했으며, 인도는 마하트마 간디가 그러했으며, 칠레는 미첼 바첼레트가 그러했으며, 대한민국은 문무왕, 세종대왕, 성종, 숙종, 영조, 정조, 노무현이 그러했다.

동서고금을 막론하고 국가는 어떤 정치지도자를 만나느냐에 따라 국가의 흥망성쇠가 달려 있다. 그런 까닭에 좋은 지도자를 선택하는 것은 매우 신중히 고려해야 한다. 그렇지 않고 인기에 영합하거나 화려한 입담으로 유권자를 현혹시키는 자는 경계해야 한다. 그런 자는 감언이설에 능하고 일신영달에 집착하는 경우가 많다.

이는 예나 지금이나 분명한 진리이다. 진리가 시대에 따라 변한다면 그것은 진리가 아니다. 진리는 변하지 않아야 진리인 것이다. 나라와 백성을 사랑하여 삼국통일을 이루고 죽어서도 동해의 호국용이 되겠다는 임금. 그는 신라 제30대 문무왕이다. 수중능인 대왕암은 이런 그의 의지를 잘 알게 하는 증표이다. 문무왕은 과연 어떤 인물이었을까.

문무왕의 아버지는 태종무열왕太宗武烈王으로 삼국시대 신라의 제29대 왕이다. 이름은 김춘추이고 진덕여왕 사후 신하들의 추대로 즉위하였다. 즉위 전부터 고구려와 당나라 사이를 직접 오가며 탁월한 외교적 역량을 보여주었다. 또한 김유신과 힘을 모아 신귀족세력을 형성하여 보다 강화된 왕권중심의 집권체제를 확립했다. 이후 친당외교를 통해 당나라를 후원세력으로 삼고 고구려와 백제를 공략함으로써 백제를 멸망시켰다.

삼국통일이라는 대업의 토대를 마련하여 아들인 문무왕이 삼국통일의 대업을 잇도록 하였다. 시호는 무열이고 묘호는 태종이다. 문무왕은 태자 시절부터 두각을 나타내기 시작했다. 아버지가 왕위에 오르기도 전인 진덕여왕 때 당나라에 사신으로 다녀오기도 했다. 그리고 왕위에 오른 아버지를 도와 병부령에 올라 나라의 기강을 바로 잡는데 힘썼다.

아버지는 신라와 당의 연합군이 사비성을 함락한 승전보 속에 세상을 떠났지만, 문무왕은 계속되는 백제의 부흥운동을 제압하고, 고구려를 쳐서 멸망시킨 다음 당나라 군사마저 우리나라 영토에서 몰아냈다. 삼국통일 과정에서 무열왕은 통일의 토대를 닦았으며 문무왕은 통일의 주체로서 자신의 몫을 다하였다.

661년은 문무왕이 즉위하던 해이다. 그때부터 문무왕은 한시도 쉴 날 없는 치열한 전쟁을 수행하여야 했다. 먼저 백제 부흥군을 물리치고자 김유신 등 28명의 장군과 함께 당나라에서 파견된 손인사의 증원병과 연합해, 부흥군의 본거지인 주류성을 비롯한 여러 성을 함락하였다.

문무왕은 666년에 고구려 정벌에 나섰다. 이세적이 이끄는 당나라 군대와 연합해 평양성을 공격하여 668년에 함락시켰다. 그런데 당나라는 점령지의 지배를 위해 평양에 안동도호부를 설치하고 안동도호부를 중심으로 9도독부, 42주, 100현을 두고 통치하였다. 문무왕은 신라영토에 대한 당나라의 지배를 그대로 둘 수 없었다. 마침내 신라와 당나라 사이의 전쟁이 시작되었다.

문무왕은 고구려 부흥운동과 연계해 당나라는 물론 당나라와 결탁한 부여 융의 백제군에 맞서 싸웠다. 670년 백제의 63성을 공격해 함락시켰으며, 671년에는 가림성을 진압하고 석성전투에서 당나라 군사 5,300명을 죽이는 큰 전과를 올렸다. 이에 당나라는 672년 이후 대군을 동원해 한강에서부터 평양대동강에 이르는 곳곳에서 신라와 전투를 벌였다.

이때 당나라는 유인궤를 계림도대총관으로 삼아 신라를 치는 한편, 문무왕의 동생 김인문을 자신들 멋대로 신라왕에 봉하였다. 675년 당나라와의 전쟁은 최고조에 이르렀다. 그 해에 설인귀가 장수가 되어 당나라군을 이끌고 왔다. 이에 신라 쪽에서는 문훈으로 하여금 대항하였다. 이 전투에서 신라는 당나라 군사 1,400명을 죽이고 병선 40척, 전마 1,000필을 얻는 전과를 올렸다. 당나라는 수세에 밀려 전세는 신라에 유리하였다. 마침내 신라군의 수세에 밀린 당나라는 안동도호부를 평양에서 요동성으로 옮겼다. 패배를 인정하고 물러났던 것이다. 신라의 대승이었다. 문무왕이 왕위에 오른 지 15년만에 일이었다.

문무왕은 나라를 효율적으로 다스리기 위해 중앙과 지방행정 조직을 대대적으로 개편하였다. 특히 진흥왕 때부터 설치한 소경을 확충하였다. 678년에는 북원소경 원주, 680년에는 금관소경 김해 의 설치가 대표적이다. 경주는 한반도 전체로 보아 지나치게 동남쪽에 치우쳐 있었다. 소경은 이 때문에 생기는 비효율성과 불편함을 극복하는 데 활용되었다. 이는 신문왕 때에 와서 5소경 제로 완성되었다. 한 마디로 문무왕은 신라를 부강하고 신라답게 만든 임금이었다.

문무왕은 당나라의 위협에서 나라를 지키고 신라백성을 안전하게 지키기 위해 불력佛力을 믿고 사천왕사를 지었다. 그리고 명랑스님이 채색 명주를 가지고 임시로 절을 짓자는 제안에 따라 채색 명주로 절을 꾸미고, 풀을 가지고 동서남북과 중앙의 다섯 방위를 맡는 신상이 만들어졌다. 그 당시에는 어디에서도 볼 수 없는 특이한 절이었다. 명랑은 밀교승밀교란 해석하거나 설명할 수 없는 경전, 주문, 진언 따위를 이르는 말이며, 그에 따라 행하는 스님을 밀교승 이라고 한다.

이다. 그가 이 절에서 다른 밀교승들과 함께 문두루의 비법을 쓰자, 갑자기 풍랑이 거세게 일어 당나라 배가 모두 침몰하였다고 한다. 그리고 이어 671년에 한 번 더 당나라 군대가 쳐들어오자 이 비법을 썼는데, 전과 마찬가지로 배가 침몰하였다고 한다.

이처럼 문무왕은 힘과 지혜로 때론 불력으로 또 때론 적의 사신에게 뇌물을 써서라도, 나라에 도움이 되고 백성을 안정시키는 일에 주저하지 않았다. 그리고 자신이 죽어서는 동해의 용이 되어 나라와 백성을 지키겠다고 유언하였는데, 지금의 경주시 양북면 바닷가의 대왕암은 문무왕이 죽고 그의 유언에 따라 화장하여 안치한 해중 왕릉이다.

문무왕은 용모가 단정하고 지략이 뛰어났으며 애민사상이 뛰어났다. 이런 마인드를 바탕으로 하여 아버지 태종무열왕이 닦아 놓은 삼국통일의 기초를 이어받아 국방력을 키우고, 불력을 위해 절을 짓고, 군신 사이의 원활한 소통을 통해 지혜를 짜내 백제와의 전쟁과 고구려의 전쟁과 당나라와의 전쟁을 모두 승리로 이끌어 냈다. 그리고 마침내 삼국통일의 대업을 이루어냈다.

문무왕의 경우에서 보듯 한나라의 지도자가 지략이 뛰어나고, 백성을 사랑하는 애민사상이 뛰어나고, 군신 사이의 소통력이 좋으면 몸과 마음을 하나로 일치시킴으로써 큰 힘을 발휘하게 된다. 그런 까닭에 이런 마인드는 지도자가 반드시 갖춰야 한다. 그런데다가 죽어서도 나라와 백성을 생각하는 마음이 그 얼마나 거룩한가. 이런 지도자가 있다는 건 그 나라와 국민들에겐 커다란 축복이 아닐 수 없다.

《정관정요》가 군주의 도리와 인재 등용 등의 지침을 적어 놓아 처세술의 명저이듯, 문무왕의 행함은 살아있는 처세술의 대가라 하기에 조금도 부족함이 없다.

• 문무왕은 고구려 부흥운동과 연계해 당나라는 물론 당나라와 결탁한 부여 융의 백제군에 맞서 싸웠다. 670년 백제의 63성을 공격해 함락시켰으며, 671년에는 가림성을 진압하고 석성전투에서 당나라 군사 5,300명을 죽이는 큰 전과를 올렸다. 675년 당나라와의 전쟁은 최고조에 이르렀다. 이해에 설인귀가 장수가 되어 당나라군을 이끌고 왔다. 이에 신라 쪽에서는 문훈으로 하여금 대항하였다.

이 전투에서 신라는 당나라 군사 1,400명을 죽이고 병선 40척, 전마 1,000필을 얻는 전과를 올렸다. 당나라는 수세에 밀려 전세는 신라에 유리하였다. 마침내 신라군의 수세에 밀린 당나라는 안동도호부를 평양에서 요동성으로 옮겼다. 마침내 삼국통일의 대업을 이루었다.

• 문무왕은 나라를 효율적으로 다스리기 위해 중앙과 지방행정조직을 대대적으로 개편하였다. 특히 진흥왕 때부터 설치한 소경을 확충하였다. 678년의 북원소경 원주, 680년의 금관소경 김해의 설치가 대표적이다.

• 문무왕은 자신이 죽어서는 동해의 용이 되어 나라와 백성을 지키겠다고 유언하였는데, 지금의 경주시 양북면 바닷가의 대왕암은 문무왕이 죽고 그의 유언에 따라 화장하여 안치한 해중 왕릉이다.

11

유안의
《회남자》

● **유안**劉安 기원전 179~기원전 122
중국 전한의 정치가이자 학자이며, 한고조 유방의 증손으로 회남왕에 봉해졌던 회남
자이다.

●《**회남자**淮南子》
제자백가와 당대의 지식을 총망라한 중국의 대표적인 고전으로, 내편 21권과 외편
33권으로 이루어졌지만 지금은 내편 21편만 전해진다.

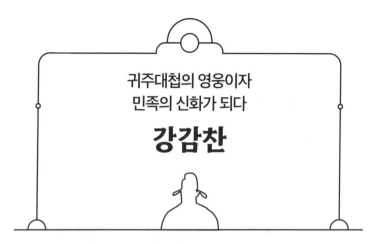

귀주대첩의 영웅이자
민족의 신화가 되다

강감찬

◎ 강감찬姜邯贊 948~1031

고려 장군, 문하시중. 정종과 현종 재위시 거란의 침공에서 국가를 위기에서
구해낸 귀주대첩의 영웅. 고구려의 을지문덕, 조선의 이순신과 함께 외적의
침입에서 나라를 구한 3대 영웅으로 불린다.

● 중국 고대 지식을 총망라한 백과전서 《회남자》

《회남자淮南子》는 제자백가와 당대의 지식을 총망라한 중국의
대표적인 고전으로 기원전 2세기 한 고조 유방의 증손자이자, 한
무제 시대의 제후였던 회남왕 유안의 주도 아래 여러 사람이 함
께 저술한 저작으로 백과사전이라고 할 수 있다. 《회남자》는 내
편 21권과 외편 33권으로 이루어졌지만 지금은 내편 21권만 전
해지는데 그 구성은 다음과 같다.

1권 〈원도훈〉, 2권 〈숙진훈〉, 3권 〈천문훈〉, 4권 〈지형훈〉, 5권 〈시칙훈〉, 6권 〈남명훈〉, 7권 〈정신훈〉, 8권 〈본경훈〉, 9권 〈주술훈〉, 10권 〈무칭훈〉, 11권 〈제속훈〉, 12권 〈도응훈〉, 13권 〈범론훈〉, 14권 〈전언훈〉, 15권 〈병략훈〉, 16권 〈설산훈〉, 17권 〈설림훈〉, 18권 〈인간훈〉, 19권 〈수무훈〉, 20권 〈태족훈〉, 21권 〈요략〉등 모두 21권으로 구성되어 있다.

유안의 신하 중엔 많은 학자들이 있었다. 그 당시 유교를 중심으로 사상을 일체-體화 시키려는 풍토가 조성되고 있었기 때문이다. 유안은 유가를 '속세의 학문'이라며 비판했다. 유안은 우주 만물은 도道에서 나왔고, 도는 은택, 다시 말해 은혜와 덕택이 너무 높아 다가갈 수 없고, 너무 깊어서 헤아릴 수 없다고 보았다. 그러나 백성들을 이롭게 할 수 있다면 옛것만 따르지 않고, 일에 이롭다면 옛것만 쫓을 필요는 없다고 주장하였다. 다시 말해 자연과 인간이 사는 세상을 조화롭고 질서 있게 하려는 의도가 담겨 있다. 이런 관점에서 볼 때《회남자》는 노장사상을 띤 도가적 경향을 띤다고 하겠다.

《회남자》는 여러 사람이 함께 저술한 저작으로 백과사전과도 같다. 그런 까닭에 다양한 지식을 기르는 것이 중요하다는 것을 이 책만 보더라도 잘 알 수 있을 것이다. 이처럼 일생을 책을 위해 산 사람이 있듯이 일생을 나라를 지키기 위해 힘쓴 이가 있었다. 그는 외세의 침략에서 나라를 구한 영웅이며 그 자신이 하나의 고전이 되었다. 그는 바로 고려시대의 명장 강감찬 장군이다. 그에 대한 삶을 알고 이해한다면 두툼한 한 권의 역사서이자 고전을 읽는 것과 같다 하겠다.

강감찬은 서기 948년 금주에서 태어났다. 금주는 조선시대에 금천이라 불린 곳으로, 현재 서울시 관악구 봉천동과 금천구 일대 등 관악산을 중심으로 한 지역에 해당된다. 하지만《고려사》에 기록된 바에 의하면, 강감찬이 태어나자마자 곧바로 아기를 사신이 데리고 가서 키웠다는 다소 맞지 않는 내용으로 미루어 보아 꾸며진 이야기일 가능성이 크다. 하지만 이 전설의 흔적을 오늘날 낙성대에서 찾을 수 있다고 한다. 그러니까 낙성대는 강감찬 장군의 생가터라고 할 수 있다.

강감찬의 5대조인 강여청이 신라시대부터 이 지역에서 터를 잡고 살았다고 전해진다. 부친인 강궁진이 태조 왕건을 도와 고려 건국에 공을 세우고 벽상공신이 되면서 명망가 집안으로 명성을 얻었다. 강감찬은 983년 12월 정광 최승로와 좌집정 이몽유 등이 주관한 과거시험에 응시하여 성종이 직접 참석한 복시覆試

고려시대에 동당감시에서 선발된 사람 가운데 임금이 다시 시詩와 부賦, 논論을 과목으로 직접 보이던 시험 를 거쳐 장원으로 급제하였다. 장원급제 당시의 이름은 강은천으로 기록되어 있다. 이후 여러 차례 승진하여 예부시랑이 되었고, 1009년에는 지공거 고려시대에 과거를 관장하던 주 시험관 로서 과거시험을 주관하였다.

고려 초기에 중국대륙의 북부를 차지하고 있던 거란은 세 번에 걸쳐 고려에 쳐들어왔다. 중국대륙 전체를 지배하고 싶었던 거란에게 고려가 위협이 될 것이라고 판단했기 때문이다. 게다가 고려는 거란이 중국대륙을 차지하기 위해서는 꼭 싸워서 이겨야 할 송과 친선관계를 맺고 있었다.

1차 침입은 성종 때인 993년 10월에 있었다. 이때 서희는 고려가 고구려의 뒤를 이어 세워진 나라임을 밝히는 외교담판으로 강동 6주를 얻었다. 거란은 괜스레 고려와 싸워 힘을 뺄 필요가 없다고 생각해 순순히 물러났다.

2차 침입은 현종 때인 1010년에 있었다. 뒤늦게 강동 6주의 중요성을 깨달았기 때문이다. 거란의 야율융서는 40만 명의 군대로 고려를 침공하여 통주평안북도 선천군에서 강조를 제압하고, 12월 서경평양을 우회하여 개경개성으로 진격하였다. 거란군이 개경으로 향한다는 소식이 전해지자 대부분의 관료는 항복을 주장하였다.

그러나 강감찬 홀로 "거란이 침입한 일은 강조에게 죄가 있으니 근심할 바가 없습니다. 다만 적의 숫자가 너무 많으니 그 기세를 피해 시간을 갖고 이길 방안을 도모해야 합니다."라고 말하며 현종에게 남쪽으로 피난할 것을 주장하였다. 현종은 강감찬의 주장에 따라 그날 밤 곧장 개경을 떠났다.

그후 개경이 함락되는 등 고려는 큰 피해를 입었다. 하지만 양규가 이끄는 고려군이 후방을 공격하는 등 끈질기게 저항하자 거란군의 피해도 컸다. 그러자 거란군은 강화를 맺고 물러났다.

1011년 1월 거란군이 철군한 뒤, 강감찬은 국자좨주로 임명되었고, 6월에 한림학사승지, 좌산기상시를 거쳐 동북면행영병마사가 되었다. 1012년 6월 평소 사이가 좋지 않던 감찰어사 이

인택이 강감찬을 여러 차례 제소하자 현종이 이인택을 파직하였다. 이후 중추사로 승진하였고, 그 뒤 이부상서가 되었으며, 1018년 5월 서경유수, 동내사문하평장사로 임명되었다. 현종은 직접 직첩에 '1010년에 오랑캐가 침입하여 한강 근처까지 왔는데, 강공이 계책을 쓰지 않았다면 나라가 모두 오랑캐가 되었을 것이다.'라고 썼다. 당시 사람들이 이를 매우 영화롭게 여겼다고 하는데, 강감찬에 대한 현종의 신임을 엿볼 수 있는 부분이다.

3차 침입은 1018년 12월 소배압이 10만의 거란군을 이끌고 침공했다. 현종이 거란을 방문하는 등 강화 때 한 약속을 지키지 않는다는 이유였다. 이에 고려는 강감찬과 강민첨을 보내 거란군과 맞서 싸우게 했다.

상원수대장군 강감찬이 이끄는 고려군은 압록강을 건너온 거란군과 흥화진에서 처음 맞섰다. 이때 강감찬은 매우 지혜로운 전술을 이용했다. 그는 흥화진 상류에 쇠가죽으로 둑을 만들어 물을 가두었다가 거란군의 주력 부대가 강을 건널 때 갑자기 흘려보냈다. 그리고 갑자기 강물이 불어나 혼란에 빠진 거란군을 공격해 큰 타격을 입혔다. 초반의 전투에서 크게 패한 거란군은 사기가 꺾일 수밖에 없었다.

이후 거란군은 고려군과의 정면 싸움을 피하고 산간 지역을 통해 개경 근처까지 이동했다. 하지만 당시는 겨울이었기 때문에 군사들은 전투보다 추위와 굶주림에 더 지쳐 있었다. 게다가 개경의 방비가 워낙 튼튼해 거란군은 더 이상 나아가지 못하고 후퇴할 수밖에 없었다.

철수하는 거란군이 압록강 근처의 귀주에 도착하자, 고려군은 근처의 성을 지키던 병력을 모두 모아 총공격을 퍼부어 전멸시켰다. 거란의 10만 군사 가운데 살아서 돌아간 사람은 수천 명에 불과했다.

강감찬의 지휘로 거란군의 침략야욕을 분쇄해 버린 이 날의 전투를 '귀주대첩'이라고 한다. 전투에서 승리한 강감찬은 3군과 포로를 이끌고 당당히 개선했다. 강감찬이 개경에 온다는 소식을 들은 현종은 친히 영파역으로 나가서 그를 맞이하고 금화 8가지를 강감찬에게 꽂아 주었다. 이날을 기념하여 영파역은 흥의역으로 개칭되고 이곳의 역리는 지방관리와 같은 대접을 받았다.

귀주대첩으로 거란에 씻을 수 없는 치욕을 안겨다 준 강감찬은 개성 외곽에 성곽을 쌓을 것을 주장하는 등 국방에 힘썼다. 낙향한 뒤에는 《낙도교거집》《구선집》등 저술에도 힘써 몇 권의 저서도 남겼으나, 현재는 전해지지 않는다.

국가를 위해 헌신한 강감찬은 이후 연로함을 이유로 여러 차례에 걸쳐 정계은퇴를 청원하기도 했다. 그러나 현종이 지팡이까지 하사하며 만류하는 바람에 뜻을 이루지 못했다. 1030년에는 벼슬이 문하시중에까지 올랐으며, 1032년 덕종 원년 84살 되던 해 생을 마감하였다. 강감찬이 죽자 덕종은 3일 동안 조회를 멈추고 장례식을 국장으로 치르게 했다.

국가를 위기에서 구한 영웅으로 강감찬은 수많은 설화의 주인공이기도 하다. 강감찬과 관련한 설화 가운데 가장 유명한 것은 호환사람이나 가축이 호랑이에게서 입는 화을 없앤 이야기다.

강감찬이 한성판윤으로 부임했을 때 남산에 범이 많아 백성의 걱정이 많았다. 강감찬이 편지 한 장을 적어서 아전에게 주며 말했다.

"북문 밖 북동에 가면 늙은 중이 바위 위에 앉아 있을 것이니, 네가 불러서 데리고 오너라."

아전이 그의 말대로 하니 과연 중이 있었다. 아전을 따라온 중을 보고 강감찬이 꾸짖으며 말했다.

"너는 빨리 무리를 데리고 멀리 가거라."

그러자 사람들이 이상하게 여겼다. 이어 강감찬이 본색을 드러내라고 명령하니, 중이 크게 울부짖고는 한 마리의 큰 호랑이로 변하고 사라졌는데, 이후로 한양에 호환이 사라졌다고 한다.

또 다른 이야기를 보자.

어떤 사신使臣이 한밤중에 시흥군으로 들어오다가 큰 별이 어떤 집에 떨어지는 것을 보고 사람을 보내어 찾아보게 하니, 마침 그 집 부인이 사내아기를 낳았다. 이 말을 듣고 사신이 마음속으로 신기하게 여기고 그 아기를 데려다가 길렀는데, 그가 바로 강감찬이었다고 한다. 그가 재상이 된 후 송나라 사신이 그를 보고는 자신도 모르게 가서 절하며 말하기를 "문곡성이 오래 보이지 않더니 여기 와서 있었습니다!"라고 하였다는 설화도 있다.

조선 초기의 문신인 성현이 쓴 《용재총화》에 보면, 강감찬이

몸집이 작고 귀도 작았다고 한다. 그런데 강감찬의 관상만은 귀인상이었다. 어느 날 강감찬이 키 크고 잘생긴 선비를 관리 복장을 하게하고 자신은 허름한 옷을 입고 그뒤에 섰는데, 송나라 사신이 한눈에 그를 알아봤다고 한다. 송나라의 사신이 선비를 보고 "용모는 비록 크고 위엄이 있으나 귀에 성곽이 없으니, 필연코 가난한 선비다." 하고 말하고는, 강감찬을 보고는 두 팔을 벌리고 엎드려 절하며, "염정성 북두칠성 또는 9성 중의 다섯째 별로서, 문곡성의 아래, 무곡성의 위에 있음 이 오랫동안 중국에 나타나지 않더니, 이제 동방에 있습니다."라고 했다고 전해진다.

이 이야기에서 보듯 이토록 강감찬이 전설속의 주인공으로 다뤄지는 것은, 그만큼 그가 전쟁의 환란에서 고려를 구한 영웅이기 때문이다. 강감찬의 외모는 키도 작고 얼굴도 곰보에다 매우 보잘 것 없었다. 게다가 의복도 검소했고 먹는 것도 소박한 그야말로 청빈함 그 자체였다. 인품도 뛰어나 백성들을 따뜻하게 대했으며, 집에서 부리는 아랫사람들도 인격적으로 대해주었다.
그러나 나랏일을 할 때는 앞서서 열심을 다했고, 강직하고 의지가 굳어 자신이 옳다고 하는 일엔 물러나는 법이 없었다. 또한 수단과 방법을 가리지 않고 재산을 모으던 여느 관리들과 달리 자신의 토지마저 부하 가족에게 나누어 줄 정도였다. 이를 잘 알게 하듯 1016년 12월 현종에게 자신이 가지고 있던 개령현 경상북도 김천시 의 토지 12결을 군호에게 지급해달라고 요청하였다. 당시 계속된 전쟁으로 군인들에게 지급해야 할 군인전이 부족하였기 때문이다.

이처럼 워낙 청렴결백하고 사심이 없고 오직 임금과 백성을 생각하였다. 그런 까닭에 임금은 그를 굳게 신뢰하여 예로써 대했으며, 백성들은 그를 어버이처럼 존경하였다.

우리 10대들은 강감찬을 귀주대첩을 이끈 명장으로만 알고 있을 것이다. 하지만 그는 그 자체가 이미 하나의 고전인 셈이다. 그에 대한 숱한 설화가 그것을 잘 말해주기 때문이다. 또한《회남자》가 노장사상을 띤 도가적 경향을 띠듯 강감찬의 일생은 순리를 거스르지 않은 무위한 삶이었다 하겠다. 그렇다. 강감찬은 하나의 역사이며 고전이며 무위사상이다.

알아두면 쓸모 있는 역사지식

• 귀주대첩이란 1019년 거란장수 소배압이 이끄는 거란의 3차 침공 때 강감찬 장군이 이끄는 고려군이 귀주에서 크게 물리친 전투를 말한다. 이후 거란은 무력 침공의 계획을 버리고 고려와 화의를 맺었다.

• 강감찬은 개성 외곽에 성곽을 쌓을 것을 주장하는 등 국방에 힘썼다. 그의 외모는 키도 작고 얼굴도 곰보에다 매우 보잘 것 없었다. 게다가 의복도 검소했고 먹는 것도 소박한 그야말로 청빈함 그 자체였다. 인품도 뛰어나 백성들을 따뜻하게 대했으며, 집에서 부리는 아랫사람들도 인격적으로 대해주었다. 그러나 나라 일을 할 때는 앞서서 열심을 다했고, 강직하고 의지가 굳어 자신이 옳다고 하는 일엔 물러나는 법이 없었다.

12

홍자성의
《채근담》

● **홍자성**洪自誠
본명은 홍응명. 호는 환초도인으로 인격을 수양하는 데 힘쓰며, 청빈한 생활을 하며
저술 활동에 전념한 명나라 말기 고전문학가이다. 저서로는《채근담》과 함께《희영
헌총서》가 있다.

●《**채근담**採根譚》
명나라 고전문학가인 홍자성의 어록으로 삼교일치의 처세철학서다.

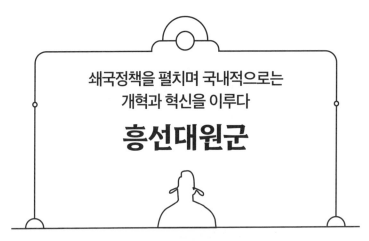

쇄국정책을 펼치며 국내적으로는
개혁과 혁신을 이루다

흥선대원군

◎흥선대원군興宣大院君 1820~1898
본명 이하응. 조선 말기의 왕족이자 26대 왕인 고종의 아버지이다. 대원군으
로서 섭정하며 조선 말기의 국정을 주도하였다. 개혁정치가로, 보수적인 국
수주의자로, 엇갈린 평가를 받고 있다.

● 인생을 지혜롭게 사는 처세술의 명작 《채근담》

《채근담採根譚》은 경구풍의 전집과 후집으로 크게 나누고, 단문
359개로 구성되어 있다. 하지만 이는 문헌마다 약간의 차이가 있
음을 밝힌다. 중국에서는 잘 알려지지 않았으나 한국, 일본 등에
서는 널리 읽혔다. 특히 20세기에 이르러서는 세계적으로 대중
적인 인기를 얻으며 대표적인 아포리즘잠언, 경구, 금언 등을 이르는 말
으로 자리매김하였다. 그로인해 동양의 《탈무드》라고 일컫기도

한다.

홍자성에 대한 기록은 전해지지 않지만, 명나라 말기의 사람으로 평생 과거시험에서 낙방만 했을 정도로 입신출세와는 거리가 멀었고 오직 공부만 했을 것으로 추측된다. 그는 청렴한 생활을 하며 인격수양을 게을리 하지 않았으며, 인생의 온갖 고생을 체험하면서 우러난 주옥 같은 명언을 《채근담》에 담아냈다. 그는《채근담》을 통해 인생의 지혜를 깨닫고, 부귀영화를 좇지 말며, 천지의 무한한 도를 따르라고 강조했다. 다만 물질과 명예를 맹목적으로 부정하지는 않았다.

왜 그럴까? 이 또한 그의 경험에서 나온 참된 생활철학이며, 시대를 뛰어넘어 많은 사람들에게 공감을 불러일으키는 이유이기도 하다. 그런 까닭에 부귀한 사람에게는 경계하게 하고, 가난한 사람에게는 기쁨을 주며, 성공한 사람에게는 충고를 주고, 실의에 빠진 사람에게는 희망을 주어 많은 사람들에게 인격수양에 있어 도움이 되게 한다.

이를 좀 더 구체적으로 말하면, 인간관계에 있어 삶을 슬기롭게 살아가는 처세에 관한 문장, 어려움에 처했을 때 좌절하지 않고 극복할 수 있는 힘을 주는 문장, 어려운 삶의 문제로 고민할 때 삶의 해법을 푸는 지혜를 담은 문장, 도덕적으로 해이하지 않게 경각심을 일깨우는 촌철살인적인 문장, 예와 법도에 관해 생각을 일깨우게 하는 문장 등 인간이 살아가는 데 필요한 모든 지혜를 망라하고 있는 언어의 향연이라고 할 수 있다.

한창 몸과 마음이 자라는 우리 10대들이 《채근담》에 있는 문장을 접한다면, 자신의 생각을 더 크게 더 넓게 펼쳐나가는 데 큰 도움이 된다. 또한 문장력을 기르고 문해력을 기르는데도 많은 도움이 될 것이다.

그렇다. 좋은 문장은 힘이 세다. 그런 까닭에 좋은 문장은 많이 읽으면 읽을수록 좋다. 10대들의 이해를 돕기 위해 《채근담》에 나오는 문장과 이에 대한 예를 보기로 하겠다.

교묘한 재주를 서툰 솜씨 속에 감추고, 어둠으로 밝음을 드러내며, 청렴하면서도 혼탁함 속에 머물러 있고, 겸손하게 자신을 낮추는 것을 몸을 다스리는 바탕으로 삼는 것, 이것이 세상을 살아가는 안전한 길이요, 몸을 보호하는 안전한 장소이다.

이 문장을 마음에 새겨 상황에 맞게 행동한다면, 어려움으로부터 자신을 지키고, 자신이 원하는 바를 이루는 데 큰 도움이 될 것이다. 이 문장과 잘 맞는 이야기이다.

《시경詩經》과 《사기史記》에 한신포복韓信匍匐의 유래에 대해 다음과 같이 기록되어 있다. 한나라의 대장군이자 장량, 소하와 함께 한초삼걸의 한 사람인 한신韓信은 구 초나라의 영토였던 회음의 평민출신이다. 외모가 출중치 못하고 비천했다. 한신은 집이 가난하여 성 아래에서 낚시를 하고 살았다. 빨래하던 아주머니가 한신이 굶주리는 것을 보고 밥을 주었다.

한신은 반드시 크게 보답을 하겠다고 말했다. 그러자 아주머니는 화를 내며 대장부가 스스로 끼니를 해결하지 못해서, 내 왕손의 처지를 불쌍히 여겨 밥을 준 것인데 어찌 보답을 바라겠냐고 말했다. 같은 마을에 한신을 업신여기는 소년이 있었다. 소년은 무리의 숫자가 많은 것을 믿고 "너는 비록 키가 크고 칼 쓰기를 좋아하지만 속으로는 겁쟁이일 뿐이다. 죽일 수 있으면 나를 찌르고, 그렇게 못한다면 내 가랑이 사이로 지나가라."며 한신에게 말했다. 이에 한신은 몸을 숙여 가랑이 밑으로 기어 나오자 저잣거리에 있던 사람들이 모두 한신을 겁쟁이라고 비웃었다.

이 이야기를 보면 한신이 겁쟁이로 비웃음을 산다. 하지만 한신이 굴욕적인 행동을 하며 참은 것은 미래의 자신을 위해서다. 만약 자신이 울분을 참지 못하고 그들과 싸워 잘못 되기라도 하면 자신의 꿈을 펼치지 못했을 것이다. 하지만 그는 지혜롭게 굴욕을 참고 그 위기에서 벗어날 수 있었다. 그리고 훗날 유방을 도와 해하전투에서 항우를 이기고 한나라의 공신이 되었다.

이렇듯 《채근담》에는 삶을 현명하게 사는 데 도움을 주는 문장이 많다. 그런 까닭에 10대들이 《채근담》을 많이 읽는다면 훗날 인생을 살아가는 데 큰 도움이 될 것이다. 다음은 한신이 자신을 스스로 보호함으로써 큰 인물이 되었듯이 우리나라 역사에서도 이와 비슷한 이야기가 전해온다. 그는 바로 흥선대원군이다.

• 난세에도 개혁의 끈을 놓지 않은 흥선대원군

흥선대원군의 본명은 이하응이다. 그는 12살에 어머니를, 17살에 아버지를 여읜 뒤 왕손으로서 불우한 청년기를 보냈다. 21살 된 1841년헌종 7 흥선정이 되었고, 1843년에 흥선군에 봉해졌다. 흥선군은 혈통으로 보면 인조의 셋째 아들 인평대군의 8세손으로 왕권과 그다지 가까운 왕족은 아니었다. 그의 아버지 남연군이 정조의 이복형제인 은신군의 양자로 들어감으로써 영조로부터 이어지는 왕가의 가계에 편입되어 왕위와 가까워졌다.

흥선군은 아버지 남연군에게서 한학을 배웠고 추사 김정희의 문하에 들어가 글과 그림을 배웠다. 후일 그가 난초나 매화, 대나무 등 사군자 그림, 특히 난초 그림으로 유명한 석파란 등을 그린 것은 모두 김정희에게서 배운 그림공부로 인한 것이었다. 흥선군은 13살 때인 1831년순조 31 에 공조판서 민치구의 딸 민씨와 혼인하였다.

청년기의 흥선군은 당시 세도가인 안동 김씨에게서 자신을 지키기 위해, 고의로 시정의 무뢰한들과 어울려 난행을 일삼으며 생활했다. 투전판이나 상갓집을 들락거리며 왈패들과 어울렸다. 상갓집 개라는 말을 들어도 개의치 않았다. 그리고 심지어는 양반집 머슴에게 뺨을 얻어맞기 까지 했다. 또 세도 가문의 잔칫집을 찾아다니며 걸식도 서슴지 않았다. 그는 식은 전조각에다가 침을 뱉어 내던지면 그것을 얼른 주워 도포 자락에 닦아 게걸스럽게 먹어대는 모욕까지도 감수했다고 한다.

흥선군의 가난하고 빈궁한 생활에 안동김씨 세도가는 그를 멸시했고, 김병기는 노골적으로 그를 무시하였다. 김병기 외에도 안동김씨 집안의 문객으로 출입하던 심의면, 안동김씨 세도가문과 적당히 거리를 두던 문신 출신 천문학자 남병철은 대놓고 흥선군을 멸시했다.

안동김씨는 세도를 이어가기 위해 자신들이 골라서 강화도에서 데려온 철종처럼 정치에 문외한인 왕을 원했다. 안동김씨들은 조금이라도 왕의 재목으로 보이는 왕족들을 끊임없이 견제했고, 견제는 역모라는 무서운 누명으로 이어졌다. 조금만 왕의 자질이 있어 보이는 왕족은 꾸미지도 않은 역모의 혐의를 뒤집어쓰고 멀리 귀양 가서 죽임을 당했던 것이다.

흥선군이 행한 행동은 살아남기 위한, 그래서 기회를 얻기 위한 고도의 인생전략이었다. 흥선군은 아무도 모르게 조대비에 연줄을 대어 자신의 야망을 이룰 기반을 마련했다. 조대비는 왕위에 오르지 못하고 죽은 순조의 아들 효명세자의 세자비로 아들 헌종이 왕위에 오르면서 대비가 되었다. 하지만 안동김씨를 친정으로 둔 시어머니 순원왕후에 밀려 한 많은 궁중 생활을 했던 비운의 대비였다. 당시 조대비는 순원왕후 사망 이후 궁중의 최고어른이 되어 안동김씨에게 친정의 원한을 갚을 길을 찾고 있었다. 흥선군은 조대비의 조카 조성하와 친교를 맺어 조대비에게 접근하였고 철종이 후사가 없이 죽을 경우 자신의 둘째 아들 명복을 철종의 왕위계승자로 지명하도록 설득하였다.

1863년 12월 초 철종이 사망하였다. 그러자 조대비는 흥선군과 맺은 약속대로 그의 둘째아들 명복을 철종의 후사로 지명했다. 12살 고종은 이렇게 그의 아버지 홍선군의 노력으로 왕위에 올랐고 홍선군은 왕이 아닌 왕의 아버지, 다시 말해 대원군이 되었다. 조선역사상 대원군은 선조의 아버지 덕홍대원군, 인조의 아버지 정원대원군, 철종의 아버지 전계대원군, 그리고 고종의 아버지 홍선대원군 4명이 있지만, 왕의 아버지로 왕이 즉위할 때 살아 있었던 사람은 홍선대원군이 유일했다.

어린 나이의 고종을 왕으로 지명한 조대비는 수렴청정을 하면서 정책결정권을 홍선대원군에게 주어 그의 집정을 이루게 하였다. 오랫동안 세도가 양반들에게 무시당하며 절치부심 기회를 노리던 홍선대원군은, 시정의 건달 행세를 하며 깨달은 당시의 문제점을 하나하나 개혁정책을 통해 해결하리라 굳게 다짐하였다.

홍선대원군은 병인양요1866년 병인박해 때 프랑스 신부 9명이 처형되었다. 리델 신부가 중국 텐진에 있는 프랑스 함대 사령관 로즈에게 이 사실을 알리고 프랑스는 조선을 보복하기 위해 강화도를 공격한 사건, 신미양요1871년 '고종 8년' 미국이 1866년의 제너럴 셔먼호 사건을 빌미로 조선을 개항시키고자 강화도를 공격한 사건 의 승리 후 전국의 주요 장소에 척화비를 세워 쇄국정치의 뜻을 결의했다. 다음은 비석에 새겨진 문장이다.

서양의 오랑캐가 침략해 오는데
싸우지 않으면 화해할 수밖에 없고,
화해를 주장하는 것은 나라를 파는 것이다.

홍선대원군은 세도정치의 고리를 끊기 위해 안동김씨 주류들을 대거 정계에서 몰아냈다. 그 와중에도 국정공백을 막기 위해서 자신에게 다소 호의적이었던 김병학 등 일부 안동김씨와는 손을 잡았다. 당파를 초월한 인재 등용과 부패 관리 척결에 힘썼다.

또한 홍선대원군은 조선 후기 오랫동안 계속된 붕당 사이 갈등과 국가재정파탄의 일부 원인이 전국에 널리 퍼진 서원에 있다고 보고 47개의 중요한 서원을 제외한 모든 서원을 철폐했다. 나아가 법전을 간행하고 시대상황에 맞게 적합한 법률제도를 확립하였으며, 세도정치 동안 커진 신권을 제한하고 왕권강화를 위한 여러 가지 정책들을 펼쳤다. 비변사를 폐지하고 양반에게도 세금을 징수하였으며, 사치를 근절하기 위해 의복제도를 고치고 사창제도의 실시로 지방관리의 부정을 막고 민생을 안정시키는데 주력하였다.

홍선대원군의 개혁정치는 양반사회에 큰 파문을 일으켰으며 양반들은 크게 반발했다. 자신들의 입지가 그만큼 좁아진다고 여겼기 때문이다. 그럼에도 그의 개혁으로 국가에 대한 의무와 부담을 고스란히 양인 조선시대 신분 범주에서 천인 이외에 모든 사람 에게 전가하고 상류층의 권리만 누렸던 양반층에게 그 부담을 일부 지게 함으로써 국고는 풍족해졌고 양인의 부담은 줄어들었다.

그러나 홍선대원군은 왕권강화를 상징적으로 보여주기 위해 무리하게 경복궁을 중건하면서 당백전 1866년 '고종 3년' 11월에 주조되어

6개월여 동안 유통되었던 화폐 과 원납전 조선후기 흥선대원군이 경복궁 중수를 위하여 강제로 거둔 기부금 으로 경제적 어려움에 처하게 함으로써 백성의 삶을 다시금 피폐하게 만들었다.

그리고 서구의 새로운 사상과 문화가 왕권중심의 유교사상을 무너뜨릴까 심히 염려되어 천주교도들을 박해했으며, 쇄국정치를 펴 국제관계를 악화시킴은 물론 새로운 문물을 받아들일 기회를 놓쳐버렸다. 그가 집권하던 시기 막아낸 병인양요와 신미양요는 집권 초기 행한 개혁정치로 인해 강해진 국방력의 결과였지만, 한편으로는 서구의 세력과 평화롭게 수교할 기회를 놓쳐버린 아쉬운 사건이기도 하였다.

흥선대원군이 섭정을 하는 동안 12살에 왕좌에 오르면서 아버지에게 권력을 위임했던 고종이 22살이 되었다. 그런데 여전히 아버지의 그늘 아래 있기를 원할 리는 만무했다. 그는 자신이 왕인 나라를 직접 다스리고 싶어 했고 너무나 강력한 아버지 흥선대원군에게서 벗어나고자 했다.

그러나 흥선대원군은 성인으로 성장한 고종에게 자신의 권력을 넘겨주지 않으려 했다. 그러자 고종과 명성황후는 권력을 되찾아오기 위해 최익현을 비롯한 반 흥선대원군 세력을 부추겼다. 최익현은 이항로의 문인으로 흥선대원군의 서원 철폐 등에 악감정을 품고 있었다. 그는 동부승지로 기용되면서 명성황후의 측근과 반 흥선대원군 세력들과 손을 잡고 흥선대원군의 실정을 비판하는 상소를 올리고 퇴진을 강력히 주장하였다. 최익현의 탄핵은 흥선대원군의 실각에 결정적인 원인으로 작용하였다. 결국 1873년 고종은 임금이 직접 정사를 돌보는 친정을 선포하였으며, 흥선대원군은 원치 않게 정계를 떠나야만했다.

흥선대원군은 강제로 물러난 탓에 정계복귀를 꾀하기 위해 기회를 엿보았다. 하지만 그 과정은 그다지 좋은 것이 아니었다. 권력에 대한 흥선대원군의 집착은 대단했다. 그로인해 그가 보여준 확고한 개혁의지와 경세가로서의 품위마저 손상시켰다. 재집권에 대한 야망은 결국 며느리 명성황후와 갈등으로 이어졌다. 외척의 정치참여를 극단적으로 막고자 하였던 그의 섭정기간 동안과는 너무나 상반되게도 그가 권력을 잃어버린 후 정국은 완전히 왕비의 친정인 민씨 가문이 주도하고 있었다.

흥선대원군은 고종을 폐하고 자신의 다른 아들을 왕위에 올리고자 하는 역모에도 연루되었으며, 1882년 임오군란 때는 무리들을 이끌고 궁궐에 들어가 피신한 명성황후의 사망을 공포하고 잠시 정권을 잡기도 하였다. 그러나 이 잠깐의 재집권은 청나라의 힘을 빌린 명성황후의 역습으로 청나라에 납치되며 물거품이되었다. 정권을 다시 잡기 위해 흥선대원군은 그 어떤 세력과도 손을 잡을 준비가 되어 있었다. 그는 한때 위안스카이와 손을 잡기도 했고 1894년 갑오농민전쟁 때는 동학세력에 손을 내밀었으며, 갑오경장 때는 일본에 줄을 대어 재집권기회를 노렸으나 실패하기도 했다.

일이 이렇게 되자 고종은 흥선대원군의 정치활동을 대부분 제한하는 조치를 취해 그의 바깥활동을 막았다. 사실상 유폐나 다름없는 생활 속에서도 흥선대원군은 정계복귀를 꿈꾸었으며 말년에 그의 헛된 꿈은 며느리 명성황후의 시해사건 을미사변 과 관련해 일본공사 미우라에게 이용당하는 빌미를 제공하였다. 을미사변 이후 홍선대원군은 또다시 잠시 정권을 잡지만 신변에 위험을 느낀 고종이 러시아 공사관으로 피신 아관파천 하여 친러파가 대두하면서 축출되었다. 그로부터 3년 후인 1898년 홍선대원군은 78살에 사망하였으며 1907년 대원왕에 추봉 죽은 뒤에 관위 따위를 내림 되었다.

홍선대원군의 업적을 보자면 세도정치를 타파하고 힘을 잃은 왕권을 굳건히 하고, 밖으로는 침략적 접근을 꾀하는 외세에 맞설 실력을 키워 조선을 중흥할 개혁정책을 강력히 추진하였다. 또 당색과 문벌을 초월해 인재를 등용하였으며, 서원철폐를 통해 서원을 정리하였다. 그리고 탐관오리들을 처벌하고, 양반과 토호의 면세전의 철저한 조사와 그에 따라 징세했으며, 정당한 세목을 붙이지 않고 받는 여러 가지 잡다한 세금인 무명잡세와 진상제도를 폐지하였다. 그리고 은광산의 개발 허용 등 경제와 재정개혁을 단행하였다.

또한 사회의 악습 개량에 힘쓰고 의복과 장신구를 간소화했으며 사치를 금하였다. 그리고《대전회통》《육전조례》《양전편고》등 법전을 편찬해 법질서를 확립하는 데에도 공헌하였다. 그러나 왕권의 위엄을 드러내고자 경복궁 중건의 대역사를 착수한 것은 큰 실책이었다. 왜냐하면 이를 위해 원납전을 징수하고, 소유자에 관계 없이 전국에서 큰 나무와 큰 돌을 징발하고 역역을 부담시켜 국민의 원성을 샀기 때문이다. 또 천주교를 박해하고, 서양국가들은 산업혁명을 통해 발달한 기술문명에 힘입어 동양으로 진출해오고 있었는데, 홍선대원군의 왕권강화에 대한 집착으로 쇄국정치를 실행한 것은 부정적인 영향을 끼쳤다.

또한 지나친 권력욕으로 아들인 고종과 며느리인 명성황후와 벌인 세력다툼은 일본에게 유리하게 작용하는 빌미를 제공하는 우를 범했다. 그로인해 왕권은 몰락하게 되고 일본에 식민지화됨으로써 36년 동안 나라 잃은 설움을 겪어야 했다.

한 마디로 말해 홍선대원은 공과가 분명히 나뉘는 정치가로 역사에 기록되었다. 홍선대원군은 세도가 안동김씨에게서 살아남기 위해 시정잡배처럼 비굴하게 굴면서 까지 자신을 지켜낸 끝에 아들을 왕위에 올려 자신의 꿈을 이루었다. 또 한편으로는 넉넉한 마음으로 사람을 품을 줄 아는 그야말로 처세술의 달인이라고 할 수 있다. 이를 잘 알게 하는 홍미로운 이야기를 보자.

홍선대원군의 뺨을 때리고 금위대장禁衛大將이 된 이장렴의 이야기는 오늘날 시사하는 바가 매우 크다. 이에 대한 이야기이다.

홍선대원군이 실권을 잃고 기생집에서 술을 마시다가 금군별장 이장렴과 언쟁이 붙었다. 비록 홍선대원군이 실권했지만 엄연히 그는 왕족이다. 그런데도 이장렴은 기를 세워 홍선대원군에게 대들었다. 시정잡배와 어려 술이나 마시고 희희낙락하니 우습게 여긴 것이다.

홍선대원군은 일개의 군직에 있는 자가 감히 왕의 종친에게 함부로 한다며 나무라자, 이장렴은 그의 뺨을 후려갈기며 말했다.

"당신이 비록 왕족일진 모르나 기생집이나 드나들고, 실없이 희희낙락하며 체통을 더럽히니 부끄러운 줄이나 아시오. 나라를 사랑하는 마음으로 내가 당신에게 매를 가한 것이오. 아시겠소이까?"

이에 흥선대원군은 아무 말도 못하고 자리를 벗어났다. 그후 흥선대원군이 집권하고 권력을 쥐고 있을 때, 이장렴을 불러들였다. 흥선대원군의 부름을 받은 이장렴은 옛일이 생각났지만 그의 부름에 나가지 않을 수 없었다.

흥선대원군은 그를 보고 말했다.

"이 자리에서도 나의 뺨을 때를 수 있겠느냐?"

그러자 이장렴은 조금의 두려움도 없이 말했다.

"지금이라도 대감께서 그 때처럼 하신다면 소인의 손은 변함이 없이 행할 것입니다."

"하하하, 그래? 다시 한 번 기생 춘홍의 집에 갈까 하나, 자네가 무서워서 가지 못하겠구먼."

흥선대원군은 그의 말에 호탕하게 웃으며 말했다.

"소인, 이만 물러갈까 합니다."

"알았네. 그만 가 보게."

그가 나가자 흥선대원군은 고개를 끄덕이며 흐뭇한 표정을 지었다. 그 일이 있고 흥선대원군은 이장렴에게 금위대장이라는 벼슬을 내렸다. 그의 우국충정과 기개를 높이 산 까닭이다.

이 이야기에서 보듯 흥선대원군의 대범함과 포용력을 잘 알 수 있다. 이처럼 그는 상황에 따라 자신을 처세함으로써 자신의 뜻을 이뤄냈던 것이다.

• 흥선대원군은 세도정치를 타파하고 힘을 잃은 왕권을 굳건히 하고, 밖으로는 침략적 접근을 꾀하는 외세에 맞설 실력을 키워 조선을 중흥할 개혁정책을 강력히 추진하였다. 또 당색과 문벌을 초월해 인재를 등용하였으며, 서원철폐를 통해 서원을 정리하였다. 그리고 탐관오리들을 처벌하고, 양반과 토호의 면세전의 철저한 조사와 그에 따라 징세했으며, 정당한 세목을 붙이지 않고 받는 여러 가지 잡다한 세금인 무명잡세와 진상제도를 폐지하였다. 그리고 은광산의 개발 허용 등 경제와 재정개혁을 단행하였다.

• 왕권의 위엄을 드러내고자 경복궁 중건의 대역사를 착수한 것은 큰 실책이었다. 왜냐하면 이를 위해 원납전을 징수하고, 소유자에 관계없이 전국에서 큰 나무와 큰 돌을 징발하고 역역을 부담시켜 국민의 원성을 샀기 때문이다. 또 천주교를 박해하고, 서양국가들은 산업혁명을 통해 발달한 기술문명에 힘입어 동양으로 진출해오고 있었는데, 흥선대원군의 왕권강화에 대한 집착으로 인해 쇄국정치를 실행한 것은 부정적인 영향을 끼쳤기 때문이다.

• 지나친 권력욕으로 아들인 고종과 며느리인 명성왕후와 벌인 세력다툼은 일본에게 유리하게 작용하는 빌미를 제공하는 우를 범했다. 그로인해 왕권은 몰락하게 되고 일본에 식민지화됨으로써 36년 동안 나라 잃은 설움을 겪어야 했다.

13

《효경》

● 《효경孝敬》
유가의 주요 경전인 13경 중 하나이다. 이 책은 개인의 수양은 물론 도덕의 근원이
되는 '효孝'에 대한 주요 내용을 다루고 있다.

황금보기를 돌같이 한 명장이자
청렴의 의인

최영

◎최영崔瑩 1316~1388

고려 말기 명장이자 충신. 평생을 나라와 백성을 위해 산 그는 신라의 백결,
조선의 황희와 더불어 3대 의인이라 불린다.

● 개인 수양의 근원인 효를 다룬 경전 《효경》

《효경孝敬》은 유가의 주요경전인 13경 중 하나이다. 이 책은 개
인의 수양은 물론 도덕의 근원이 되는 '효孝'에 대한 주요 내용을
다루고 있다.《효경》은 공자가 지었다는 설과 그의 제자인 증자
와 증자의 제자들이 지었다는 설이 있다. 하지만 이는 확실한 증
거를 갖고 있지 않다는 게 정설이다. 그럼에도 이 책에 공자와 증
자의 이야기를 많이 다루고 있다는 점에서 그리고 학풍으로 보

아 증자와 그의 제자들이 지은 것으로 보고 있다.

《효경》에서 효의 의미는 크게 두 가지 관점에서 볼 수 있다.

첫째는 부모에 대한 효도를 바탕으로 집안의 질서를 세우는 일이다.

"사람의 신체와 머리털과 피부는 모두 부모에게서 받은 것으로써, 이를 훼손시키지 않는 것이 효의 시작이다."

이 글에서 보듯 나를 있게 한 부모에게 효를 다하는 것이 자식된 도리임을 강조한다.

둘째는 자신의 인격을 바르게 하고, 도리에 맞게 행함으로써 후세에 널리 이름을 알리는 것이다. 그리고 그렇게 함으로써 부모의 명예를 빛나게 하는 것이 효라는 것이다.

이에 덧붙여 부모에 대한 효를 바탕으로 집안의 질서를 세우는 것은 나라를 다스리는治國 일의 근본이며, 효도야말로 천天, 지地, 인人 3재를 관철하고 신분여하에 관계없이 동일하게 적용되는 최고덕목이자 윤리교본으로 정해지는 데 큰 역할을 했다. 한국, 중국, 일본 등 봉건사회에서는 '효'가 통치사상과 윤리관의 중심으로 자리 잡는 데 큰 역할을 했다.

우리나라는 삼국시대부터 《효경》을 매우 중요한 책으로 간주했다. 특히 신라시대 성덕왕 때 독서삼품과를 설치하고 필수교과목으로 삼았다. 고려를 거쳐 조선시대에는 《효경》을 여러 차례 간행하여 널리 보급하였다.

• 문무만큼이나 효를 실천했던 장군 최영

"황금보기를 돌같이 하라."는 말을 들어 보았을 것이다. 이 말은 물질에 눈이 어두워 탐욕을 부리지 말라는 뜻이다. 그렇다면 이 말하면 떠오르는 이가 생각날 것이다. 그는 바로 고려 말 충신 최영 장군이다. 그가 이 말을 평생 동안 마음에 간직하고 실천했던 것은 아버지의 유언이기 때문이다. 그의 아버지는 그가 열여섯 되던 해 세상을 떠났다. 그의 아버지는 눈을 감기 전에 아들에 당부하였다.

"애야, 내가 네게 한 가지 당부하느니 그대로 따르기를 바란다. 너는 재물을 탐내지 말고, 황금보기를 돌같이 해야 하느니라."

"네, 아버님. 아버님 분부대로 따르겠습니다."

그는 아버지의 당부에 이렇게 말하며 평생을 지켰다고 하니, 그 효성은 말할 것도 없고 의지 또한 굳기가 한량이 없었다. 대개의 사람들은 '황금보기를 돌같이 하라'는 말을 최영 장군이 말한 것으로 알고 있다. 하지만 그 말은 앞의 얘기에서 보듯 그의 아버지가 그에게 남긴 유언이었던 것이다. 그렇다면 최영 장군은 어떤 인물인지 알아보기로 하자.

최영은 1316년 고려 말 사헌부 간관을 지낸 최원직의 아들로 태어났다. 그는 어렸을 때부터 체격이 크고 늠름했으며 힘이 셌다. 그는 책도 좋아했지만 병서를 읽고 무술을 연마함으로써 훗날 장군이 되었다. 최영이 무신으로서 첫 근무를 시작한 곳은 양광도 도순문사 휘하에서 수차례 왜구를 토벌하면서부터였다. 이후 그는 공민왕 당시 왕을 압박하고 권세를 누리던 조일신을 제거하는 데 기여함으로써 장군이 되었다.

최영은 원나라의 원군 요청에 따라 중국으로 출정하여 당시 중국의 상황을 파악하고 돌아오기도 하였다. 이는 원나라와 명나라 교체기 국제정세를 이용하여 고려의 주권을 완전히 되찾아오기 위한 공민왕의 뜻이기도 하였다. 최영은 밀직부사 유인우의 휘하에서 원나라에 맞서 싸워 100여 년 동안 빼앗겼던 함경도 일대 쌍성총관부의 땅을 되찾는 데 크게 기여하였다.

최영은 이성계와 함께 북으로는 홍건적을, 남으로는 왜구를 막아내며 고려를 외침으로부터 지켜내는 데 혁혁한 공을 세웠다. 왜구들은 최영의 이름만 들어도 벌벌 떨었다. 한 마디로 그는 왜구에게 공포의 대상이었다. 그로인해 오랫동안 왜구에 시달렸던 삼남지역 백성들의 칭송이 자자하였다. 또한 북쪽에서 침입한 홍건적을 물리치기도 하였다. 홍건적은 머리에 붉은 수건을 두른다 하여 붙인 이름이다.

최영은 홍건적이 국경을 넘어와 서경까지 함락시키자 이방실 등과 함께 홍건적을 물리쳤고, 1361년에는 개경까지 점령한 홍건적을 격파하여 나라를 위기에서 구하였다. 국내적으로 최영은 공민왕을 암살하려 한 김용의 흥왕사변을 진압하고, 공민왕의 반항에 위기를 느낀 원나라가 덕흥군을 왕으로 추대하여 보낸 군사 1만 명을 의주에서 섬멸하였다.

그러나 안타깝게도 요승 신돈의 모략으로 6년 동안 유배 길에 올랐다. 하지만 신돈 실각 후 공민왕의 부름을 받고 다시 관직에 올랐다. 그는 전국 각지에서 왜구들을 격파하여 왕실의 절대적인 믿음을 얻고 백성들의 신망을 얻었다. 최영은 국내외적으로 일어난 환란에서 고려왕실과 국가를 당당하게 지켜냄으로써 명성이 자자하였다.

최영은 공민왕이 죽고 난신 이인임 일당을 몰아내고, 위기에 처한 우왕을 지켜냈다. 최영은 1388년에 문하시중이 되었다. 당시 중국은 원나라와 명나라가 교체되는 혼란기로 명나라는 원나라를 압박하면서 북벌을 개시하였다. 이에 원나라의 몽골인들은 중국 본토 지배를 포기하고 북쪽 몽골지역으로 물러났다. 그후, 명나라는 공민왕이 회복한 철령 이북의 땅을 다시 반납하라고 압박하였다. 철령 이북의 땅은 원나라가 고려의 땅을 강제 점거하였던 쌍성총관부였다. 그런데 명나라는 이 지역에 철령위를 세우면서 이전의 원나라 땅이었던 지역은 모두 명나라의 소유라고 억지를 부려댔던 것이다.

이에 최영은 건국한 지 얼마 되지 않아 내정이 불안정한 명나라를 치자고 주장하였다. 다시 말해 명나라를 침으로써 고려의 위세를 보여주자는 것이다. 이것이 바로 요동정벌론에 입각한 최영의 생각인 것이다. 그러나 외침을 잘 막아냄으로써 민심을 얻고 있던 이성계는 최영의 주장에 반대하고 나섰다. 그는 시기가 군사를 움직이기 어려운 여름인 점과 북방으로 병력을 이동하게 되면 왜구가 기승을 부릴 것이라고 주장하며 최영의 요동정벌론에 맞섰다. 하지만 우왕은 최영의 손을 들어주었다. 왜냐하면 그가 자신의 곁에 있길 바랐던 것이다. 결국 최영은 우왕과 함께 평양에 남고 이성계와 조민수에게 군대를 내주어 요동정벌 길에 나서도록 명하였다. 명나라를 치기 위해 북쪽으로 가던 이성계는 위화도에서 장마를 만나 섬에 갇히게 되었다.

그런 까닭에 군대를 더 이상 전진시킬 수 없게 되자 여러 차례 회군의사를 고려조정에 아뢰었다. 하지만 우왕과 최영은 이성계의 회군을 허락하지 않았다. 애초에 원치 않는 전쟁길에 올랐던 이성계는 왕명을 거역하고 결국 군대를 회군시켰다. 이것이 바로 고려와 최영의 운명을 완전히 침몰시키게 되는 그 유명한 위화도회군이다.

신진사대부와 신흥무장 세력들의 신망을 얻고 있던 이성계는 그들의 지지를 등에 업고 결국 개경으로 향했다. 돌연한 사태 변화에 최영은 급히 평양에서 개경으로 돌아와 회군해오는 이성계의 군대와 싸우려 하였으나, 이미 대부분의 군을 이성계의 요동정벌군에 내어준 상황에서 최영은 속수무책이었다. 이성계는 무력시위 후 정권을 탈취하였다. 결국 우왕은 강화도로 쫓겨나고 최영은 고봉현으로 유배되었다. 이후 최영은 합포로 옮겨졌다가 개경으로 다시 압송되어 참형당했다. 죽음 앞에서도 고려에 대한 충성심을 꺾지 않았던 최영, 그는 우리나라 역사에서 영원히 빛나는 충신이며 의인이자 영웅이다.

이의 얘기에서 보듯 최영 장군은 오직 임금과 나라와 백성밖에 몰랐다. 권력을 손에 쥐고도 그 누구의 금품을 받은 적도 없고, 자신의 일신을 위해 헛된 생각을 한 적도 없었다. 그가 충신으로 명장으로 이름이 드높은 것은 어린시절 아버지의 가르침과 유언을 철저하게 지켰기 때문이다. 다시 말해 물질을 탐하지 않음으로써 자신의 삶을 맑고 꿋꿋하게 지킬 수 있었던 것이다. 이는 무엇을 말하는가. 그만큼 그는 효심이 깊었다. 그에게 있어 아버지의 말씀은 곧 법과 같고, 거센 바람 앞에서도 흔들림 없는 거목이었다. 《효경》에서 일깨우듯이 그는 부모에게 효를 다함으로써 자식의 도리를 다했으며, 그로인해 자신의 인격을 바르게 하고, 도리에 맞게 행함으로써 후세에 널리 이름을 알렸던 것이다.

그렇다면 효란 무엇인가. 이에 대한 공자孔子의 말을 보자.

중국 춘추시대 노나라의 실권자인 계강자가 공자에게 물었다.

"백성들을 공경, 충직하게 되게 하고 또 그들을 분발시키려면 어떻게 해야 합니까?"

이에 공자가 말했다.

"공이 백성을 정중히 대하면 백성은 공경하고, 공이 부모에게 효도하고 자식에게 자애롭게 되면 백성은 충직해지고, 또 선한 사람을 천거하여 무능한 사람을 가르쳐 지도하게 되면 백성은 분발할 것이오."

여기서 공자가 하는 말의 요지는 나라의 지도자로서 백성에게 군림하지 말고, 부모에게 효도하고 자식에겐 사랑을 베풀고, 선한 사람으로서 무능한 사람을 가르쳐 바르게 하면 백성들은 그것을 보고 잘하려고 힘쓰게 된다는 말이다. 그러니까 지도자로서 직무를 잘 수행하고 싶다면 효를 행하는 마음으로 백성을 대하고 실행하라는 말이다.

효에 대한 이해를 돕기 위해 한 가지 말을 더 보기로 하자.

공자의 제자 자유가 공자에게 물었다.

"스승님, 효란 무엇입니까?"

"요즘에 말하는 효는 봉양을 잘하는 것에 불과하다. 개나 말들도 집안에서 봉양을 하고 있지 않느냐? 우리가 부모를 공경하지 않으면 개나 말들과 무슨 구별이 있겠는가?"

• 1358년 최영 장군은 오예포에 침입한 왜적과 싸움을 벌여 무려 400척의 배를 격파하였다. 1361년에는 홍건적 4만 명이 서경지금의 평양을 공격하고 개경지금의 개성에 이르자, 이를 격퇴하였다. 또한 1376년 왜적이 삼남지방에 쳐들어 와 백성들을 괴롭히자 단숨에 패퇴시켰다.

• 명나라는 쌍성총관부에 철령위를 세우면서 이전의 원나라의 땅이었던 지역은 모두 명나라의 소유라고 억지를 부려댔다. 이에 최영은 건국한 지 얼마 되지 않아 내정이 불안정한 명나라 치자고 주장하였다. 다시 말해 명나라를 침으로써 고려의 위세를 보여주자는 것이다. 이것이 바로 최영의 요동정벌론이다.

• 명나라를 치기 위해 북쪽으로 가던 이성계는 위화도에서 장마를 만나 섬에 갇히게 되었다. 더 이상 전진할 수 없게 되자 여러 차례 회군의사를 조정에 아뢰었다. 하지만 우왕과 최영은 이성계의 회군을 허락하지 않았다. 애초에 원치 않는 전쟁 길에 올랐던 이성계는 왕명을 거역하고 결국 군대를 회군시켰다. 이것이 바로 그 유명한 위화도회군이다.

14

주희의
《근사록》

● **주희**朱熹 1130~1200
주자朱子라고 하며 중국 남송시대의 유학자로 여조겸과 함께《근사록》을 편찬했다.

● **여조겸**呂祖謙 1137~1181
중국 남송시대의 학자로 주희와 함께《근사록》을 편찬했다.

●《**근사록**近思錄》
중국 남송시대의 철학자 주희와 여조겸이 공동으로 편찬한 성리학 해설서다.

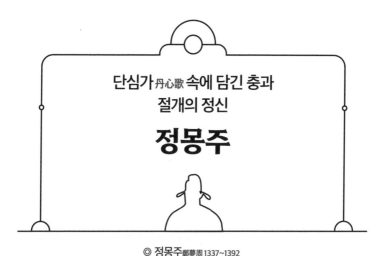

단심가 丹心歌 속에 담긴 충과
절개의 정신

정몽주

◎ 정몽주鄭夢周 1337~1392

고려후기 문하찬성사, 예문관제학, 인물추변도감제조관 등을 역임한 문신이
자 학자다. 문집으로《포은집圃隱集》이 있다.

• 우주와 인간의 근본 원리를 통찰한 성리학 해설서 《근사록》

《근사록近思錄》은 중국 남송시대의 철학자 주희와 여조겸이 공
동으로 편찬한 성리학 해설서이다. 근사近思란《자장》에 나오
는 "간절하게 묻고 가까이에서 생각해 나간다면, 인은 그 안에
있다."는 말에서 따온 것이다. 이 책은 송대 이학가 주돈이, 정호,
정이, 장재 등의 어록가운데서 가려 뽑은 것을 편찬한 것으로 14

문으로 나뉘어져 있고, 총 622조 14권으로 되어 있다. 송나라 때 초학자를 위한 입문서로 삼았다.

《근사록》은 우주와 인간의 근본 원리를 설명한 도체道體, 학문을 하는 데 필요한 핵심이 되는 말인 논학論學, 사물의 이치를 끝까지 밝혀 만물의 하나의 이치를 이루는 치지致知, 하늘이 준 선한 마음을 잃지 않고 기르도록 해야 한다는 존양存養, 사욕을 극복하고 올바르지 못한 생각을 고쳐야 한다는 극치克治, 수신제가치국평천하修身齊家治國平天下라는 말에서 제가齊家의 도에 대한 가도家道, 벼슬을 하고 물러나 집에 머무는 원칙에 대한 출처出處, 치국평천하治國平天下에 대한 글만 모은 치체治體, 천하를 다스리는 데 필요한 예법과 제도에 대한 치법治法, 정치할 때 마음가짐에 대한 정사政事, 교육에 대한 글을 모은 교학敎學, 잘못을 고치고 몸에 지니기 쉬운 결함에 대한 계경戒警, 정통학문인 유교를 지키고 불교와 노장을 배격하는 변별이단辨別異端, 고대 성현의 풍속에 대한 말을 모은 총론성현總論聖賢 등으로 구성되었다.

《근사록》에서 말하는 진정한 학문적 자세는 가깝고 쉬운 것부터 차근차근 실천해 나감으로써 천하의 우주로 넓혀가는 것이라 했다. 주희는《근사록》을 편찬한 후 후대에 주자朱子라고 높임을 받았다. 진정한 학문적 자세는 가깝고 쉬운 것부터 차근차근 실천해 나감으로써 천하의 우주로 넓혀가는 것이라는《근사록》의 가르침은 어쩌면 현실적인 인식에 사로잡힌 10대들에겐 '소귀에 경 읽기'와도 같을 것이다.

그러나 우리 10대들은 이 점을 분명히 알아야 한다. 학문을 통해 좋은 대학을 나와 좋은 직장에 다니더라도 사람다운 사람으로 자신을 가꾸어야 한다는 것을 잊지 말았으면 한다. 나아가 그렇게 될 수 있도록 몸과 마음을 반듯하게 가꾸었으면 한다. 우리 10대들은 고려의 충신 포은 정몽주에 대해 잘 알 것이다. 정몽주는 높은 식견과 덕을 갖춘 훌륭한 문신이자 학자였다. 그의 올 곧은 삶은 《근사록》에서 말하는 학문의 목적과 맞닿아 있다. 이에 대해 제대로 아는 것만으로도 10대들의 마음가짐에 큰 도움이 될 것이다.

● 지식을 배우고 깨닫고 실천한 정치인이며 학자 정몽주

정몽주는 1357년 공민왕 6년 국자감시 고려시대 국자감에서 실시한 예부시 禮部試의 예비시험 로 진사를 뽑던 시험인 감시에 합격하고, 1360년 문과에 장원급제하였다. 1362년 예문관 검열 및 수찬이 되었다. 1363년 낭장 겸 합문지후를 역임하였고 동북면도지휘사 한방신의 종사관이 되어 서북면의 병마사 이성계와 함께 여진토벌에 참가하였다. 그후 전보도감판관, 전농시승이 되었다.

정몽주는 부모가 돌아가시자 당시 상제 상을 당한 후 지내는 제사와 의식 가 문란해져서 사대부들이 모두 백일 단상 삼년상의 예를 줄여 백일로 상으로 마치는 일 을 입었는데, 홀로 부모의 상에 상제가 무덤 근처에서 여막을 짓고 살면서 무덤을 지키고 극진히 예를 다했다. 이에 나라에서 정려 미풍양속을 장려하기 위해 효자, 충신, 열녀 등이 살던 동네에 붉은 칠을 한 정문 를 내렸다. 그리고 이듬해 예조정랑으로 성균박사를 겸임하였다.

1372년 서장관으로 명나라에 다녀오던 중 풍랑으로 배가 난파되어 일행 12인이 익사하였다. 다행히 정몽주는 13일 동안 사경을 헤매다가 명나라 구조선에 구출되어 이듬해 귀국하였다. 정몽주는 우사의대부를 거쳐, 1376년 우왕 2 성균관대사성으로 이인임, 지윤 등이 주장하는 명나라를 배척하고 원나라와 친교하는 배명친원排明親元 정책에 반대하다가 언양에 유배되었으나 이듬해 풀려났다.

그 당시에는 왜구의 침입이 심해 나흥유를 일본에 보내어 화친을 도모했으나 겨우 살아서 돌아왔다. 정몽주에게 앙심을 품었던 권신들의 추천으로 구주현재 일본의 큐수지역 지방의 패가대에 가서 왜구의 단속을 요청하게 되었다. 사람들이 모두 위태롭게 여겼으나 두려워하는 정몽주는 기색 없이 건너가 맡은 임무를 수행함으로써, 왜구에게 잡혀갔던 고려 백성 수백 명을 귀국시키는 데 공헌하였다.

이어 우산기상시, 예의사, 전법사, 판도사의 판서를 역임하였으며, 1380년 조전원수로 이성계를 따라 전라도 운봉에서 왜구를 토벌하였다. 이듬해 성근익찬공신에 올라 밀직부사 상의회의 도감사 보문각제학 동지춘추관사 상호군이 되었다. 이후 동북면 조전원수로서 다시 이성계를 따라 함경도에 다녀온 뒤, 1384년 정당문학에 올라 성절사로 명나라에 다녀왔다. 당시 명나라는 고려에 출병하려고 세공을 증액하고 있었고, 5년 동안의 세공이 약속과 다르다 하여 고려 사신을 유배시키는 등 고려와의 국교

관계를 악화시키고 있었다. 그런 까닭에 모두 명나라에 봉사하기를 꺼려했으나 사신의 임무를 완수하고 긴장상태의 외교관계를 회복하는 데 큰 공을 세웠다.

1385년 동지공거가 되어 이듬해 다시 명나라에 가서 증액된 세공의 삭감과 5년 동안 미납한 세공의 면제를 요청해 결국 관철시켰다. 귀국 후 문하평리를 거쳐 영원군에 봉군 왕자나 공신에게 군을 봉하던 제도 되었다. 그러나 한 번 더 명나라에 사신으로 갔으나 다시 국교가 악화되는 바람에 요동에서 되돌아왔다. 1389년 공양왕 1 이성계와 함께 공양왕을 세워 이듬해 문하찬성사 동판도평의사사사 호조상서시사 진현관대제학 지경연춘추관사 겸 성균대사성 영서운관사로 익양군충의군에 봉군되고, 순충논도동덕좌명공신의 호를 받았다.

정몽주는 이초의 옥사 반역, 살인 따위의 크고 중대한 범죄를 다스리는 일 가 일어났을 때 당시 조정에서 물러난 구파정객들에 대한 대간 임금이나 어른, 높은 지위에 있는 사람에게 잘못을 고치도록 크게 간함 의 논죄가 끊임없이 계속됨을 보고 이를 부당하다고 말했으나 오히려 탄핵을 받았다. 이에 사직하려 했으나 허락되지 않았다.

그리고 당시 풍속이 모든 상제에 불교의식을 숭상했는데, 사서로 하여금 〈가례家禮〉에 의해 사당을 세우고 신주를 만들어 제사를 받들게 하도록 요청해 예속이 다시 일어날 수 있도록 힘썼다. 또 지방수령을 청렴하고 인품이 좋은 사람으로 뽑아 임명하고 감사를 보내 출척 관직을 혹은 삭탈하여 물리치고, 혹은 올려 주는 일. 무능한 사람을 물리치고 유능한 사람을 서용하는 일 을 엄격하게 했으며 도첨의사사에 경력과 도사를 두어 금전과 곡식의 출납을 기록하게 하였다.

또한 서울에는 오부학을 세우고 지방에는 향교를 두어 교육의 진흥을 꾀하였다. 그리고 기강을 정비해 국체 나라의 체면 다시 말해 국격을 을 확립하였으며 쓸데없이 채용된 관원을 없애고 훌륭한 인재를 등용하였다. 또 의창고려시대에 곡식을 저장하여 두었다가 흉년이나 비상 때에 가난한 백성들에게 대여하던 기관 을 다시 세워 궁핍한 사람을 구제하고, 수참전국 각지의 세곡을 개경까지 배로 운반할 때, 중간에 배를 쉬게 하던 곳 을 설치해 조운을 편리하게 하는 등 기울어져 가는 국운을 바로잡고자 노력하였다.

그런데 당시 이성계의 위상이 날로 높아지자 조준, 남은, 정도전 등이 이성계를 추대하려는 책모가 있음을 알고 이들을 제거하려 하였다. 그러던 어느 날 명나라에서 돌아오는 세자 왕석을 마중 나갔던 이성계가 황주에서 사냥하다가 말에서 떨어져 벽란도에 몸져눕게 되자, 그 기회에 이성계의 우익인 조준 등을 제거하려고 하였다. 그러나 이를 눈치 챈 이방원이 아버지 이성계에게 위급함을 고해 그날 밤으로 개성으로 돌아오게 하는 한편, 역으로 정몽주를 제거할 계획을 꾸몄다. 정몽주도 이를 알고 정세를 엿보려 이성계를 문병하였으나 귀가하던 도중 선죽교에서 이방원의 부하 조영규 등에게 살해되었다.

이방원은 정몽주를 자신들의 거사계획에 끌어들이기 위해 갖은 말로 공을 들였으나 정몽주에겐 통하지 않았다. 이때 이방원이 자신의 심정을 담아 시조를 읊었다.

이런들 어떠하며 저런들 어떠하리
만수산 드렁칡이 얽어진들 어떠하리
우리도 이같이 얽어져 백년까지 누리리라.

이를 〈하여가〉라 하는 바, 자신들의 계획에 동참하여 함께 어
울려 살자는 뜻이다. 이에 정몽주는 자신의 심정을 이렇게 읊
었다.

이몸이 죽어죽어 일백 번 고쳐죽어
백골이 진토되어 넋이라도 있고없고
님향한 일편단심이야 가실줄이 있으랴.

이를 〈단심가〉라 하는 바, 자신은 오직 고려의 임금을 모시는
자로 고려에 대한 충심을 다할 것이라는 의미이다. 이방원이 정
몽주를 살해한 것은 정몽주의 〈단심가〉를 듣고 결행한 것이다.
그만큼 정몽주는 고려에 대한 애정과 충심을 보였기에 그 어떤
것으로도 그의 마음을 돌릴 수 없다고 판단했기 때문이다. 이렇
듯 정몽주는 문신으로서 고려의 발전에 전력을 다했으며, 학자
로서의 연구에도 전력을 다해 자신만의 학문과 사상을 성취하
였다. 그의 가르침은 제자 야은 길재로 이어지고, 길제에서 김숙
자로 이어지고, 김숙자에서 김종직으로 이어지며 조선시대에서
도 그 빛을 발하였다. 문집으로 《포은집 圃隱集》이 있다.
정몽주는 문신이지만 여러 차례에 걸쳐 외세 침입에 맞서 적과

왜구를 물리친 이력을 가졌다. 이는 무엇을 말함인가. 그만큼 고려를 위하는 마음이 크다는 것을 알 수 있다. 정몽주가 이처럼 할 수 있었던 것은《근사록》의 가르침대로 학문에 힘쓰며 수양을 통해 몸과 마음을 닦아 높은 인격을 쌓았기 때문이다.

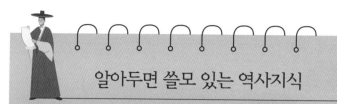

• 정몽주는 구주 _{현재 일본의 큐수지역} 지방의 패가대에 가서 왜구의 단속을 요청하게 되었다. 사람들이 모두 위태롭게 여겼으나 두려워하는 기색 없이 건너가 맡은 임무를 수행함으로써 왜구에게 잡혀갔던 고려 백성 수백 명을 귀국시키는 데 공헌하였다.

• 명나라는 고려에 출병하려고 세공을 증액하고, 5년 동안의 세공이 약속과 다르다 하여 고려 사신을 유배시키는 등 고려와의 국교관계를 악화시키고 있었다. 그런 까닭에 모두 명나라에 봉사하기를 꺼려했으나 정몽주는 사신의 임무를 완수하고 긴장상태의 외교관계를 회복하는 데 큰 공을 세웠다. 1385년 동지공거가 되어 이듬해 다시 명나라에 가서 증액된 세공의 삭감과 5년 동안 미납한 세공의 면제를 요청해 결국 관철시켰다.

15

《열자》

● **열자**列子 기원전 4세기경

중국 전국시대의 도가사상가. 이름은 어구禦寇이다. 실존 인물이 아니라는 설도 있다.

●《**열자**列子》

《노자》《장자》와 함께 중국 도가경전 중 하나로 <충허지덕진경>이라고 한다.

◎ 양만춘楊萬春 ?
고구려 보장왕 때 안시성의 성주城主. 연개소문이 정변을 일으켰을 때 끝까지
싸워 성주의 지위를 유지하였으며, 당나라 태종이 침공하였을 때도 당나라군
을 물리쳤다.

• 중국 최고의 도가 경전 《열자》

《열자列子》는 《노자》 《장자》와 함께 중국 도가경전 중 하나로
〈충허지덕진경〉이라고 한다. 이 책을 쓴 저자는 중국 전국시대의
도가사상가인 열자列子로 이름은 어구이다. 하지만 그가 실존 인
물인지 아닌지 학자들의 의견이 분분하다. 실재인물이라고 주장
하는 학자들은 그가 기원전 400년경 정나라에서 태어난 노자의
제자의 제자라고 주장한다.

《한서》와《예문지》에는 8편으로 기록되었으나 없어지고, 현재 전하는《열자》8편은 진나라 장담이 쓴 것이다. 그 구성을 보편 〈천서天瑞〉〈황제皇帝〉〈주목왕周穆王〉〈중니仲尼〉〈탕문湯問〉〈역명力命〉〈양주楊朱〉〈설부說符〉이다.

《열자》에는 만간滿干고사, 우화, 신화, 전설이 많이 실려 있다. 그 중에 널리 알려진 것을 꼽자면'기우杞憂', '우공이산愚公移山'등이 있는데, 이들 이야기는 예로부터 잘 알려진 이야기로 매우 흥미롭고 교훈적이라고 할 수 있다. 하지만 이는《맹자》《회남자》에 나오는 양주사상 양주는 중국 전국시대의 학자이다. 그는 자기 혼자만이 쾌락하면 좋다는 위아설, 다시 말해 이기적인 쾌락설을 주장했다. 지나침을 거부하고 자연주의를 옹호하였다. 이것은 노자사상의 일단을 발전시킨 주장과는 다르다.

《열자》는 도교가 유행하면서 도교경전으로 인정받아《충허진경》《충허지덕진경》으로도 불린다.《열자》가 지니는 가치는 고대 우화의 보고寶庫로서 그 의미가 크다는 데 있다. 우화란 인격화한 동식물이나 기타 사물을 주인공으로 하여 그들의 행동 속에 풍자와 교훈의 뜻을 나타내는 이야기로 대표적인 것으로 이솝우화가 있다. 그렇다면 우화가 사람들에게 미치는 영향은 무엇일까? 우화는 각 나라마다 있는데 이는 우화가 그만큼 사람들에게 교훈적 가치를 지니는 까닭이다. 그렇다면《열자》에 나오는 우화 중 우공이산愚公移山에 대한 이야기를 보자.

먼 옛날 나이가 아흔인 우공牛公이라는 노인이 살고 있었다. 노인이 사는 마을 앞뒤로 태형산太形山과 왕옥산王屋山 있었는데 산은 사방 칠백 리에 높이는 만 길이나 되는데 기주의 남쪽과 하양의 북쪽사이에 있다. 그런데 북산北山이 막고 있어서 출입을 하려면 길을 우회해야 하는데 여간 불편한 게 아니었다. 우공이 가족에게 말했다.

"나와 너희들이 힘을 합해 험준한 산을 평평하게 만들면 예주의 남쪽으로 직통할 수 있고, 한수의 남쪽에 다다를 수 있는데, 할 수 있겠느냐?"

모두들 할 수 있다고 말했다. 그런데 부인이 어떻게 그 힘든 일을 할 수 있으며, 흙과 돌을 어디에다 버리느냐고 말했다. 그러자 모두들 "발해의 끝과 은토의 북쪽에 버리면 된다."고 말했다. 우공은 짐을 질 수 있는 자손 셋을 데리고 돌을 깨고 흙을 파서 삼태기로 발해의 끝으로 운반했다. 겨울과 여름이 바뀌는 동안 한번 왕복했다. 이를 보고 하곡의 지수가 "당신의 총명하지 못함은 아주 심하구려. 당신의 남은 생애와 힘으로 산의 풀 한 포기도 없애기 어려울 텐데 흙과 돌을 다 어떻게 한단 말이오."라고 비웃으며 말했다.

우공이 탄식을 하며 "당신 생각이 막혀 있어 그 막힘이 고칠 수가 없을 정도니, 과부네 어린아이만 못하구려. 내가 죽더라도 아들이 있고, 손자를 낳으며, 손자가 또 자식을 낳으며, 그 자식이 또 자식을 낳고 자식에 손자를 낳으면 자자손손 끊이지 않지만, 산은 더 커지지 않으니 어찌 평평해지지 않는다고 걱정할 필요가 있겠소이까."

이에 하곡의 지수는 대구조차 할 수가 없었다. 조사신操蛇神이 이를 듣고 그치지 않을까 두려워하여 상제에게 호소했다. 상제는 그 정성에 감동하여 과아씨의 두 아들에게 명해 두 산을 업어다 하나는 삭동에 두고, 하나는 옹남에 두게 했다. 이로부터 기주의 남쪽과 한수의 남쪽에는 언덕조차 없게 되었다고 한다.

이 이야기는 매우 황당무계하지만, 우공의 그 의지와 신념은 상제의 마음을 감동시키기에 충분했다. 말도 안 되는 일도 하고자 하는 마음만 있다면 그리 불가능한 일만은 아니라는 것을 잘 알게 한다. 무엇을 하겠다는 의지와 신념이 그만큼 중요함을 일깨운다.

우공이산에서 보듯 우화란 비유와 지나친 과장 등으로 황당무계한 이야기기 많다. 하지만 이야기 속에는 교훈이 담겨 있어 사람들에게 지혜를 주고 깨달음을 주기에 충분하다. 그런 까닭에 우화는 읽을 가치가 충분히 있다고 하겠다. 우공이산의 주인공인 우공처럼 굳은 신념과 의지로 자신의 뜻을 펼치며 역사의 한 페이지를 장식한 이야기이다.

• 50만 당나라 대군을 지혜로 물리친 양만춘

고구려 안시성 전투의 영웅 양만춘 장군. 그의 이름은 정사에는 전하지 않고, 조선중기 문신이자 학자인 송준길의 《동춘당선생별집》과 실학자 박지원의 《열하일기》 등 야사에만 나온다. 슬기로운 계책과 용기가 뛰어났으며, 642년 그러니까 영류왕 25년 연개소문이 정변을 일으켰을 때, 연개소문에게 복종하지 않고 끝까지 싸워 성주의 지위를 유지하였다고 한다. 여기서 보듯 양만춘은 일신영달을 위해 야심을 품은 적이 없고, 임금과 백성만을 위한 장수로 순리를 따르는 충신이었다.

645년 보장왕 4년에 당나라 태종 이세민이 반대여론을 무릅쓰고 고구려를 침공하였다. 침공이유는 연개소문이 영류왕과 대신들을 살해하고 집권했으므로 성토하지 않을 수 없다는 게 이유였다. 645년 4월 1일 이세적이 이끄는 당군의 선봉은 회원진 쪽으로 진군하는 척하다가 갑자기 통정진에서 요하중국의 동북지역에 있는 강으로 중국 7대강 중 하나를 건너 고구려 침공을 개시하였다. 이세적은 고구려군을 혼란시키기 위해 신성, 건안성 등 여러 성을 동시에 공격했으나, 실패하자 전군을 집결시켜 4월 15일부터 개모성을 공격해 26일에 함락시켰다. 이때 장량이 지휘하는 수군은 요동반도에 상륙하여 천연의 요새임을 자랑하던 비사성을 공격하여 함락시켰다.

당태종 이세민도 요하를 건너와 이세적의 군대와 합류하여 19일간에 걸친 집요한 공격 끝에 요동성을 함락하고, 이어서 백암성마저 함락시켰다. 그후 안시성을 공격하였다. 고구려에서는 이에 맞서 북부욕살 고연수와 남부욕살 고혜진으로 하여금 고구려와 말갈군사 15만 명을 거느리고 안시성을 돕기 위해 나섰다. 그러나 두 사람은 당나라군을 얕보고 정면대결을 벌이다가 살아남은 3만 6,00여 명의 군사와 함께 항복하였다.

당태종은 여세를 몰아 안시성에 대한 총공격을 개시하였다. 당시 고구려는 남으로는 신라의 공격을 받고 있는 데다, 안시성 구원군이 패배한 데다가 철륵지금의 튀르키예의 한 부족 지도자인 설연타와 제휴하여 당을 견제해 보려는 외교적 노력마저 물거품이 되고 말았다. 그런 까닭에 안시성은 완전히 고립무원 고립되어 구원받을 데가 없음 이었다.

당나라군은 포거큰 돌을 날려 보내는 투석기 와 충거 성벽을 파괴하는 돌격용 수레 를 동원하여 안시성을 공격해 왔다. 그러나 양만춘 장군이 이끄는 고구려군은 이를 번번이 물리쳤고, 무너진 성벽도 재빨리 수리하는 등 확고한 자세로 방어에 임하였다.

당나라군은 고구려군의 완강한 저항에 안시성 공격에 더욱 박차를 가하였다. 하지만 공격은 뜻대로 되지 않았다. 그런데다 장량이 이끄는 수군의 건안성 공격마저 교착상태 그대로 고정되어 조금도 변동이나 진전이 없는 상태를 이르는 말 에 빠졌다. 이에 초조해진 당나라군은 안시성전투를 빨리 마무리 짓기 위해 이세적으로 하여금 하루에도 6, 7회씩 성의 서쪽을 공격하게 하였다. 당나라군은 60여 일 동안 연인원 50만을 동원하여 성보다 높은 토산을 구축하고 성안을 공격하자, 토산 공격에 나서 정상을 점령하고 3일 동안 계속된 당나라 군대의 총공세를 물리쳤다. 겨울이 되어 추운 날씨와 군량이 떨어지게 되자 당나라 군대는 88일 동안 포위를 풀고 서둘러 퇴각하였다.

안시성전투의 위대한 승리는 양만춘이라는 걸출한 장군의 지도아래 고구려군과 백성들이 힘을 모아 싸운 결과였다. 마치 다비드와 골리앗의 싸움처럼 소수의 병력과 백성들이 수백 배가 넘는 당나라군을 물리치고 이룬 승리라고는 믿을 수 없는 그야 말로 대승이었다. 안시성전투의 승리가 더욱 값진 것은 지원군 조차 없는 고립무원 상태에서, 양만춘 장군의 신념과 의지에 따른 고구려군과 백성이 한 몸이 되어 이룬 결과였기 때문이다.

이는 《열자》에 나오는 '우공이산'에서 우공이 행한 신념과 의지보다도 더 강한 양만춘 장군의 신념과 의지가 아닐 수 없다. 만일 양만춘 장군이 수십만 당나라군을 두려워 했더라면 어떻게 되었을까. 아마 고구려는 역사에서 사라져 버리고, 지금의 우리나라도 사라졌을지도 모른다. 생각만으로도 끔찍함을 떨쳐버릴 수가 없다. 고구려에 양만춘과 같은 장군이 있었다는 것은 참으로 감사한 일이다.

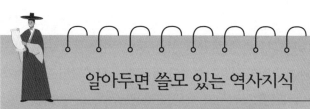

알아두면 쓸모 있는 역사지식

• 645년 보장왕 4년에 당나라 태종 이세민이 반대여론을 무릅쓰고 고구려를 침공하였다. 침공이유는 연개소문이 영류왕과 대신들을 살해하고 집권했으므로 성토하지 않을 수 없다는 게 이유였다.

• 645년 4월 1일 당태종 이세민은 100만 대군을 이끌고 고구려를 침입하였다. 당나라군은 개모성, 비사성, 요동성을 함락시키고, 이어서 백암성마저 함락시켰다. 그후 안시성을 공격하였다. 하지만 양만춘 장군의 지휘아래 고구려군과 백성들이 힘을 모아 88일만에 당나라군을 물리치고 승리하였다.

16

한비의
《한비자》

● **한비**韓非 기원전 280~기원전 233

법가의 사상을 집대성한 중국 전국시대 말기의 정치사상가.

● **《한비자**韓非子**》**

중국 전국시대 한비 등이 쓴 법가사상을 집대성한 책이다. 이 책 역시 여러 사람들이 쓴 저작물로 총 55편으로 이루어져 있다.

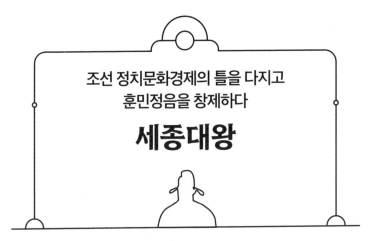

조선 정치문화경제의 틀을 다지고
훈민정음을 창제하다

세종대왕

◎ 세종대왕世宗大王 1397~1450

조선의 제4대 왕이다. 재위 기간은 1418~1450년이며, 집현전을 통해 많은 인
재가 양성되었고, 유교정치의 기반이 되는 의례와 제도가 정비되었다.
다양하고 방대한 편찬사업이 이루어졌으며, 농업과 과학기술의 발전, 의약기
술과 음악 및 법제의 정리, 공법의 제정, 국토의 확장 등 수많은 사업을 통해
민족국가의 기틀을 공고히 했다. 훈민정음 창제는 가장 빛나는
업적이라고 할 수 있다.

● 중국 최고의 법가사상을 집대성한 책 《한비자》

《한비자韓非子》는 중국 전국시대 한비韓非 등이 쓴 법가사상을
집대성한 책이다. 이 책 역시 여러 사람들이 쓴 저작물로 총 55
편으로 이루어져 있다. 이 책의 주요 내용은 군주의 절대적 군
주권의 수립 및 국가 전체의 질서를 바로 세우려는 문제의식을
다룬다.

한비가 활동하던 당시는 중국 역사상 강대한 제후 국가들 끼리

전쟁을 일삼던 시기였다. 또한 신하가 군주를 시해하고, 자식이 부친을 살해하는 등의 비윤리적인 일들이 빈번하게 일어난 혼란스러운 시기였다. 그런 까닭에 한비는 기존의 사고방식을 새롭게 깨칠 필요성을 느꼈다. 그래서 그는 법치法治라는 새로운 틀을 세워 나라를 다스릴 것을 주장하였다. 그리고 이에 대해 55가지로 분류하고 그에 대한 세부적인 내용을 담아 썼다.

그 구성의 주요 골자를 보면 초진견, 존한, 난언, 애신, 주도, 유도, 이병, 양권, 팔간, 십과, 고분, 세난, 화씨, 간겁시신, 망징, 삼수, 비내, 남면, 식사, 해로, 유로, 설림 상하, 관행, 안위, 수도, 용인, 공명, 대체, 내저설 상 칠술, 내저설 하 육미, 외저설 외 좌상, 좌하, 우상, 우하, 난1, 난2, 난3, 난4, 난세, 문변, 문전, 정법, 설의, 궤사, 육반, 팔설, 팔경, 오두, 현학, 충효, 안주, 칙령, 심도, 제분 등이다.

진나라 시황제는《한비자》를 읽고 경탄하여 한비를 만나고 싶어 했다. 그러나 동문수학하던 이사의 간교로 한비는 옥에 갇히게 되고, 이사가 보낸 독을 먹고 비참한 최후를 마쳤다. 진나라 시황제는 자신의 정책을《한비자》의 법가사상에 따라 세웠을 정도로,《한비자》는 시황제에게 사상적인 어머니와도 같았다 하겠다.

동서고금을 막론하고 국가가 튼튼하게 초석을 다지고 부강하기 위해서는 지도자를 잘 만나야 한다. 지도자가 어떤 철학을 갖고, 어떤 마인드를 갖고 있느냐에 따라 그리고 신념과 의지가 확고한지에 따라 달려 있기 때문이다. 또한 개혁적이고 혁신적인 도전정신이 철저해야 하며 사리사욕이 없어야 한다. 시대를 떠나 로마로 보면 황제이자 철학자인 마르쿠스 아우렐리우스를 들 수 있고, 미국으로 보자면 조지 워싱턴과 에이브러햄 링컨을 들 수 있고, 영국으로 보자면 벤저민 디즈레일리와 윈스턴 처칠을 들 수 있고, 우리나라를 보자면 세종대왕과 성종, 문무왕 등을 들 수 있다.

예를 든 지도자들이 지도자로 있을 당시 각각의 나라는 가장 안정적이고, 가장 발전적이며, 가장 부강한 면모를 보였다. 이들의 공통점을 몇 가지 보자면 첫째, 사리사욕이 없고 청빈한 마인드를 지녔다. 둘째, 개혁적이고 혁신적인 마인드를 지녔다. 셋째, 신념과 의지가 강해 추구하고자 목적으로 한 것은 반드시 이뤄냈다. 넷째, 소통의식이 뛰어나 참모들과 격이 없이 의논하기를 즐겨했으며, 백성 다시 말해 국민을 아끼고 사랑했다. 다섯째, 강력한 리더십으로 국민백성 의 절대적인 지지를 받았다.

지도자의 이러한 마음자세는 동서고금을 떠나, 동서양을 떠나, 언어와 피부색깔을 떠나 공통점을 지닌다는 특성이 있다. 이는 무엇을 말하는가. 인간은 언어가 다르고, 문화가 다르고, 전통이 다르고, 관습이 달라도 인간이 태어날 때부터 지니는 본질은 같기 때문이다. 다시 말해 즐거울 땐 웃고, 슬플 땐 울고, 어려울 땐 서로 돕고, 행복할 땐 여유롭고 사랑이 넘쳐난다.

그렇다. 인간은 그 태생적 본질이 동서고금을 떠나 같기 때문이다.

《한비자》가 군주의 절대적 군주권의 수립 및 국가 전체의 질서를 바로 세우려는 문제의식을 다룬다는 점에서 볼 때 이들 지도자의 조건은 매우 유사하다는 것을 알 수 있다. 다시 말해, 국가를 바로 세우고 부강하게 하기 위해서는 기존의 사고방식을 새롭게 깨칠 필요성이 있고, 추구하는 국가의 방향에 따라 법치法治라는 새로운 틀을 세워 나라를 다스려야 하기 때문이다.

《한비자》의 저자 한비가 지금으로부터 약 2300년 전에 이런 생각을 했다는 것은 놀라운 일이 아닐 수 없다. 그런 까닭에《한비자》가 전하는 가르침을 우리 10대들이 마음에 새겨둔다면 어른으로 성장해가는 데 많은 도움이 될 것이다. 그런 의미에서《한비자》의 가르침에 가장 부합된 인물로 세종대왕에 대해 논하는 것도 큰 의미를 지닌다고 하겠다.

• 조선시대 르네상스를 일군 성군 세종대왕

조선 4대 임금인 세종대는 우리역사에서 가장 훌륭한 정치, 문화, 경제가 이룩된 시대였다. 이 시기에는 정치적으로 안정되어 정치, 경제, 사회, 문화, 법치, 국방 등 전반적인 기틀을 굳건히 잡은 시기였다. 세종대왕은 이를 위해 집현전을 통해 많은 인재를 길러냈으며, 유교정치의 기반이 되는 의례와 제도를 정비하고, 다양하고 방대한 편찬사업을 이루어냈다. 또한 농업과 과학기술의 발전, 의약기술과 음악 및 법제의 정리, 공법의 제정, 국토의 확장, 천체 등 수많은 연구를 통해 민족국가의 기틀을 확고히 하였다.

세종대왕이 이처럼 개혁적이고 혁신적인 정책을 펼치고 실현할 수 있었던 것은 부왕인 태종이 이룩한 왕권과 정치적 안정기반을 토대로 적극적으로 정책을 펼쳤기 때문이다. 특히 태종은 1414년 육조직계제 조선시대에 의정부의 실무를 폐지하고 육조六曹에서 임금에게 국무를 직접 보고하여 처리하게 하던 제도 를 실시해 의정부대신의 정치적 권한을 크게 제한하고 왕권의 강화를 이룩하였다.

세종대왕은 이러한 정치체제 속에서 부왕인 태종이 쌓아올린 왕권을 계속 유지하면서 소신 있는 정치를 추진할 수 있었기 때문이다. 물론 그런 가운데에서도 빈틈이 보이는 것은 적극적으로 보완함으로써 안정적으로 정치력을 발휘했던 것이다. 그런 까닭에 세종대왕은 타고난 품성도 뛰어났지만, 부왕인 태종과는 달리 훨씬 여유롭고 부드러운 정치력으로, 오늘날로 말하자면 민주적인 통치력으로 탄압이나 징계를 하는 일이 거의 없었다.

또한 세종대왕은 황희를 비롯한 맹사성, 최윤덕, 하연 등의 의정부 대신들을 곁에 둠으로써, 그들의 깊은 혜안에서 나오는 지략을 잘 활용하였으며 이들은 청렴하고 중후하고 온건한 자세로 왕을 보좌하였다. 나아가 관료들의 정치기강도 바로잡혀 문제가 없었으며, 언론도 이상적인 정치를 구현하는 데 목표를 두었다. 이러한 정치체제와 정치적 분위기도 나라를 안정적으로 이끄는 데 큰 힘이 되었다.

특히 세종대왕이 심혈을 기울였던 집현전은 사대관계를 원만히 수행하는 데 필요한 인재의 양성과 학문의 진흥에 그 목적이 있었다. 세종대왕은 유망한 소장학자들을 채용해 여러 가지 특전을 주었는데, 그 대표적인 사례가 사가독서 조선시대에 국가의 유능한 인재를 양성하고 문운을 진작시키기 위해서 젊은 문신들에게 휴가를 주어 독서에 전념할 수 있도록 한 제도 를 내려 학문에 전념할 수 있도록 하였다.

집현전에 소속된 관원은 경연관, 서연관, 시관, 사관, 지제교의 직책을 겸하였다. 그들의 직무는 중국의 옛 제도를 연구하거나 각종 서적의 편찬사업에 동원되는 등 주로 학술적인 것이었다. 세종대왕은 이들이 학술로써 종신할 것을 바랐으므로 다른 관부에는 전직도 시키지 않고 집현전에만 10년에서 20년 가까이 있게 하였다. 이들은 세종대왕이 정책을 펼쳐나가는 데 있어 브레인 역할을 톡톡히 해냈던 것이다.

세종대에 전개된 다양하고 방대한 편찬사업은 이 시대의 문화수준을 높이는 데 기본이 되었다. 이 사업을 통해 문화적으로나 사상적으로 정리가 이루어졌고 정치와 제도의 기틀이 잡혔다. 이 사업의 주도자는 물론 세종대왕이었으며, 이 일을 담당한 것은 집현전과 여기에 소속된 학자들이었다.

편찬물을 내용별로 보면 역사서, 유교경서, 유교윤리와 의례, 중국의 법률과 문학서, 훈민정음음운, 언역諺譯 관계서, 지리서, 천문, 농서 등으로 다양하고 방대하였다. 이 모두는 세종대왕의 계획에 따른 것이었고, 왕 자신도 직접 참여하기도 했다는데 그 의의가 크다고 하겠다. 예를 들면《자치통감훈의》의 편찬은 집현전의 학자뿐 아니라, 53인이나 되는 거의 모든 학자들이 총동원되어 3년에 걸쳐 이룩한 큰 사업이었다. 그런데 이 사업을 위해 왕은 계속했던 경연까지 중지하고 밤늦게까지 친히 교정을 보았던 것이다.

그러나 무엇보다 세종대왕의 가장 큰 업적은 훈민정음의 창제다. 이는 우리 민족의 문화유산 중에서도 가장 빛나는 유산이다. 세종대왕은 집현전을 통해 길러낸 최항, 박팽년, 신숙주, 성삼문, 이선로, 이개 등 소장학자들의 협력을 받아 우리 민족의 문자를 창제하였다. 이는 동서고금을 통해 그 유례를 찾아볼 수 없을 만큼 혁혁한 업적이다. 글을 만든다는 것은 창조 중에 창조인 까닭이다.

또한 과학과 기술에도 큰 성과가 있었다. 천문을 관측하기 위해 세종 14년부터 시작된 대규모의 천문의상의 제작사업과 함께 경복궁의 경회루 북쪽에 석축간의대가 세종 16년에 준공되었다. 이 간의대에는 혼천의, 혼상, 규표와 방위, 지정표인 정방안 등이 설치되었다. 세종 20년, 이 간의대에서 서운관의 관원들이 매일 밤 천문을 관측하였다.

그리고 시간을 측정하는 해시계와 물시계도 제작되었다. 해시계로는 앙부일구, 현주일, 천평일구, 정남일구 등이 있다. 그리고 물시계로는 자격루와 옥루가 있다. 앙부일구는 백성들을 위해 혜정교와 종묘 남쪽의 거리에 설치한 우리나라 최초의 공중시계이다. 나아가 측우기의 발명도 이 시기 과학기술의 발달에서 주목할 만한 업저이다. 농업국가인 조선시대에서 강우량의 과학적 측정은 매우 큰 뜻을 가진다고 하겠다. 측우기는 세종 23년 8월에 발명되어 새로운 강우량의 측정제도가 마련되었고, 그 미흡한 점은 이듬해 5월에 개량 하여 완성되었다. 이 측우기를 발명해 강우량을 측정함으로써 농업기상학의 괄목할 만한 진전을 이룩하였다.

인쇄술에서도 특기할 만한 발전을 이뤘다. 1403년에 주조된 청동활자인 계미자의 결점을 보완하기 위해 세종 2년에 새로운 청동활자인 경자자와 인쇄기를 만들게 해 활자의 주조와 인쇄기술상의 큰 발전을 가져 왔다. 그후 갑인자의 주조사업이 이천의 감독 아래 이루어져 20여 만 자의 크고 작은 활자가 주조되었다. 그 뒤 세종 18년에는 납활자인 병진자가 주조됨에 따라 조선시대의 금속활자와 인쇄술은 완성되었다.

이밖에도 화약과 화기의 제조에 있어서도 기술적으로 크게 발전하였다. 세종대왕은 중국기술의 모방에서 벗어나기 위해 화포주조소를 짓게 해 뛰어난 성능을 가진 새로운 규격의 화포를 만들어냈다.《총통등록》은 그 화포들의 주조법과 화약사용법, 그리고 규격을 그림으로 표시한 책이다. 이 책의 간행은 조선시대의 화포제조에 새로운 전기를 마련한 주목할 만한 업적으로 평가된다.

세종대왕은 농사법에 대한 서적을 편찬하여 백성들이 농업기술을 익히도록 계몽하고 권장했으며《향약채집월령》《향약집성방》《의방유취》등의 의약서적도 편찬했다. 이는 우리나라와 중국 의약학의 발전을 결산한 것으로 조선과학사에서 빛나는 업적의 하나이다.

또 세종대왕의 음악적 업적은 크게 아악의 부흥, 악기의 제작, 향악의 창작, 정간보의 창안 등으로 나누어 볼 수 있다. 이와 같은 업적은 음악에 대한 깊은 관심과 조예를 가진 세종이 음악에 뛰어난 재능을 지닌 박연을 만남으로써 이루어질 수 있었다.

세종대왕은 공법을 제정함으로써 조선의 전세제도 확립에도 업적을 남겼다. 또 법제적 측면에서도 유교적 민본주의와 법치주의를 강화시키고 법전의 정비에 힘을 쏟았다. 세종 4년에는 완벽한《속육전》의 편찬을 목적으로 육전수찬색을 설치하고, 법전의 수찬에 직접 참여함으로써《속육전》편찬사업이 완결되었다. 그리고 형벌제도를 정비하고 흠휼정책 죄수를 신중하게 심의함으로 실수로 인한 허점을 방지케 하는 제도 도 시행하여 법률의 적용을 신중히 하고 고문으로 사망하는 일이 없도록 하였다. 하지만 절도범에 관해서는 형벌을 강화하고 절도3범은 교수형에 처하는 등 사회기강 확립을 위해 형벌을 강화시켰다.

또한 두만강 방면에는 김종서를 보내서 육진을 개척하게 하였다. 그리고 압록강 방면에는 사군을 설치해 두만강과 압록강 이남을 영토로 편입하는 대업을 이루었다. 또 세종 8년에 삼포조선 세종 때 개항한 세 항구. 왜인들에 대한 회유책으로 웅천의 제포와 동래의 부산포 및 울산의 염포 세 곳에 왜관을 설치하고 왜인의 교통, 거류, 교역의 처소로 삼았다. 를 개항하였다. 나아가 금속화폐인 조선통보의 주조, 언문청을 중심으로 한 불서언해사업 등을 펼쳤다.

이상에서 보듯 세종대왕의 업적은 일일이 헤아릴 수 없을 만큼 많다. 이는 무엇을 의미하는가. 세종대왕이 우리나라 역사에서 갖는 의미가 절대적일 만큼 크다는 것이다. 이 모든 것은 나라의 부강과 백성을 위한 바탕에 그 치세가 있음이다. 누구보다도 백성을 아끼고 사랑하여 눈병이 들어 나중엔 실명단계에 이르도록 훈민정음 창제에 힘을 쏟은 세종대왕, 그 높은 은덕은 오늘날에도 높이 받들어지고 있다.

우리나라 역대 임금 중 가장 개혁적이고 혁신적인 마인드를 지녔으며 정치, 문화, 경제, 학문, 국방, 법, 음악 등 모든 분야에서 빛을 발한 세종대왕. 그의 민주적이고 민본주의적인 정치력은 오늘날에도 뒤처지지 않는 혁신 그 자체라고 할 수 있다. 이런 관점에서 볼 때 세종대왕은《한비자》의 법가사상을 가장 잘 실행한 임금이라고 할 수 있다.

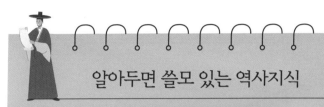

알아두면 쓸모 있는 역사지식

• 세종대왕의 가장 큰 업적은 훈민정음의 창제다. 이는 우리민족의 가장 빛나는 문화유산이다. 세종대왕은 집현전을 통해 길러 낸 최항, 박팽년, 신숙주, 성삼문, 이선로, 이개 등 소장 학자들의 협력을 받아 우리 민족의 문자를 창제하였다. 이는 동서고금을 통해 그 유례를 찾아볼 수 없을 만큼 혁혁한 업적이다. 글을 만든다는 것은 창조 중의 창조인 까닭이다.

• 세종대왕은 이를 위해 집현전을 통해 많은 인재를 길러냈으며, 유교정치의 기반이 되는 의례와 제도를 정비하고, 다양하고 방대한 편찬 사업을 이루어냈다. 또한 농업과 과학기술의 발전, 의약기술과 음악 및 법제의 정리, 공법의 제정, 국토의 확장, 천체 등 수많은 연구를 통해 민족국가의 기틀을 확고히 하였다.

• 세종대왕이 개혁적이고 혁신적인 정책을 펼치고 실현할 수 있었던 것은 부왕인 태종이 이룩한 왕권과 정치적 안정기반을 토대로 적극적으로 정책을 펼쳤기 때문이다. 특히 태종은 1414년 육조직계제를 실시해 의정부대신의 정치적 권한을 크게 제한하고 왕권의 강화를 이룩하였다. 물론 그런 가운데에서도 빈틈이 보이는 것은 적극적으로 보완함으로써 안정적으로 정치력을 발휘했다.

《예기》

17

● 《예기禮記》

공자와 제자들이 편찬한 것으로써 중국 5경중 하나이다. 이 책은 예법의 이론과 실제를 쓴 책으로, 공자가 직접 쓴 책에는 '경'자를 붙이는 관계로 원래 이름은 《예경禮敬》이다.

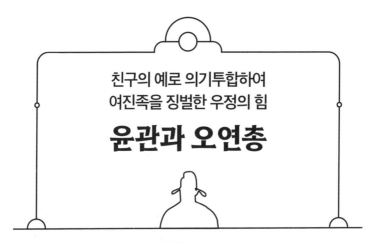

친구의 예로 의기투합하여
여진족을 징벌한 우정의 힘

윤관과 오연총

◎ 윤관尹瓘 ?~1111
고려 중기 문신으로 여진족을 징벌하고 9성을 쌓은 장수다.
◎ 오연총吳延寵 1055~1116
고려 중기 문신이자 여진족을 윤관과 토벌한 장수다.

• 의례와 예절을 집대성한 예법서 《예기》

《예기禮記》는 공자와 제자들이 편찬한 것으로써 중국 5경 가운
데 중 하나이다. 이 책은 예법의 이론과 실제를 쓴 책으로, 공자
가 직접 쓴 책에는 '경'자를 붙이는 관계로 원래 이름은 《예경禮
敬》이다. 그런데 기원전 2세기경 대덕과 그의 조카인 대성이 원문
을 다듬는 가운데 '경'자가 빠지게 되었다. 공자는 하夏, 은殷, 주周

3대 이래의 의례와 예절을 집대성하여 체계화하는 것은 자신이 해야 할 일이라고 여겼다. 그는 제자들을 가르침에 있어 예를 중시하고, 실천하는 것을 덕목으로 여겼다.

공자 사후에 제자들이 예에 대한 스승의 가르침을 전하고, 그에 대한 예설을 글로 적었다. 그 편수는 대략 200여 편이 되었다. 그후 대덕과 그의 조카 대성이 예설을 수집하여 편찬하였다. 대덕이 수집 편찬한 85편은 '대대례기'이고, 대성은 49편을 수집 편찬하였는데 이것이 '소대례기'이고 곧 《예기》로 보는 학설이 주를 이룬다.

《예기》에서는 곡례, 단궁, 왕제, 월령, 예운, 학기, 악기, 대학, 중용 등 총 49편을 다루는데 도덕적인 면을 매우 중요하게 보았다. 성리학파의 주희는 《예기》 가운데 〈대학〉과 〈중용〉 2편을 각각 별개의 책으로 편찬하였다. 그리고 유교경전인 《논어》 가운데 《맹자》와 더불어 4서에 포함시켰다. 그만큼 〈대학〉과 〈중용〉을 중요시 했던 것이다. 《예기》는 한 마디로 예에 대한 기록과 그에 대한 해설을 정리한 유교경전이라고 할 수 있다.

예禮란 넓은 의미로는 풍속이나 습관으로 형성된 행위 준칙, 도덕, 규범 등 각종 예절을 뜻한다. 사람과 사람 사이에 지켜야 할 도리, 조상에 대한 제례, 사회의 구성원으로서 지켜야 할 규칙 등 예는 광범위한 의미를 지니고 있다.

그럼 여기서 사람 사이의 지켜야 할 예의에 대해 알아보기로 하겠다. 첫째는 군사부일체君師父一體라 했나니, 이는 임금과 스승과 아버지의 은혜는 다 같다는 뜻이다. 그런 까닭에 임금에 대한 백성의 예를 다하고, 스승에 대한 예를 다하며, 아버지에 대한 예를 다해야 한다. 여기서 아버지는 현재의 관점으로 본다면 부모에 대한 예를 다해야 한다.

또한 형제 사이의 예를 지켜야 하고, 친구 사이의 예를 지켜야 하고, 친지 사이의 예를 지켜야 하고, 이웃 사이에 예를 지켜야 하고, 사회구성원으로서 예를 지켜야 한다. 예를 지키게 되면 서로를 공경하는 마음을 품게 되고, 그런 마음이 모여 사회는 질서를 유지하게 되고 미풍양속을 자연스럽게 이어가게 된다. 그러나 예를 지키지 않으면 믿음과 신뢰가 깨지게 되고, 질서는 무너지게 되고, 불신으로 가득 찬 사회가 되어 불행한 사태를 맞게 된다. 그런 까닭에 예로써 다하지 못함으로 생기는 문제를 바르게 잡기 위해 '법'이 존재하는 것이다. 예란 사람이면 반드시 지켜 행해야 할 기본적 의무라고 할 수 있다. 그런 까닭에 공자와 그의 제자들과 당대의 사람들은 물론 후세 사람들에게 예에 대한 가르침을 심어주기 위해《예기》를 편찬했던 것이다.

다음은 예를 잘 지킴으로써 우의를 쌓아 나라에 큰 공을 세운 고려 문신이자 장군인 윤관과 오연총에 대한 이야기이다. 그러면 먼저 윤관과 오연총은 어떤 인물이며, 어떤 공적을 세웠는지에 대해 살펴보기로 하자.

• 예와 우의로 나라를 지킨 고려 문신이자 장군, 윤관과 오연총

윤관은 고려 문종 때 과거에 급제하여 습유, 보궐을 지냈다. 이후 숙종 즉위년인 1095년 10월 좌사낭중으로 형부시랑 임의와 함께 요나라에 파견되어 숙종의 즉위를 알렸다. 그리고 1098년 동궁시학사로서 송나라에 사신으로 가서 숙종의 즉위를 전했다. 1101년에는 추밀원지주사가 되었고, 이듬해에는 이굉과 함께 진사시를 주관했으며 이어 어사대부가 되었다. 1103년 이부상서 동지추밀원사를 거쳐 지추밀원사 겸 한림학사승지가 되었다.

그리고 1104년 2월 동북면행영도통이 되어 여진정벌의 임무를 맡을 때부터 1111년예종 6 죽을 때까지의 기간은 윤관의 생애에서 가장 의미 있는 시기라고 할 수 있다. 고려가 처음으로 동여진을 대규모로 정벌하기 시작한 것은 1080년이었다. 이때 여진의 세력을 크게 꺾었다. 그러나 새로 일어난 동여진 완안부족은 부족장 영가의 지휘아래 세력이 크게 증대되었으며, 1103년 우야소 때에는 그 세력이 함흥부근까지 미치자 이듬해 완안부의 기병이 정주관 밖까지 쳐들어왔다.

이에 숙종은 무력으로 여진정벌을 결심하고 문하시랑평장사 임간에게 평정하도록 했으나 여진에게 크게 패하였다. 이때 윤관이 왕명을 받고 여진에 대한 북벌의 길에 오르게 된 것이다. 1104년 3월 윤관은 동북면행영병마도통이 되어 3월에 여진과 싸웠다. 하지만 여진의 강한 기병에 부딪혀 출병군사의 반이 넘게 죽고 적군에게 패하고 말았다. 어쩔 수 없이 전략상 여진과 화친을 맺고 철수하였다.

윤관은 고려의 보병으로는 여진의 기병을 감당할 수 없음을 간파하고, 왕에게 전투력의 증강과 기병의 조련을 진언하였다. 이에 12월부터 여진 토벌을 위한 준비에 전력을 기울였으며 그 결과 별무반이라는 특수부대를 창설하였다.

1107년예종 2 여진족의 동태가 심상치 않자 윤관은 원수元帥가 되어 부원수인 지추밀원사 오연총과 17만 대군을 이끌고 정주로 출발하였다. 윤관은 여진 추장에게 고려가 볼모로 잡아둔 허정, 나불 등을 돌려보낸다고 거짓으로 계책을 통보하자 여진족이 400여 명을 보내왔다. 이때 이들을 유인해 거의 섬멸시키고 사로잡았다. 윤관은 5만 3,000천 명을 거느리고 정주에 도착한 뒤 중군은 김한충, 좌군은 문관, 우군은 김덕진에게 지휘권을 맡겼다.

수군은 선병별감 양유송 등 2,600명으로 도린포함경남도 정평군과 함주군에 걸쳐 있는 호수 의 바다에서 공격하였다. 그러자 강력한 고려군의 위세에 눌린 여진이 동음성으로 숨자 정예부대를 동원해 이를 격파하고 석성을 공격하여 반 이상을 섬멸하였다. 여진의 전략거점을 무찌른 곳은 135개 처이고 전사자 4,940명, 생포 1,030명의 빛나는 전과를 거두었다. 조정에 전승보고를 올리고 탈환한 각지에 장수를 보내 국토를 획정경계 따위를 명확히 구별하여 정함 하고 9성을 축조하였다.

이렇게 되자 강력한 요나라와 접경하고 있던 여진은 농경지를 빼앗겨 매우 어려운 처지에 놓였다. 그러자 고려를 배반하지 않고 조공을 바친다는 조건으로 성을 돌려주기를 청하였다. 이에 예종은 육부를 소집하여 9성 환부를 논의한 끝에 9성을 돌려주기로 하고 고려군은 9성에서 철수하였다.

그런데 훗날 9성은 아쿠타가 금나라를 세워 강국을 이룰 수 있었던 토대가 되었다. 그 후 9성의 환부로 여진정벌이 실패로 돌아가자, 윤관은 패장의 모함을 받고 문신들의 시기 속에 관직과 공신호조차 삭탈당하였다. 그러나 예종은 윤관의 처벌을 주장했던 재상들을 물리치고, 수태보 문하시중 판병부사 상주국 감수국사를 내렸으나 사의를 표하고 1111년 5월 세상을 떠났다.

오연총은 집안이 어려웠으나 학문에 힘써 과거에 급제하였다. 1096년 숙종 1 요나라에 사신으로 가서 천안절을 축하하였다. 1100년에는 시랑으로서 상서하와 송나라에 사신으로 가서 휘종 북송의 제8대 황제 의 등극을 축하하였다. 이듬해 송나라에서 《태평어람》 1,000권을 가지고 돌아와 왕에게 크게 칭찬을 받고 벼슬이 중서사인에 올랐다. 그러나 외직을 원해 전주목사가 되었으며 그 후 년추밀원좌승선 형부시랑 지어사대사가 되었다가 뒤이어 상서좌승 한림시강학사가 되었다.

1105년 예종이 즉위하자 동지추밀원사 비서감 한림학사 승지가 되고, 뒤이어 어사대부가 되었으며, 다시 동북면병마사 겸 지행영병마사가 되었다가 동계행영병마사에 올랐다. 1106년 동계병마사로서 여진정벌의 신기군을 편성함에 있어 부모의 나이 70세 이상인 독자, 한 집에서 3, 4명이 군인이 되는 경우 그중의 한 사람, 재추 고려 시대에 둔, 재부와 중추원을 아울러 이르는 말 의 아들 등은 징집을 면제하자고 청해 이를 허락받았다.

참위설에 근거해 서경에 용언궁을 세우고 왕이 순행하자는 의론이 일자, 오연충은 백성들을 괴롭히고 재정만 손실하는 것이라며 혼자 반대하였다. 1107년 오연총은 부원수가 되어 원수 윤관과 함께 여진을 정벌하고 9성을 쌓은 뒤 개선하였다. 그 공으로 협모동덕치원공신 상서좌복야 참지정사가 되었다. 그뒤 웅주성에 침입한 여진을 격퇴하였다. 1109년 동계병마부원수로서 윤관과 더불어 길주성을 포위한 여진을 다시 치다가 실패해 화친을 맺고 돌아왔다.

이로 인해 재상 최홍사등의 탄핵을 받아 한때 관직과 공신의 자격을 박탈당했으나 다시 회복되어, 1110년 중서시랑평장사 판삼사사가 되고, 이듬해에 판이부사가 되었다. 1114년 추충공신에 봉해졌으며, 1116년 수사도 수태위 감수국사 상주국이 되었다.

앞에서 말했듯이 윤관은 고려 제16대 임금인 예종 때 여진족을 물리치고, 아홉 개의 성을 쌓아 국방을 튼튼히 한 장수로 유명하다. 그가 북방책임자인 원수로 있을 때 부원수인 오연총은 그와는 평생을 같이 한 친구였을 만큼 의리가 돈독하였다. 그 둘은 친구만으로도 부족하여 자식들을 혼인시켜 사돈관계이기도 하였다.

둘은 생사고락을 같이 한 장수로서, 고위관리로서도 함께한 그야말로 일심동체와도 같은 사이였다. 그들은 관직에서 물러나 내川를 사이에 두고 살았다. 그 둘은 수시로 만나 이야기를 주고받으며 남은 세월을 함께하였다.

그러던 어느 날이었다. 윤관은 담근 술이 맛있게 익자 집에서 일하던 하인에게 짐을 지워 오연총의 집으로 향했다. 그런데 내에 이르자 갑자기 소나기가 오는 바람에 물이 불어 내를 건널 수가 없었다. 바로 그때 건너편에서 오연총도 하인에게 무언가를 지워오고 있었다. 그러다 윤관을 발견하고는 큰소리로 물었다.

"대감, 어디를 가는 중이십니까?"

"집에서 담근 술이 맛있게 익어 대감과 함께 한잔 하려고 가려는 중에 소나기에 물이 불어 있던 참입니다."

그러자 오연총 자신도 술을 가지고 그에게 가는 중이라고 했다. 그리고는 이렇게 말했다.

"우리가 서로 이야기는 하지만, 술을 나누지 못하니 참으로 유감입니다."

이에 윤관이 너털웃음을 지며 말했다.

"허허, 우리가 함께 술을 하지 못하지만, 대감이 한 잔 들라 하면 대감의 술처럼 생각하고 마시고, 제가 대감 한 잔 드시지요 하면 대감이 제가 가지고 온 술로 생각하고 들면 되지 않겠습니까?"

"대감, 그것 참 좋은 생각입니다. 그러면 함께 마시는 거와 진배없지요."

둘은 이렇게 말하고는 서로에게 술을 권하며 한 잔씩 주고받았다.

이 이야기에서 보듯 윤관과 오연총은 서로를 의지하며, 예와 의를 지키며 함께한 막역지우였다.

윤관과 오연총이 여진족을 물리치고 큰 공을 세울 수 있었던 것은 서로를 믿고 의지하며 예로써 우의를 다졌기 때문이다. 이들은 친구이자 사돈관계였지만, 그런 까닭에 한 형제와 같이 의기를 다지고 나라에 대한 충성심 또한 함께했던 것이다. 이렇듯 좋은 친구가 되기 위해서는 서로를 믿고 예를 갖춰 서로에게 힘이 되고 의지가 되어주어야 한다. 그러나 이들처럼 일심동체, 다시 말해 몸과 마음이 하나가 된다는 것은 쉽지 않다. 그것은 많은 인내를 필요로 하고, 배려와 절제를 필요로 하는 까닭이다. 그러니까 내가 싫어도 상대에게 맞춰주고, 내가 좋아도 상대가 싫어하면 하지 말아야 한다.

물이 너무 맑으면 물고기가 없고,
사람이 너무 따지면 따르는 무리가 없다.

이는 공자孔子가 한 말로 너무 자기만 깨끗한 척하지 말고, 자기만 옳다고 함을 경계하여 이르는 말이다. 이를 좀 더 부연한다면 자신의 입장에서만 생각하고 행하는 것을 삼가라는 의미이다. 그래야 누구와도 잘 어울려 지낼 수 있는 까닭이다. 왜 그럴까. 이 또한 상대에 대한 예의인 까닭이며, 이런 사람을 좋아하지 않을 사람이 없기 때문이다.

• 윤관은 원수元帥가 되어 부원수인 지추밀원사 오연총과 17만 대군을 이끌고 여진과의 전투에서 여진의 전략거점 135 곳을 정복하고 전사자 4,940명, 생포 1,030명의 빛나는 전과를 거두었다. 그리고 조정에 전승보고를 올리고 탈환한 각지에 장수를 보내 국토를 획정 경계 따위를 명확히 구별하여 정함 하고 9성을 축조하였다.

• 원수元帥 윤관과 부원수인 지추밀원사 오연총은 친구이자 사돈관계로 그 우의가 매우 돈독하였다. 그들은 서로를 깍듯하게 예로써 대하고, 의리를 소중히 여겨 일심동체를 이뤘다. 이런 따뜻한 친구애로 합심하여 여진을 무찌르고 큰 공을 세웠다.

18

진수의
《삼국지》

● **진수**陳壽 233~297
중국 서진의 역사가로서 삼국시대의 역사를 다룬《삼국지》를 저술하였다.

● **《삼국지**三國志**》**
중국 진나라 때 진수가 지은 위魏, 오吳, 촉蜀 삼국의 사적을 기록한 기전체 역사서紀傳
體 歷史書이다.

정보분석의 지략
거칠부

원칙과 용맹함의 지략
유금필

뛰어난 소통의 지략
권율

◎ 거칠부居柒夫 ?~579
신라 진흥왕 때의 재상. 대아찬으로서 《국사國史》를 편찬하여
파진찬의 관등을 받았다. 상대등으로 군국정사를 총괄하였다.

◎ 유금필庾黔弼 ?~941
고려 전기 중군장, 태사, 대광 등을 역임한 무신.
왕건을 도와 고려를 건국하는 데 커다란 공을 세운 개국공신이다.

◎ 권율權慄 1537~1599
조선 중기 의주목사, 도원수 등을 역임한 문신. 임진왜란 때 행주대첩의 공을 세웠다.

• 중국 최고의 역사서 《삼국지》

《삼국지三國志》는 후한이 멸망하고 삼국이 정립한 뒤부터 진나라가 통일을 이룬 시기까지를 다룬 역사서이다. 《삼국지》는 서진의 진수가 쓰고, 송나라 배송지가 주석을 붙였다. 《사기》《한서》《후한서》와 함께 중국 전사자로 불리며 이십사사二+四史 가운데 하나다.

《삼국지》는 문장이 간결하고 역사적인 사실이 잘 정리된 정사
正史로 평가받는다. 이 책을 편찬한 진수는 촉나라의 관리였다 촉
나라가 멸망한 뒤엔 진나라 관리가 되어《삼국지》총 65권을 완
성했다. 그 구성은 위서 30권, 촉서 15권, 오서 20권으로 되었다.

《삼국지》는 위나라를 정통왕조로 보고 있다. 진수는 전기인
본기를 위나라 황제들로 엮고, 촉과 오의 황제는 열전에 편입하
였다. 무제, 명제 등 제호를 붙인 것은 위나라뿐이다. 유비와 그
아들 유선은 산주와 후주로 기술하였다. 그리고 오나라 왕들은
주자를 붙여 쓰거나 이름을 그대로 쓰기도 했다. 그 이유는 진
나라가 위나라를 이어 세워진 나라이기 때문이다. 그러나 이러
한 진수의 역사관은 습작치의《한진춘추》와 주희의《자치통감강
목》이 촉나라를 정통으로 보면서 논쟁이 일었다.

《삼국지》는 송나라의 문제의 명을 받은 배송지가《삼국지》에
주를 달았는데, 이를《삼국지주》라고 하기도 하고《배송지주》
라고 한다. 배송지는 200여 권이 넘는 사서를 참고하여 주를 달
았다. 그로인해《삼국지주》는 사료적인 가치를 지닌 책으로 인정
받는다. 정사《삼국지》가 명나라 나관중이 지은 소설《삼국지연
의》보다 덜 알려진 것은, 나관중의《삼국지연의》가 경극 등의 소
재로 하여 널리 알려졌기 때문이다.

그렇다면 나관중의《삼국지연의》는 어떻게 만들어졌을까. 여
기서 연의演義란 '사실을 부연하여 재미있게 설명함'이라는 의미
이다. 진수의《삼국지》에 서술된 위魏나라, 촉蜀나라, 오吳나라 3
국의 역사는 천하의 패권을 둘러싸고 3국이 벌이는 힘과 지혜의

다툼이 워낙 치열하게 펼쳐진다. 그런 까닭에 일찍부터 중국인들에게 흥미 있는 이야기로 전해져 왔다. 그런데 원나라 영종 때, 전래되던 화본들을 바탕으로 출판을 직업으로 하는 우씨가《전상삼국지평화》를 간행하였다. 하지만 야담과 화본, 다시 말해 그림을 바탕으로 해서 허황된 내용이 뒤섞이고 역사적 사실과도 차이가 많았다.

이에 나관중은《전상삼국지평화》의 줄거리를 바탕으로 하되, 진수의《삼국지》와 배송지의《삼국지주》, 사마광《자치통감》등을 바탕으로 역사적 사실에 어긋난 부분을 바로잡아 장회소설연속 강담식으로 장 또는 회로 나누어 서술한 중국의 통속 장편소설의 통칭 형식으로 재구성하여《삼국지연의》를 편찬하였다.《삼국지연의》는 후한 말부터 위魏나라, 촉蜀나라, 오吳나라 삼국을 거쳐 진晉이 천하를 통일하기까지의 역사를 유비, 관우, 장비 등 세 인물의 무용과 제갈공명의 지모를 중심으로 서술하고 있다.

《삼국지》는 책으로 출판 되고, 만화로도 출판되고, 영화로도 만들어져 우리 10대들도 많이 알고 있으리라 생각된다.《삼국지》에는 흥미로운 인물들이 많이 나온다. 유비를 비롯해 천하제일의 지략가인 제갈공명, 관우, 장비, 조조, 손권, 순욱, 황충, 사마의, 여포, 원소, 주유 등 실물처럼 생생하다. 그중 제갈공명의 지략으로 승리로 이끈 한 대목을 보자.

촉나라의 제갈공명과 위나라의 전략가 사마의 사이에 전투가 벌어졌다. 사마의는 지구전을 펼치며 제갈공명의 허점이 드러나면 공격하려는 전략을 펼쳤다. 그러나 제갈공명은 군대 안에서 농사짓는 둔전제를 실시하고, 호로곡에 병참기지를 세워놓았다는 거짓 소문을 퍼트렸다.

"제갈공명이 그처럼 할 줄은 내 미처 몰랐구나."

이 소식을 들은 사마의는 은근히 걱정이 되어 초조해 했다. 적의 군량이 충분해졌으며, 병참기지까지 탄탄히 해놓아 적을 막을 수 있을지 걱정이 되었기 때문이다. 하지만 그렇다고 해서 그대로만 있을 수가 없었다. 사마의는 군대를 이끌고 호로곡으로 갔다. 이때 사마의의 장수들이 혹시라도 제갈공명이 계곡에 군사들을 매복시켜 두었을 거라며, 이대로 가면 틀림없이 함정에 빠질 수 있으니 재고하는 것이 좋겠다고 말했다. 하지만 사마의는 호통을 치며 말했다.

"제갈공명은 그대들이 그렇게 생각할 것을 이미 짐작했을 것이다. 매복은 하지 않았을 것이니 걱정할 필요는 없다."

사마의는 이렇게 말하며 40만 대군을 이끌고 호로곡으로 갔다. 그 시각 제갈공명은 호로곡 안에 지뢰를 잔뜩 묻어놓고 사마의가 오길 기다리고 있었다. 사마의의 추측이 완전히 빗나가고 만 것이다. 그런데 사마의는 호로곡에 이르러서야 자신이 속았다는 것을 알았다. 그리고는 퇴각명령을 내렸다. 그러나 이미 때는 늦었다. 그가 명령을 내리는 순간 온 사방에서 불화살이 날아왔다.

"불화살이다!"

"불화살이 온 사방에서 날아온다. 어서 파하자!"

위나라 군사들은 서로에게 소리치며 이리저리로 흩어졌다. 여기저기서 펑펑 지뢰가 터지며 순식간에 아비규환이 되었다. 촉한 군사들은 놀라서 이리저리 흩어지는 위나라 군사들을 공격했다. 호로곡엔 쓰러진 위나라 군사들로 가득 넘쳐났다. 사마의가 이끄는 40만 대군은 완전히 무너져 내렸다. 전쟁은 촉한의 승리로 끝났다.

이처럼 화공은 전쟁에서 공격의 보조수단으로 그 효과가 아주 크다. 또한 좁은 계곡을 이용하여 많은 병력이 지나가는 것을 공격함으로써 큰 타격을 주었던 것이다. 이 모든 전략은 제갈공명의 머리에서 나온 것으로 그의 탁월한 전략대로 적은 병력으로도 대승을 거둘 수 있었던 것이다.

이 이야기에서 보듯《삼국지》에는 전쟁에서 이기기 위해서 전략과 그에 따른 지략이 얼마나 중요한지를 잘 알게 해주는 기록들이 많다. 위나라, 촉나라, 오나라가 서로 이기기 위해서 지혜를 짜내고 벌이는 전투의 흥미진진함이《삼국지》가 시대를 떠나 사람들에게 흥미롭게 읽히는 이유이다.

● 지략과 전략을 갖춘 우리의 세 장군 거칠부, 유금필, 권율

우리나라의 역사에 있어 장군들의 전략과 그에 따른 지략이 전쟁에서 얼마나 중요한 영향을 미치는지를 신라의 거칠부, 고려의 유금필, 조선의 권율 장군을 통해 살펴보기로 하자.

신라의 거칠부는 내물마립간 5대손으로 할아버지는 잉숙, 아버지는 이찬 물력으로 소집마립간의 장인이다. 소지왕 8년에 이벌찬이 되어 국정을 총괄한 진골이다. 그의 이름은 '황종' 또는 '가칠부지'라고 한다. 거칠부는 영민하고 민첩하였으며 무예 또한 출중하여 문무文武를 겸비하였다. 그는 왕족의 자손답게 어려서부터 큰뜻을 품고 승려가 되어 백제와 고구려 등을 다니며 그곳 사람들의 삶의 방식과 나라 구석구석을 살피며 견문을 넓혔다.

또한 그는 적국의 지세를 기록하고, 적국의 정치상황 등 정보가 될 만한 것은 모두 기록하였다. 그가 승려가 된 것은 포교를 위한 것이라기보다는 승려는 특정종교인으로 다니기가 수월했던 까닭이다. 신라로 돌아 온 거칠부는 545년진흥왕 6년 왕명을 받고는 국사國史를 편찬하였다. 이 공로를 인정받아 그는 대아찬에서 파진찬신라 제17관등 중 4등급 으로 승진하였다. 진흥왕은 신라의 영토를 확장하여 강국이 되는 꿈을 가지고 있었는데, 거칠부 또한 진흥왕과 같은 생각을 하고 있었다.

551년진흥왕 12년 거칠부는 대각간 구진, 각간 비태, 잡찬 탐지, 비서, 파진찬 노부, 서력부, 대아찬 비차부, 아찬 미진부 등 8명 장군을 이끌고 백제와 연합하여 죽령이북 10개 군을 점령하였다. 553년진흥왕 14년 7월에는 백제의 한강 유역을 침공하여 여러 성을 빼앗아 아찬 무력을 군주로 삼았다. 이로 인해 120년 동안이나 지속되어 온 나제동맹고구려의 남침을 막기 위해 433년 신라의 눌지왕과 백제의 비유왕 사이에 맺은 공수동맹 은 깨어지고 말았다. 554년진흥왕 15

년 백제성왕이 대가야와 연합하여 침공하자 관산성옥천에서 대승을 거두었다. 이로 인해 한강 하류지역에 대한 지배권을 확고히 하여 중국과 직접 교류를 할 수 있게 되어 삼국 가운데 가장 유리한 위치를 차지하게 되었다.

이후 신라는 비화가야창녕와 아라가야함안를 신라로 귀속시켰으며, 562년진흥왕 23년 대가야를 정벌함으로써 가야국은 전체가 신라로 귀속되었다. 신라는 가야와 백제 한강유역, 고구려영토인 지금의 함흥과 안변지역까지 영토를 넓혀 신라 역사상 가장 넓은 영토를 차지하였다. 진흥왕이 죽고 뒤를 이은 진지왕은 거칠부를 상대등으로 임명하였다. 그로부터 3년 후 78살의 나이로 사망하였다.

거칠부는 문무를 겸비하였을 뿐만 아니라, 젊은시절 백제와 고구려 등을 다니면서 많은 정보를 입수하여 활용한 정보전문가였다. 그가 위험을 무릅 쓰고 백제와 고구려에 잠입하여 정보수집에 나선 것은 나라를 위해 보탬이 되겠다는 강한 의지의 발로였던 것이다. 거칠부는 자신의 생각대로 많은 정보를 수집하였고, 그것을 토대로 하여 전쟁을 할 때마다 승리 할 수 있었다.

고려가 후삼국을 통일하는 데 가장 큰 활약을 한 이는 유금필 장군이다. 유금필은 용맹함과 지혜를 겸비한 용장이자 지장이었다. 또한 그는 덕으로 군대를 이끌어 부하들의 절대적인 신뢰를 받았다. 그리고 그는 다른 민족을 포용함으로써 자기편으로 만들만큼 지략이 뛰어났다. 또한 무엇보다도 그는 충성심이 강한 장수였다. 왕건은 그의 충성심을 높이 사 크게 신뢰하였다.

925년_{태조 8년} 정서대장군에 임명된 유금필은 후백제 연산진_{옥천}을 공격하여 그곳에서 후백제 장수 길환의 목을 베고, 임존군_{예산}을 공격해 백제군 3,000명을 베거나 포로로 잡는 대승을 거두었다. 그리고는 조물성_{김천} 부근에서 불리한 상황에 있던 왕건을 돕기 위해 그곳으로 갔다. 유금필이 조물성에 입성했다는 소식을 들은 견훤은 왕건에게 화친을 청하자 유금필이 다음과 같이 말했다.

"사람의 마음이란 알기 어려운데 어찌 경솔히 적과 화친을 하겠습니까."

하지만 왕건은 그의 말을 물리고 화친을 맺고 말았다. 그러나 백제가 약속을 깨자, 그것이 잘못이라는 걸 알고는 유금필의 말을 듣지 않은 것을 후회하였다. 929년_{태조 11년} 견훤이 고창군_{안동}을 공격하자 왕건이 말했다.

"싸움에서 불리하면 장차 어찌하면 좋겠는가?"

이에 홍유가 말했다.

"만약 불리하게 되면 죽령길로 돌아올 수 없게 될 것이니, 빠져나갈 길을 사전에 알아두는 것이 좋겠습니다."

그러자 이번엔 유금필이 말했다.

"어차피 병兵은 흉기와 같고 전투는 위태로운 것이라 했습니다. 죽을 각오로 싸움에 임해도 힘든 게 전투인데 미리 도망갈 길부터 찾는 다면 어떻게 승리를 할 수 있겠는지요? 만약 여기서 패배한다면 우리의 땅과 고귀한 생명을 적에게 고스란히 넘겨주는 것이 될 터이니 지금 곧바로 공격하시옵소서."

유금필의 말을 듣고 왕건은 공격을 명했고, 고려군은 대승을 거두었다.

이 두 가지 이야기에서 유금필의 앞을 내다보는 선견지명을 알 수 있다. 그는 이미 싸움에서 이기는 전략을 갖고 있었던 것이다. 그런데 왕건은 유금필의 말을 듣지 않고 화친을 맺었는데, 그것은 고려에 화가 되었던 것이다. 그리고 두 번째 이야기에서 보듯 왕건은 홍유의 말을 물리고, 유금필의 말을 듣고 승리를 하게 된다. 여기에 중요한 사실이 있다. 유금필은 먼저 이기고 싸우는 법을 아는 사람이었다. 그는 전쟁을 하기 전 이미 전쟁의 묘수를 읽고 있었던 것이다. 그로인해 유금필은 당당하게 화친을 하지 말 것과 공격할 것을 왕건에게 건의 할 수 있었다.

935년태조 18년 후백제의 견훤의 장남 신검이 아우인 금강을 죽이고, 아버지 견훤을 금산사에 가둔 뒤 스스로 왕위에 올랐다. 후백제의 내분을 틈타 빼앗겼던 나주 땅을 찾기 위해 왕건이 말했다.

"나주 지방 40여 군은 우리의 땅이었으나, 백제에게 빼앗겨 6년 동안이나 바닷길이 통하지 않았느니, 누가 나를 위해 그 곳에 가겠는가 말해보라!"

왕건이 말을 마치자 신하들이 같은 목소리를 냈다.

"전하, 유금필 장군을 보내십시오. 그가 가장 적임자라고 사려됩니다."

이에 왕건은 유금필을 도통대장군에 임명하고 나주를 치게 하였다.

금산사에 갇힌 견훤이 탈출하여 고려에 투항하였고, 신라 경순왕 또한 투항하였다. 이에 왕건은 신검이 이끄는 후백제를 치기로 하고, 왕건이 군대를 이끌고 일산군구미 으로 진격하여 신검과 대치하였다.

일이천에서 전투를 벌인 왕건은 후백제군을 물리치고, 황산논산 에서 신검의 항복을 받아냈다. 이로써 고려는 후삼국을 통일하여 통일국가가 되었다.

임진왜란 때 권율 장군은 서울을 되찾기 위해 군사를 이끌고 수원성에 머물렀다. 그러다 1593년 2월 1만여 명의 병력을 행주산성에 집결시켰다. 권율은 조방장 조경을 명하여 행주산성을 보수하게 하고, 목책을 만들라고 했다. 또 전라병사 선거이는 금천에, 양주에 경기방어사 고언백을, 충청감사 허욱 등이 한양을 둘러싸고 전투에 대비 했다.

그때 왜군은 서울 인근에 집결하고 있던 때였다. 그런데다 백제관에서 승리하여 사기가 높아질 대로 높아져 있었다. 왜군은 2월 12일 새벽 3만 명의 병력으로 행주성을 여러 겹으로 포위하였다. 그리고는 9차례에 걸쳐 대대적으로 공격했다. 그러자 권율은 그동안 준비했던 대로 왜군에 맞서 싸웠다. 병력수로는 중과부적이었지만, 병사들의 사기는 하늘을 찌를 듯이 드높았다. 거기다 부녀자들까지 합세하여 전투를 도왔다.

맹렬하게 공격을 퍼붓던 왜군은 뒤로 물러나기 시작했다. 권율 장군은 도망하는 왜군을 쫓아 130여 명의 목을 베었다. 적장 우키타 히데이에, 이시다 미츠나리 등에 부상을 입히는 등 대승을 거뒀다. 행주대첩은 한산도대첩, 진주대첩과 함께 임진왜란 3대 대첩으로 일컬음을 받을 정도로 치열한 전투였다.

권율이 승리할 수 있었던 것은 첫째, 낙후 된 행주산성을 보수하고 목책을 만들어 전투에 대비했다는 데 있다. 철저한 준비는 가장 확실한 승리의 요건이다. 둘째, 권율 장군을 중심으로 민관군이 하나가 되어 똘똘 뭉쳐 왜군에 맞섰다는 데 있다. 특히 부녀자들이 돌을 나르는 등 최선을 다해 힘을 보탠 것은 승리의 큰 기폭제가 되었다. 셋째, 전투에 사용할 수 있는 화차, 신기전, 화살, 돌 등 무기가 될 만한 것들은 다 동원한 총력전에 있다. '생즉사 사즉생 生卽死 死卽生,'다시 말해 '살고자하면 죽고, 죽고자하면 산다.'는 이순신의 말처럼 목숨을 걸고 싸운 끝에 조선군의 10배나 되는 왜군을 물리칠 수 있었다.

거칠부, 유금필, 권율 장군이 승리할 수 있었던 것은 각자가 지닌 지략을 잘 활용한 까닭이다. 거칠부는 정보를 최대한 활용한 지략가였으며, 유금필은 정직과 원칙, 용맹스러운 전략가였으며, 권율은 민관군을 하나로 이끈 소통능력이 뛰어난 지략가였다. 뛰어난 지략 하나는 100만 대군을 이길 수 있을 만큼 힘이 세다.

알아두면 쓸모 있는 역사지식

• 거칠부는 문무를 겸비하였을 뿐만 아니라, 젊은시절 백제와 고구려 등을 다니면서 많은 정보를 입수하여 활용한 정보전문가였다. 그가 위험을 무릎 쓰고 백제와 고구려에 잠입하여 정보수집에 나선 것은 나라를 위해 보탬이 되겠다는 강한 의지의 발로였던 것이다. 거칠부는 자신의 생각대로 많은 정보를 수집하였고, 그것을 토대로 하여 전쟁을 할 때마다 승리 할 수 있었다.

• 고려가 후삼국을 통일하는 데 가장 큰 활약을 한 이는 유금필 장군이다. 유금필은 용맹함과 지혜를 겸비한 용장이자 지장이었다. 또한 그는 덕으로 군대를 이끌어 부하들의 절대적인 신뢰를 받았다. 그리고 그는 다른 민족을 포용함으로써 자기편으로 만들만큼 지략이 뛰어났다. 또한 무엇보다도 그는 충성심이 강한 장수였다. 왕건은 그의 충성심을 높이 사 크게 신뢰하였다. 유금필은 하는 전쟁마다 승리함으로써 고려가 통일국가 되게 하였다.

• 권율이 승리할 수 있었던 것은 첫째, 낙후 된 행주산성을 보수하고 목책을 만들어 전투에 대비했다는 데 있다. 철저한 준비는 가장 확실한 승리의 요건입니다. 둘째, 권율 장군을 중심으로 민관군이 하나가 되어 똘똘 뭉쳐 왜군에 맞섰다는 데 있다. 특히 부녀자들이 돌을 나르는 등 최선을 다해 힘을 보탠 것은 승리의 큰 기폭제가 되었다. 셋째, 전투에 사용할 수 있는 화차, 신기전, 화살, 돌 등 무기가 될 만한 것들은 다 동원한 총력전에 있다. 하지만 무엇보다 민관군을 하나가 되게 한 소통능력에 있다고 하겠다.

19

묵적의
《묵자》

● **묵적**墨翟 기원전 479~기원전 381
중국 전국시대 초기의 사상가. 저서로《묵자墨子》가 있다.

●《묵자墨子》
기원전 390년경에 만든 책이다. 이 책은 어지러운 세상에서 겸애를 주장한 묵가의
유가를 비판하는 언행을 모은 저작으로 총 기편인데 53편만이 전해진다.

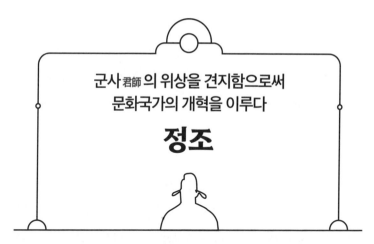

군사君師의 위상을 견지함으로써
문화국가의 개혁을 이루다

정조

◎ 정조正祖 1752~1800
조선 제22대 왕. 탁월한 학문적 능력을 바탕으로 임금이자
스승임을 자부하며 당파적 분쟁을 뛰어넘어 개혁과 통합을 이루어냈다.
강한 왕권으로 왕도정치의 모범을 보이며 조선 후기 문화부흥을 이루었다.

• 유가사상을 비판한 책 《묵자》

《묵자墨子》는 기원전 390년경에 만든 책이다. 이 책은 어지러
운 세상에서 겸애를 주장한 묵가의 유가를 비판하는 언행을 모
은 저작으로 총 71편인데 53편만이 전해진다.《묵자》의 구성을
살펴보면 〈상현尙賢〉〈상동尙同〉〈겸애兼愛〉〈비공非功〉〈절용節用〉
〈절장節葬〉〈천지天志〉〈명귀明鬼〉〈비악非樂〉〈비명非命〉의 10대 주
장과 묵가의 인물론을 전하는 〈공륜空輪〉과 묵가의 윤리적 사유

인 〈경經〉, 〈경설經說〉과 〈수비방법〉이다. 이중 묵가의 핵심사상이 들어 있는 대목은 〈상현〉부터 〈비명〉까지의 23편이다.

《묵자》를 쓴 묵가의 이름은 적翟으로 노나라에서 태어났다. 그는 유학을 배웠지만 혐오감을 느껴 자신만의 독자적인 사상을 이뤘다. 묵가의 사상은 겸애兼愛주의이다. 겸애란 '모든 사람을 똑 같이 사랑하는 정신'을 말한다. 다시 말해 사람은 누구나 평등하다는 사상을 의미한다. 그래서 태어날 때 혈통에 의한 공족, 귀족 등의 지배를 인정하자 않는다. 빈부의 귀천에 관계 없이 도덕적이고 재능이 뛰어나면 누구나 사회에서 인정받고 그에 대한 사회적 지위를 지녀야 한다고 주장했다. 뿐만 아니라 개인의 이익이나 유익이 아니라 인류 전체의 이익이 되지 않는 것은 모두가 유해하다고 주장하였다. 또한 그는 호화로운 관혼상제 등을 부정했다. 이에 대해 유가에서는 비도덕적이고 패륜적인 사상이라고 묵가를 비판하였다.

그러나 사회하층민들의 절대적인 지지를 받았으며, 유가에 강력이 맞서는 세력을 형성하였다. 묵가는 자신의 사상을 실천하는 것을 강조하며 철저하게 행동으로 옮겨 오늘날에도 그의 실천적 사상과 철학은 높이 평가받고 있다. 묵가의 사상은 그리스도의 사상과 닮아 있어 매우 놀랍다. 이는 그가 그리스도적인 사랑을 품고 실천하였다는 데서 그 맥을 같이 한다고 하겠다.《묵자》는 맹자에 의해 이단사상으로 배격당한 후 급격히 쇠퇴하였다. 하지만 청조에 이르러 고증학의 전성全盛속에서 손이양의 《묵자간고》와 같은 주석서가 제작되어 의를 더한다.

사람은 누구나 평등하다, 할 때 '법' 앞에 라는 말을 흔히 붙인다. 이는 법이란 행동의 기준을 구분 짓는 바로미터와 같은 까닭이다. 그렇지 않으면 옳고 그름, 죄가 되고 안 되고의 판단 기준이 없어 혼란이 생기기 때문이다. 그런 까닭에 법이 생겨난 것이다. 그런데 사람이 법 앞에 평등하다라는 규정보다 앞서는 것이 사람은 태어날 때부터 평등하다는 말이다. 그만큼 사람으로서의 존재가치에 대해 소중하게 생각하기 때문이다.

영국의 사상가 존 로크, 토머스 홉스는 '천부인권론'을 주장한 것으로 유명하다. 천부인권론이란 '모든 사람은 태어나면서부터 하늘이 준 자연의 권리, 곧 자유롭고 평등하며 행복을 추구할 수 있는 권리를 가진다는 학설'을 말한다. 천부인권론은 미국의 독립 선언이나 프랑스의 인권선언의 사상적 배경이 되기도 했다. 여기서 말하는 천부인권론은 곧 하늘이 공평하게 부여한 인권으로 그것은 어느 누구도 함부로 할 수 없는 위대한 가치성을 지닌다. 그런데 인간의 평등권을 박탈한다는 것은 천부天賦 하늘이 줌. 또는 태어날 때부터 지님 를 거역하는 행위이다. 그렇기 때문에 평등권은 반드시 지켜져야 하는 것이다.

예수 그리스도는 '네 이웃을 사랑하라'고 했는데, 사람은 누구나 사랑받을 권리를 갖고 태어나기 때문이다. 사랑은 평등, 권리, 인권의 의미를 내포하고 있다. 그런 까닭에 사람은 사랑하고 사랑받는 존재이고, 그러기 때문에 평등해야 하고, 권리를 가지며, 인권을 보호 받아야 하는 것이다.

묵자는 겸애兼愛를 주장했는데, 이는 가리지 않고 모든 사람을 똑같이 사랑한다는 뜻이다. 이는 마치 예수 그리스도의 사랑과 그 맥을 같이 한다고 할 수 있다. 그런 까닭에 사람은 누구나 평등해야 한다는 가치를 지니는 소중한 존재인 것이다.

● 반상의 규율을 과감히 깨뜨리고 인재를 등용한 정조

조선시대는 반상양반과 상사람 의 구별이 엄격하였다. 그래서 양반은 양반으로서 품격을 지켜야 하고, 상사람조선 중기 이후에 '평민'을 이르던 말 은 상사람으로서의 도리를 행해야 했다. 그런 까닭에 양반은 과거를 보고 급제하면 벼슬길이 오르는 기회를 갖게 되지만, 상사람은 아무리 재능이 뛰어나고 특출 나도 벼슬을 할 수 없었으며, 양반이 하는 일을 해서는 안 되었다. 이렇듯 양반과 상사람은 죽을 때까지 신분을 유지하였으며 자손대대로 이어졌다.

그런데 이런 반상의 규율을 과감하게 깨고 상사람, 다시 말해 평민보다도 못한 서얼들이 재능을 보이면 과감하게 벼슬을 내려 나라와 백성을 위해 일하게 기회를 부여한 임금이 있었다. 그는 조선 22대 임금 정조이다. 물론 세종대왕은 그 오래전 장영실 같은 노비의 신분을 가진 이에게도 재능이 뛰어나면 과감하게 기용해서 능력을 펼치게 기회를 주었다. 그것은 곧 나라의 발전을 도모하는 기회로 삼았으며, 능력을 펼치게 함으로써 평등권을 부여했던 것이다. 그런데 정조 역시 개혁적이고 혁신적인 마인드를 지닌 임금이었다. 그럼 이에 대해 구체적으로 알아보기로 하자.

정조 임금의 이름은 이산이다. 영조의 둘째아들인 장헌세자일
명 사도세자 와 혜경궁 홍씨 사이에서 차남으로 태어났다. 1759년
영조 35 세손에 책봉되고, 1762년 장헌세자가 비극의 죽음을 당
하자 요절한 영조의 맏아들 효장세자의 후사가 되어 왕통을 이
었다. 1775년에 대리청정을 하다가 다음해 영조가 죽자 25살에
왕위에 올랐는데, 아버지 장헌세자가 당쟁에 희생되었듯이 정조
또한 세손으로 갖은 어려움을 겪지만 홍국영 조선 후기의 문신이자 세도
정치가. 사도세자를 죽이는 데 주동역할을 한 벽파들이 세손 정조까지 해하려고 음모를 꾀
하자 이를 막아 세손에게 깊은 신임을 얻었다. 등의 도움을 받아 역경을 이겨
냈다.

정조는 즉위하자 규장각을 설치해 문화정치를 표방하는 한편,
자신의 즉위를 방해했던 정후겸, 홍인한, 홍상간, 윤양로 등을 제
거하였다. 또한 자신의 총애를 빙자해 세도정치를 자행하던 홍
국영을 축출함으로써 친정체제를 구축하는 데 주력하였다. 정조
는 규장각을 문형文衡 조선시대 때의 대제학을 달리 이르는 말 의 상징적 존
재로 삼고 홍문관, 승정원, 춘추관, 종부시 등의 기능을 조금씩
부여 하면서 정권의 핵심적 기구로 키워나갔다. 그리고 세손 때
부터 추진한《사고전서》의 수입에 노력하면서 서적간행에도 힘
을 기울여 새로운 활자를 개발하였다. 또 기성의 인재를 모으고
연소한 문신들을 선발하여 교육시킴으로써, 국가의 동량으로 키
워 자신의 친위세력으로 확보하고자 하였다.

또한 왕조 초기에 제정 및 정비된 문물제도를 조선 후기 사회
실정에 맞게 재정리하기 위해 영조 때부터 시작된 정비작업을

이어받아《속오례의》《국조보감》《대전통편》《규장전운》《오륜행실》등을 완결하였다. 이와 함께 자신의 저작물도 정리해《홍재전서》로 간행하였다. 특히 정조는 아버지의 죽음으로 인해 당쟁에 대해 극도의 혐오감을 가졌으며, 왕권을 강화하고 체제를 재정비하기 위해 영조 이래의 기본 정책인 탕평책을 계승하였다. 하지만 노론이 끝까지 당론을 고수해 벽파로 남고, 정조의 정치노선에 찬성하던 남인과 소론 및 일부 노론이 시파를 형성해, 당쟁은 종래의 사색당파에서 시파와 벽파의 갈등이라는 새로운 양상으로 전개되었다.

정조는 즉위 초부터 문풍글을 숭상하는 풍습이 세도를 반영한다는 전제 아래 문풍쇄신을 통한 세도의 잘못 됨을 바르게 고치기 위해 노력하였다. 정조는 규장각에 검서관제도를 신설하고 북학파의 거두인 박지원의 제자들인 이덕무, 유득공, 박제가 등을 등용해 그 사상을 수용하였다. 그런데 검서관들의 신분은 서얼양반의 자손 가운데 첩의 소생을 이르는 말로, 서는 양인첩의 자손, 얼은 천인첩의 자손을 말한다.로서, 영조 때부터 탕평책의 이념에 편승해 '서얼통청운동'이라는 신분상승운동을 전개하였다. 그런 까닭에 이들의 임용은 서얼통청이라는 사회적 요청에 부응하는 조처이기도 하였다.

정조는 남인에 뿌리를 둔 실학파와 노론에 기반을 둔 북학파 등의 장점을 수용하여 그 학풍을 특색 있게 장려해 문운을 진작시켜나갔다. 그리고 문화의 저변확산을 꾀해 중인 이하 계층의 위항문학조선 선조 이후에 중인, 서얼, 서리, 평민과 같은 여항인 출신 문인들이 이룬 문학으로《소대풍요》《풍요속선》《풍요삼선》의 시문집이 여기에 속한다.도 적극 지원하였다. 그런 까닭에 정조대의 시기를 조선시대의 문예부흥기로 일컫기도 한다.

정조의 업적은 규장각을 통한 문화사업이 대종을 이룬다. 하지만 이밖에도 《일성록》의 편수, 《무예도보통지》의 편찬, 장용영 조선 후기 1793년 정조 17년에 왕권 강화를 위해 설치한 군영으로, 정조는 새로운 금위체제를 위해 1785년에 장용위라는 국왕 호위의 전담부대를 창설하였다 의 설치, 형정의 개혁, 궁차징세법의 폐지, 《노비추쇄법》의 폐지, 천세력 조선 정조 6년 1782 관상감 엮음. 이는 중국의 역법을 참고하여 매년의 대소월과 24절기, 매월 1일, 11, 21일의 일진 간지를 추산한 역서曆書이다 의 제정 및 보급, 통공정책 조선시대 시전상인의 독점적 물품 판매권인 금난전권을 혁파하는 정책 의 실시 등을 손꼽을 수 있다.

지금의 수원 화성은 정조와 매우 밀접한 관계가 있다. 정조는 화성을 단순한 군사적 기능을 수행한 성으로만 생각지 않고 어머니 혜경궁 홍씨에 대한 효를 다함과 동시에 이곳을 중심으로 자신이 시도했던 개혁을 통해 얻은 성과물에 대해 시험해보기 위한 장소로 삼았다. 정조는 정약용 등 측근세력을 앞세워 주도하게 하였다. 뿐만 아니라 화성을 포함한 수원 일대를 자급자족 도시로 만들기 위해 국영농장인 둔전을 설치하고, 경작을 위한 농업용수 확보를 위해 몇 개의 저수지를 축조하였다. 나아가 이곳에 새로운 선진농법 및 농업 경영방식을 시험적으로 추진하였다. 이렇듯 화성은 정조의 개혁정책의 중심이자 실체라고 할 수 있다.

정조는 화성을 건설하고 어머니의 회갑연을 화성 행궁에서 성대하게 열어 효심을 다함으로써, 비참하게 남편을 여의고 오랜 세월 외롭게 살아온 어머니를 흐뭇하게 했다. 왕은 통치자일 뿐만 아니라 몸소 실천해 모범을 보여 큰 스승이 되어야 하는 것이 조선시대의 왕의 지녀야 할 기본 마인드였다. 정조는 조선시대 왕 가운데 유일하게 문집을 남겼다.《홍재전서》가 그것인데 이 문집은 180권 100책 10갑에 달한다. 이런 관점에서 볼 때 정조는 전형적인 학자군주라고 하기에 부족함이 없다하겠다.

정조 임금의 경우에서 보듯 그는 철저한 개혁주의자로서 왕권을 강화하여 새로운 정치개혁에 주력하였다. 그것은 나라의 발전과 백성을 위한 그의 신념이었다. 특히 서얼 출신들을 등용해서 자신이 추구한 개혁정책을 실행케 했다는 것은 놀라운 혁신이었다. 그로인해 반대하는 신료들의 원성을 사기도 했지만 전혀 개의치 않았다. 정조가 임금으로서 백성을 위해 행한 정책은 묵자의 '겸애'사상을 실천한 것과 다름이 없다. 백성을 널리 사랑하는 것이 임금으로서 지녀야 할 근본이기 때문이다. 그런 점에서 정조는 성군의 반열에 오를 만한 자격이 있다하겠다.

• 정조는 즉위하자 규장각을 설치해 문화정치를 표방하는 한편, 자신의 즉위를 방해했던 정후겸, 홍인한, 홍상간, 윤양로 등을 제거하였다. 또한 자신의 총애를 빙자해 세도정치를 자행하던 홍국영을 축출함으로써 친정체제를 구축하는 데 주력하였다.

• 정조의 업적은 규장각을 통한 문화사업이 대종을 이룬다. 하지만 이 밖에도 《일성록》의 편수, 《무예도보통지》의 편찬, 장용영의 설치, 형정의 개혁, 궁차징세법의 폐지, 《노비추쇄법》의 폐지, 천세력의 제정 및 보급, 통공정책의 실시 등을 손꼽을 수 있다.

• 정조는 즉위 초부터 문풍 글을 숭상하는 풍습 이 세도를 반영한다는 전제 아래 문풍쇄신을 통한 세도의 잘못 됨을 바르게 고치기 위해 노력하였다. 정조는 규장각에 검서관제도를 신설하고 북학파의 거두인 박지원의 제자들인 이덕무, 유득공, 박제가 등을 등용해 그 사상을 수용하였다. 그런데 검서관들의 신분은 서얼로서, 영조 때부터 탕평책의 이념에 편승해 '서얼통청운동'이라는 신분상승운동을 전개하였던 것이다.

• 정조는 정약용 등 측근세력을 앞세워 화성개발을 주도하게 하였다. 화성일대를 자급자족 도시로 만들기 위해 국영농장인 둔전을 설치하고, 경작을 위한 농업용수 확보를 위해 몇 개의 저수지를 죽조하였다. 나아가 이곳에 새로운 선진농법 및 농업 경영방식을 시험적으로 추진하였다.

20

공자의
《서경》

● **공자**孔子 기원전 551~기원전 479
춘추시대 노魯나라 추읍陬邑 사람. 이름은 구丘이고, 자는 중니仲尼다. 춘추시대 말기의
대사상가로 유가儒家의 개조로 추앙받고 있다.

● **《서경**書經**》**
중국 유교의 5경 가운데 하나로 가장 오래된 역사서이다.

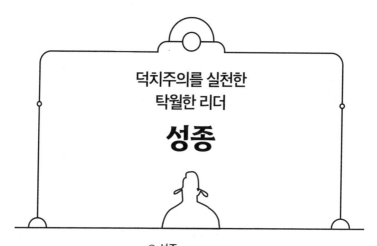

덕치주의를 실천한
탁월한 리더

성종

◎ 성종成宗 1457~1494
조선 제9대 임금. 왕권을 견고히 하고, 개혁을 통해
나라의 기강을 굳건히 했다. 또한 선정을 베풀어 성군으로 평가받는다.

• 하늘의 뜻에 따른 정치의 근본을 담은 《서경》

《서경書經》은 중국 유교의 5경 가운데 하나로 가장 오래된 역사
서이다. 이 책은 중국 고대국가의 정사政事에 대한 문서를 공자孔
子가 편찬하였다. 《서경》은 〈우서〉 〈하서〉 〈상서〉 〈주서〉 등 4부
로 구성되어 있는데 요순시대, 하나라, 은나라, 주나라에 관한 내
용이 실려 있다. 이를 좀 더 구체적으로 살펴보면 요순을 중심으
로 하나라는 사적을 기록한 〈우서〉와 〈하서〉, 하늘의 뜻으로 하

나라를 칠거라는 〈상서〉, 천지의 대법과 정치도덕을 논하는 내용의 〈주서〉 등이다.

잔국시대에는 그냥 서書라고 불렀다. 그런데 한나라 시대에는 유학자들이 숭상해야할 고대의 기록이라는 의미로 〈상서〉라고 하였다. 그리고 송나라 시대에 비로소 《서경》이라고 하였다. 《서경》은 《금문상서》 32편과 《고문상서》 25편으로 나뉜다. 그런데 청나라 초기 염약거의 《고문상서소증》에 이르면, 후세의 위작이라고 밝혀졌다. 그런 까닭에 오늘날에는 25편을 《위고문상서》라고 한다. 《서경》의 주요 내용은 하늘의 뜻을 따르고, 덕이 있는 자를 존중하고, 덕으로 백성을 편안히 해야 한다는 유가정치 이념을 잘 담고 있어 '정치의 근본'이라 하였다. 《서경》은 한 마디로 중국정치의 규범이 되는 책이라고 할 수 있다.

• 덕과 지혜, 그리고 선정을 갖춘 임금 성종

조선시대 임금 가운데 세종과 더불어 선정을 베푼 왕으로 칭송받는 제9대 임금인 성종. 그는 《서경》에서 말하는 덕을 갖춘 임금으로 백성들이 평안한 생활을 영위하도록 힘쓴 임금이다. 그런 까닭에 성종은 틈틈이 민심을 살피는 일에 매우 적극적이었다. 이에 대한 이야기이다.

어느 해 가을밤에 민심을 둘러보기 위해 잠행을 나섰다. 남산 밑 마을을 지나는데, 어느 오막살이집에서 흐느낌 소리와 함께 거문고 소리가 들렸다. 이상한 생각에 성종은 걸음을 멈추고 오막살이 들창 안을 가만히 들여다보았다. 방안에서는 고깔을 쓴 여승 차림의 여인이 덩실덩실 춤을 추었고, 한 사내는 낡은 거문고를 타고 있었다. 방 가운데는 술상이 놓여 있었고, 술상 앞에서 한 노인이 울고 있었던 것이다.

'거참, 이상한 일이로구나.'

호기심이 발동한 성종은 헛기침을 하여 사람이 있음을 알렸다. 그러자 방문이 열리고 노인이 나왔다.

"누구신지요?"

"지나가는 객이 오만 이상한 생각이 들어 엿보았소. 무슨 일이 있습니까?"

성종은 이렇게 말하며 궁금한 표정을 지었다.

"보셨다니 말씀 드리지요. 얘는 내 아들이고, 얘는 며느리입니다. 오늘 내 회갑인데 살림이 어렵다 보니 며느리가 제 머리를 잘라 팔아서 조철하지만 술상을 차렸지요. 그리고 흥을 돋우기 위해 머리를 고깔로 가리고 춤을 추니, 아들이 그에 맞춰 거문고를 켰지요. 얘들의 지극한 효성에 눈물이 나 울었던 것이지요."

성종은 참으로 감동적인 효행을 봤다 말하고는 반드시 큰복을 받을 거라며 자리를 떴다. 다음날 성종의 명을 받고 노인과 아들 부부는 대궐에 초대되어 융숭한 대접과 상과 쌀을 하사 받았다.

이 이야기에서 보듯 백성을 사랑한 성종의 덕성은 그가 왜 성군인지를 잘 알게 한다. 그렇다면 성종은 어떤 인물인지에 대해 구체적으로 살펴보기로 하겠다.

성종은 1461년세조 7 자산군에 봉해졌다가 1468년 잘산군으로 개봉·제후의 영지를 바꾸어 봉함 되었다. 태어난 지 두 달도 채 안 돼 덕종세조의 아들이며 성종의 아버지. 세자로 책봉되었으나 즉위하기 전에 20살의 나이로 죽었다.이 죽자 세조가 궁중에서 키웠다. 성품이 뛰어났으며 도량이 넓고 활쏘기와 서화에도 능해 세조의 사랑을 듬뿍 받았다.

1469년에 예종이 죽고 그 아들이 아직 어리자, 정희대비가 한명회, 신숙주 등 대신들과 의논해 형 월산군의 몸이 허약하다는 이유로 성종을 왕위에 올렸다. 즉위할 무렵 나이는 13살에 불과하였다. 때문에 그 뒤 7년 동안 정희대비가 수렴청정을 했고, 1476년성종 7에 비로소 성종이 정사를 돌보기 시작했다.

성종은 세조 찬위의 전철을 우려하여 이시애의 난 평정 이후 병조판서와 영의정을 역임하고 명성이 내외에 자자한 구성군 이준을 유배시켰다. 1476년 공혜왕후가 아들이 없이 죽자 판봉상시사 윤기견의 딸 숙의 윤씨를 왕비로 삼았다. 그러나 계비가 된 윤씨는 원자를 낳고 왕의 총애가 두터워지자 여러 다른 빈을 투기할 뿐 아니라 왕의 얼굴을 할퀴는 등 불손하였다. 이에 1479년 윤씨를 폐하여 서인으로 삼고 1482년에는 사사했는데, 이는 뒤에 갑자사화의 원인이 되었다.

성종은 고려부터 조선 초기까지 100여 년 동안에 걸쳐 반포된 여러 법전과 교지, 조례, 관례 등을 망라하여 세조 때부터 편찬해 오던 《경국대전經國大典》을 여러 차례 고친 끝에 1485년에 완성, 반포하였다. 1492년에는 이극증, 어세겸 등에 명해 《대전속록》을 완성케 함으로써 통치의 전거 말이나 문장의 근거가 되는 문헌상의 출처

가 되는 법제를 완비하였다.

1470년에는 세조 때부터의 직전제 조선시대에 시행한 사전私田의 하나. 현직 관료들에게 임금이 나누어 주었으나 원칙적으로 세습할 수 없었다. 실시에 따른 토지의 세습과 관리들의 수탈을 방지하기 위하여 관수관급제 1470년 조선 성종원년에, 관아에서 직접 농사를 짓는 농민에게 전조를 수취하여 현직 관료인 땅 주인에게 지급하던 제도 를 실시, 국가에서 경작자에게서 직접 조租를 받아들여 관리들에게 현물 녹봉을 지급하였다.

그리고 백성들의 원망과 고통을 고려하여 형벌을 가볍게 하고, 장리 돈이나 곡식을 꾸어 주고, 받을 때에는 한 해 이자로 본디 곡식의 절반 이상을 받는 변리 의 자손은 등용하지 않는 건국 초기 이래의 규정을 완화하였다.

1485년 풍속을 교화하기 위해 조정의 신하들의 반대에도 불구하고 재가녀 전 남편의 아들을 데리고 재혼한 여자를 말함 의 자손을 관리 등용에 제한하는 법을 공포했으며, 형제숙질 사이에 다투는 자는 변방으로 쫓아내도록 하였다. 1487년에는 고려의 충신 정몽주, 길재의 후손을 골라서 쓰는 한편 인재를 널리 등용하였다.

그리고 세조 때의 공신을 중심으로 하는 훈구세력을 견제하기 위해, 사림파의 거두이자 영남학파의 종조인 김종직을 중심으로 하는 신진사림세력을 많이 등용하여 훈신과 사림 사이의 세력 균형을 이뤄 왕권을 안정시켰고 조선 중기 이후 사림정치의 기반을 조성하였다.

또한 경서와 사기에 밝고 성리학에 조예가 깊어 경연을 통해 학자들과 자주 토론을 하는 한편, 김종직의 간언에 따라 학문과 교육을 장려하였으며, 1484년과 1489년 두 차례에 걸쳐 성균관과 향교에 학전과 서적을 나누어주어 관학관립의 학교 을 진흥시켰다. 나아가 홍문관을 확충하고 독서당을 설치, 젊은 관료들에게 휴가를 주고 독서제술책을 읽고 시를 짓고 글을 씀 에 전념하게 하였다.

성종은 세종과 같이 편찬사업에도 관심을 가져 노사신의《동국여지승람》, 서거정의《동국통감》《삼국사절요》《동문선》, 강희맹《오례의》, 성현의《악학궤범》등 다양한 분야의 서적을 간행하게 하여 문운을 진흥시켰다.

국방정책에도 힘을 쏟아 1479년 좌의정 윤필상을 도원수로 삼아 압록강을 건너 건주야인의 본거지를 정벌하였으며, 1491년에는 함경도관찰사 허종을 도원수로 삼아 2만 4천 명의 군사로 두만강을 건너 '우디거'의 모든 부락을 정벌하게 하여 조선건국 때부터 빈번히 침입하는 야인의 소굴을 소탕하였다.

성종은 태조 이후 심혈을 기울여 온 조선왕조의 정치적·경제적·사회적·문화적 기반과 체제를 완성시켰으니 임금의 시호가후일 성종으로 정해진 것도 그 때문이었다. 성종은 세종대왕, 숙종, 영조, 정조 임금과 같이 백성을 사랑하고 중심으로 하는 민본정치를 실행한 임금으로 성군의 반열에 올랐다. 성품이 어질고온화하였으며, 학문이 뛰어나 경연에 빠지지 않고 참여해 공부하는 임금으로도 유명하다. 특히 사림파의 거두 김종직을 총애해 그와 정사를 논했으며, 그의 말이라면 그 무엇도 따름으로써왕권을 강화하고 국력을 튼튼히 하여 백성들이 평안히 살아가도록 하였다.

특히 앞의 일화에서 보듯 잠행을 통해 백성들의 고충을 직접 살피고 확인함으로써 국가정책에 적극 반영하여 백성들의 지지와 존경을 받았다. 생각해보라. 백성을 위해 애쓰고 노력하는 임금을 어찌 백성들이 어찌 존경하지 않을 수 있는지를. 그런 까닭에 성종은 덕치주의德治主義를 실천한 리더라고 할 수 있다. 그러면 리더가 갖춰야 할 조건에 대해 알아보는 것도 매우 뜻있는 일이 될 것이다. 이를 공자孔子의 관점에서 살펴보기로 하겠다.

어느 날 공자의 제자 자금이 자공에게 말했다.

"선생님이 가는 곳마다 임금들을 만나서 정치에 대해서 이야기를 하는데, 이는 선생님이 원해서 만나는 것인지 아니면 임금들이 원해서 만나는 것인지 알고 싶소."

이에 자공이 말했다.

온량공검양 溫良恭儉讓

"선생님은 온화하고溫, 어질고良, 공경하고恭, 검소하고儉, 겸양의讓 인격을 가지고 계시므로, 임금들이 존귀하게 여긴 나머지 스스로 찾아와 지혜를 구하므로 선생님께서 그 질문에 답변하시는 것이라네."

자공의 말은 곧 공자의 말인 까닭에 이를 임금에 빗대어 말하면 임금 또한 온화하고, 어질고, 공경하고, 검소하고, 겸양해야 한다. 그래야 신료들은 물론 만백성이 우러러 보는 까닭이다.

　이런 관점에서 볼 때 성종은 임금으로서 리더의 자질이 뛰어났다고 할 수 있다. 리더는 공부를 잘한다고 되는 것도 아니고, 돈이 많다고 되는 것도 아니다. 리더의 조건은 앞에서 말한 것과 같이 '온량공검양溫良恭儉讓'의 다섯 가지 성품을 지녀야 한다. 물론 쉽지 않다. 그렇기 때문에 어느 분야에서건 존경받는 리더가 된다는 것은 어려운 법이다. 그러나 몸과 마음을 수양함으로써 이의 다섯 가지 성품을 기를 수 있다. 그런 까닭에 꾸준한 독서를 통해 지식을 기르고, 수양을 통해 몸과 마음을 정결하게 해야 한다. 그렇게 스스로에게 공을 들여야 자신이 원하는 것을 얻을 수 있는 법이다.

알아두면 쓸모 있는 역사지식

• 성종은 고려부터 조선 초기까지 100여 년 동안에 걸쳐 반포된 여러 법전과 교지, 조례, 관례 등을 총망라하여 세조 때부터 편찬해 오던 《경국대전經國大典》을 여러 차례 고친 끝에 1485년에 완성, 반포하였다. 또 1492년에는 이극증, 어세겸 등에 명해 《대전속록》을 완성, 통치의 전거 말이나 문장의 근거가 되는 문헌상의 출처 가 되는 법제를 완비하였다. 그리고 1470년에는 세조 때부터의 직전제실시에 따른 토지의 세습과 관리들의 수탈을 방지하기 위하여 관수관급제를 실시, 국가에서 경작자로부터 직접 조租를 받아들여 관리들에게 현물 녹봉을 지급하였다.

• 세조 때의 공신을 중심으로 하는 훈구세력을 견제하기 위해 사림파의 거두이자 영남학파의 종조인 김종직을 중심으로 하는 신진사림세력을 많이 등용하여 훈신과 사림 사이의 세력균형을 이뤄, 왕권을 안정시켰고 조선 중기 이후 사림정치의 기반을 조성하였다.

• 성종은 노사신의 《동국여지승람》, 서거정의 《동국통감》 《삼국사절요》 《동문선》, 강희맹 《오례의》, 성현의 《악학궤범》 등 다양한 분야의 서적을 간행하게 하여 문운을 진흥시켰다.

21

공급의
《중용》

● **공급**孔伋 기원전 483~기원전 402
춘추시대 노나라 유학자로 호는 자사로 공자의 손자이다.

● **《중용**中庸**》**
극단 혹은 충돌하는 모든 결정에서 중간의 도道를 택하는 유교교리로 사서 중 하나
이다.

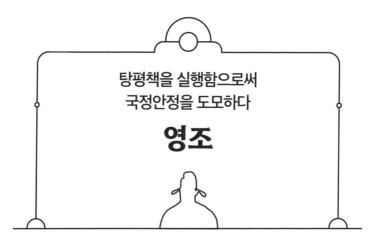

탕평책을 실행함으로써
국정안정을 도모하다

영조

◎ 영조英祖 1694~1776

제21대 왕이다. 재위기간은 1724~1776년으로 조선 역대 왕 중 가장 오랫동안
왕위에 있었다. 탕평책을 적극 구사하여 국정안정을 도모했으며, 균역법실시
등 국정운영을 위한 제도개편과 문물정비 등에 뛰어난 업적을 남겼다.

● 완전한 인성본연의 중심을 알려주는 유교교리서, 《중용》

《중용中庸》은 기원전 430년경에 만들어진 책이다. 저자는 공자
의 손자인 공급으로 전해진다. 하지만 실제로는 춘추전국시대
말기에서 진한시대 무렵에 편찬한 것으로 추정된다. 송나라 때
학자 주희는 이르기를, "'중中'은 어느 한쪽으로 치우치거나 기대
어 있지 않아 지나치거나 모자람이 없는 것으로서, 인성이 지극

히 중정 어느 한 쪽으로 지나치거나 모자람이 없이 곧고 올바름 하여 질서를 이룬 안정된 상태가 사물에 접하여 느끼고 행하기 이전의 인성본연人性本然을 나타내는 말이며, '용庸'은 일상생활에 있어서 평상됨을 나타내는 뜻"이라고 하였다.

이를 좀 더 구체적으로 말하자면《중용》은 '성誠'과 '중中'을 기본 개념으로 하여 천인일리 하늘과 사람을 하나의 이치로 봄 를 설명하는 형이상학적인 내용을 담고 있다. 여기서 '중'은 기울어짐이 없다는 뜻이며, '용'은 영원불변이란 뜻으로 올바르고 변함이 없는 도리를 설명하는 책이란 의미라고 할 수 있다. 원래는《예기禮記》에 속한 한 편이었다가 독립해서 한 권의 책이 된 것으로 송나라 주희는 이를 33절로 나누었다.

《중용》을 한권의 책으로 다루기 시작한 것은 남북조시대 때부터였으며, 유학의 중요한 문헌으로 널리 알려지기 시작한 것은 송나라 때이다. 송나라 학자 주희가《논어》《맹자》《대학》과 함께《중용》을 사서로 삼은 까닭이다. 그 후《중용》은 유학 인문의 필독서가 되었으며, 중국 형이상학의 최고의 책으로 평가받았다.

유교에서는 인성의 선악 양면을 모두 인정하고 또 일의 크고 많고 넉넉함과 적고 모자람을 참작하여 시의그 당시의 사정에 알맞음 를 좇아 그 가운데를 취하는 것이므로, 이를 공자의 중용지도中庸之道 어느 한 쪽에 치우치지 아니하고 평범함 속에서 찾는 진실한 도리 라고 할 수 있다. 그리고 이는 이상과 현실의 가장 바람직한 조화를 의미하는 것이라고 보는 것이다.

《중용》은 문헌적으로 두 부분으로 나누어진다. 제2장에서 제 20장 전반까지는 '중'을 설명한 부분이며, 제1장과 제21장 이후의 '천인일리'를 설명한 부분은 후대의 해설이라는 게 정설이다.

세상에는 도를 넘으면 안 되는 것이 여덟이 있다.
여행, 여자친구, 부, 일, 술, 수면, 약 그리고 향료다.

이는《탈무드》에 나오는 말로 지나침이 없게 알맞게 하라는 말이다. 아무리 좋은 것도 지나치면 아니한 만 못하기 때문이다. 이를 생각에 빗대어 말한다면 중용적 사고라고 할 수 있다. 그러니까 넘치지도 모자라지도 않게 적당히, 알맞게 해야 탈이 없다는 의미이다.

정도를 지나치면 미치지 못함과 같다.

이는 과유불급過猶不及이라는 사자성어로 공자孔子가 한 말이다. 이 말 또한 중용에 대한 말로, 지나치지 말고 알맞게 잘 해야 함을 뜻한다.

유대인은 오랜 세월을 박해를 받으며 살아왔다. 그러다 보니 그들은 극단적인 것을 매우 경계하게 되었다. 극단적으로 흐른다는 것은 죽기 아니면 살기라는 양단의 결정이 따르는 위험한 삶의 플레이이다. 만일 그들이 극단적인 삶을 선택했다면 오늘날 지구상엔 유대인은 존재하지 않았을 것이다. 왜냐하면 유대인은 가는 곳마다 핍박과 박해를 받았기 때문이다.

그러나 유대인은 지혜로운 민족이었으므로 고난과 시련을 극복하는 방법은 '중용적 사고'에 있다는 것을 알았다. 중용적 사고는 극단적 사고와는 전혀 다른 삶의 패턴이다. 가령 어떤 일에 대해 한 쪽으로 치우치는 것이 아니라, 이쪽과 저쪽이 잘 맞을 수 있는 것을 통해 자신이 하고자 하는 일을 진행시켰다. 그것은 일뿐만이 아니라 사람을 대하는 데도 역시 마찬가지였다.

이런 현실적이고 중용적인 사고가 지독한 박해와 시련 속에서도 살아남아, 오늘날 그 우수한 민족성을 맘껏 펼쳐 보이고 있는 것이다. 무엇이든 극단적으로 치우치는 것은 옳지 않다. 그것은 '모' 아니면 '도'라는 것을 규정지음으로 해서 '개'도 되고 '걸'이 되고 '윷'이 되는 것을 막아버리기 때문이다.

윷놀이를 하다보면 개가 나와 잘되는 수도 있고, 걸이나 윷이 나와 상대방의 말을 잡을 수도 있다. 이것이야 말로 중용적 사고의 원칙인 것이다. 성공한 사람들은 뛰어난 재능만으로 성공한 것은 아니다. 사람관계를 잘하는 처세술 또한 능했다는 것을 알수 있다. 처세술에 능한 사람은 대개가 극단적인 사고 대신 중용적인 사고를 가지고 있고, 그것을 실생활에 그대로 적용시킨다. 중용적 사고는 극단적으로 치우침으로 해서 발생할 수 있는 우를 차단시키는 삶의 장치인 동시에, 인간관계나 일에 있어 성공적으로 이끌어내는 힘이 되어준다.

• 조선 정치의 중용을 실천하고자 했던 임금 영조

조선시대 논란이 많았던 당쟁을 완화시키기 위해 노력한 임금이 있었으니, 조선 제21대 임금인 영조이다. 영조는 1699년 숙종 25 숙종과 어머니 화경숙빈 최 씨의 둘째아들로 태어났다. 이름은 이금으로 연잉군에 봉해졌다. 1721년 숙종이 승하하고 왕세자가 즉위해 경종이 되었지만, 건강이 좋지 않고 또 아들이 없었다. 연잉군은 경종의 뒤를 이을 왕세제로 책봉된 후 1724년 경종이 죽음에 따라 왕위에 올랐다.

왕위에 오른 직후 영조는 탕평책 조선 후기 영조, 정조대에 당쟁을 막기 위해 당파 사이의 정치세력에 균형을 꾀하려한 정책 시행을 위한 준비단계로서 붕당 조선시대에 이념과 이해에 따라 이루어진 사림의 집단을 이르던 말 의 폐해를 들어 붕당타파를 천명하였다. 영조가 탕평의 필요성을 절실히 느끼게 된 것은 왕세제 책봉과 대리청정에서부터 노론과 소론 사이의 당론이 충의 충성과 절의를 아울러 이르는 말 와 반역 통치자에게서 권력을 빼앗으려고 함 으로 확산되면서, 자신이 바로 그 정치적 소용돌이의 핵심에 처하여 생명까지 위협받는 경험을 하였기 때문이다. 그런 까닭에 즉위 직후 소론인 이광좌를 영의정으로, 조태억을 좌의정으로 삼고, 세제 책봉시 격렬하게 반대했던 유봉휘를 우의정으로 삼았다.

그러나 자신을 모해하고 죄인으로 몰려고 했던 김일경 등 소론과격파와 삼수옥의 고변자인 목호룡을 처형하였다. 이어 즉위 초의 정세가 어느 정도 안정되자 소론을 몰아내고, 자신의 지지

세력인 노론을 정계로 불러들여 노론정권을 구성하면서 노론 4 대신을 위시하여 임인옥사1722년 노론이 경종을 암살하거나 폐위시키기 위해 일으킨 역모사건으로 일어난 옥사 에서 죽거나 처벌된 사람들의 죄를 모두 없애고, 그 충절을 포상하는 을사처분영조 즉위 직후에도 경종대에 이어서 여전히 소론이 정국을 주도하였다. 그러나 영조는 소론들을 축출하고 노론으로서 정국을 구성하였다. 이를 을사환국이라고 한다. 환국 직후 경종 연간에 있었던 신임옥사를 무옥으로 판정한 일 을 발표하였다.

그런데 영조가 의도했던 탕평정국과는 다르게 정호, 민진원 등의 노론당로자들이 을사처분과 환국에만 만족하지 않고, 나아가 소론에 대한 보복까지 요구하여 정국이 다시 노론, 소론 사이의 파쟁으로 흘러갔다. 1727년 갑자기 노론을 일시에 축출하고 이광좌를 영의정으로 하는 소론정권을 형성하면서 경종년간의 건저왕의 자리를 계승할 왕세자나 황태자를 정하던 일 와 대리남을 대신하여 일을 처리함. 또는 그런 사람 를 역적의 행위로 규정하였다.

영조의 탕평책이 본궤도에 오르는 것은 1728년의 무신란戊申亂 조선 후기 이인좌 등의 소론이 주도한 반란 을 겪고 나서였다. 반란은 이광좌와 오명항 등의 소론정권에 의해 조기에 진압되었다. 하지만 당쟁의 폐해로 변란까지 겪게 된 영조는 탕평정국을 위한 새로운 정국운영 방식으로 조문명, 조현명 형제와 송인명에 의해 주장된, 권력구성에 노론과 소론을 안배해 함께 참여시킴으로써 공동정권을 구성하는 조제형태의 탕평책이었다.

소론계에서는 조문명, 조현명, 송인명, 서명균등이 노론계에서는 홍치중, 김재로, 조도빈 등을 중심으로 하는 탕평파를 주축으로 노론과 소론 사이의 연합정권을 구성함으로써 비로소 탕평 정국이 실현되었다. 그로인해 영조의 왕권은 어느 정도 안정되었다.

영조는 1762년 자신의 외아들인 사도세자를 뒤주에 가두어 죽게 했는데, 이 일은 그에게 있어 크나큰 실책이었다. 그로인해 우여곡절을 겪은 끝에 사도세자의 아들정조을 세자로 세우고 왕세손의 대리청정을 성사시킴으로써 세손의 즉위를 순조롭게 한 것이 영조의 마지막 영단이었다.

영조는 52년이라는 오랜 기간 제위하면서 탕평책을 바탕으로 정치적 안정을 이루고 국정운영을 위한 제도개편이나 문물의 정비, 민생대책 등 여러 방면에 적지 않은 치적을 쌓았다. 1725년 영조는 압슬형 조선시대 죄인을 기둥에 묶어 사금파리를 깔아 놓은 자리에 무릎을 꿇게 하고 그 위에 압슬기나 무거운 돌을 얹어서 자백을 강요하는 고문 을 폐지하고, 사형을 받지 않고 죽은 자에게는 추형 큰죄를 저지르고 죽은 사람에게 죄를 추가하여 극형을 가함 을 금지시켰으며, 1729년 사형수에 대해서는 삼복법을 엄격히 시행하도록 하여 사형집행에 신중을 기하게 하고 남형 가리지 않고 함부로 형벌을 가함 과 경자피부에 먹물로 글자를 새겨 넣음 등의 가혹한 형벌을 폐지시켜 인권존중을 기하고 신문고제도를 부활시켜 백성들의 억울한 일을 왕에게 직접 알리도록 하였다.

영조는 경제정책에도 특별한 관심을 갖고 1729년에는 궁전각 궁에 딸린 논밭 및 둔전각 궁과 관아에 속한 토지. 관노비나 일반 농민이 경작하였으며, 소출의 일부를 거두어 경비를 충당하였다. 에도 정해진 분량을 초과하는 것에 대해서는 과세하도록 하는 한편, 오가작통조선시대 다섯 집을 한

통으로 묶은 행정자치조직 및 이정 어떤 곳으로부터 다른 곳까지 이르는 거리의 이수의 법을 엄수하게 해 탈세방지에 힘썼다. 그리고 1760년에는 서울의 주민 15만 명과 역부 5만 명을 동원해 2개월 동안에 걸쳐 개천을 준설하게 하고, 이어 준천사를 설치, 이를 담당하게 함으로써 서울시민의 골칫거리였던 하수처리 문제를 해결하였다.

영조 재위기간에 시행된 경제정책 중 가장 높이 평가되는 것은 바로 균역법 1750년 조선 영조 26년에 백성의 세금 부담을 줄이기 위하여 만든 납세제도 이었다. 종래의 군포를 2필에서 단순한 감필이 아니라 모두 1필역으로 부담을 균일하게 함으로써 양역의 불균형을 바로잡고 양역민의 부담을 크게 줄였다. 그리고 감필로 인한 재정부족을 보충하는 방안으로 결전을 토지세에 덧붙여서 양반이 위주인 지주층의 부담을 끌어내고, 군관포 선무군관이 현역에 복무하지 않는 대신에 해마다 바치는 베 를 징수하였다.

또한 어염세 어세와 염세를 아울러 이르는 말 , 은여결세 조선시대에 토지 대장에 기록되어 있지 않거나, 황무지로 표시되어 있지만 농사를 짓고 있던 땅을 대상으로 거둔 세금 등 그동안 국가세입에 들지 않던 세금을 국고로 환수하게 하여, 양반신분 및 농민층의 이해가 얽힌 양역문제 해결에서 지배층의 양보를 강요하면서까지 민생을 위한 개선책을 도모하였다. 이는 1750년 친히 홍화문에 나가서 한성시민을 만나서 양역개정에 대한 여론을 수렴하는 의지를 보인 것과 함께 균역법이 갖는 의의라고 할 수 있다.

영조는 각 도에 은결을 면밀히 조사하게 하고 환곡분류법 환곡은 춘궁기에 곡식을 대여해 주고, 가을에 회수하던 구휼제도 을 엄수하게 하는 등

환곡에 따른 폐단을 방지하는 데에도 각별한 관심을 보였으며, 1763년에는 통신사로 일본에 갔던 조엄이 고구마를 가져옴으로써, 가뭄으로 인한 재난 시에 기민을 위한 구황식량을 수급하는 데 획기적인 일익을 담당하였다.

그리고 양인들의 불공평한 양역에 따른 폐단을 개선하기 위한 균역법의 시행은 물론, 천인들에게도 공사천법을 마련하였다. 1730년에 양처소생은 모두 모역 어머니의 신역에 대하여 그 자녀가 대를 이어 국가에 부담하던 역 에 따라 양인이 되게 하였다가, 이듬해에는 남자는 부역 국가나 공공단체가 특정한 공익사업을 위하여 보수 없이 국민에게 의무적으로 책임을 지우는 노역, 여자는 모역에 따르게 하여 양역을 늘리는 방편을 마련하였다. 서얼차대로 인한 사회참여의 불균등에서 오는 불만을 해소하는 방편으로, 1772년 서자의 관리등용을 허용하는 서얼통청법을 제정해 서얼들의 오랜 숙원을 풀어주었다.

영조는 군비와 관련해서는 즉위한 이듬해에 주전을 중지시키고 군사무기를 만들게 하고, 수어청에 명하여 조총을 만들게 하여 군기의 수급에 만전을 기하게 하였다. 또한 1755년 조선 전기 이래 임금의 친위군으로 존속해오던 금군을 정비해 용호영으로 독립시켰으며, 북방 변방 및 요새 구축에도 관심을 기울이고, 1733년에는 평양중성을 구축하게 했으며, 1743년에는 강화도의 외성을 개축, 이듬해에 완성하였다. 나아가 영조는 인쇄술도 개량하여 《숙묘보감》을 편찬하게 했고 《퇴도언행록》 등 많은 서적을 간행해 일반백성들도 볼 수 있도록 하였다.

영조는 조선왕조 역대 임금 중 재위기간이 가장 긴 왕이다.

1724년부터 1776년까지 52년 동안 왕위를 지켰던 그는 손자인 정조와 함께 18세기 조선을 중흥기로 이끌었다. 그 자신이 개인사적으로 불행을 안고 있었으면서도 그는 탕평책을 통해 과열된 붕당 간의 경쟁을 완화했으며, 이전의 그 어느 왕보다도 민생을 위한 정치를 펴나가 조선시대 몇 안 되는 성군 중 하나로 오늘날까지도 평가받고 있다.

하지만 영조는 개인사적인 콤플렉스를 안고 있다. 그의 어머니는 무수리 출신이었다. 무수리란 고려와 조선 시대에 궁중에서 청소 따위의 잔심부름을 담당하던 계집종을 이르는 말로, 궁녀 가운데서도 최하위 등급이었다. 그런데 그런 신분으로 숙종의 총애를 받아 숙빈 최 씨가 되었던 것이다. 하지만 어머니의 신분은 두고두고 논쟁의 대상이 되는 등 많은 고초를 겪었다. 그런 과정에서 영조는 서얼들과 천민 등의 애로사항을 인식하게 되었고, 훗날 왕위에 오르면서 그들을 위한 많은 정책을 펼쳤다.

영조는 중용의 도가 무엇인지를 가장 확실하게 실천한 임금이었다. 그 예가 바로 '탕평책'을 시행한 일이다. 노론과 소론들의 인재를 두루 등용했다는 것은 어느 쪽으로 치우쳐 생기는 불상사를 막는 좋은 방법이기 때문이다.

영조는 학문을 좋아하여 늘 책을 읽고 공부하였다. 그런 그가 《중용》을 읽고 무슨 생각을 했을지는 명약관화明若觀火하다. 다시 말해 불을 보듯 뻔하다는 말이다. 그런 까닭에 동서고금을 막론하고 정치를 잘했던 군주들 중엔 '중용의 도'를 따르고 실천했던 이들이 많다.

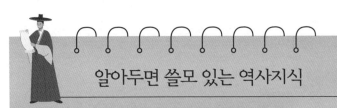

• 영조 재위기간에 시행된 경제정책 중 가장 높이 평가되는 것은 바로 균역법이었다. 종래의 군포를 2필에서 단순한 감필이 아니라 모두 1필역으로 부담을 균일하게 함으로써 양역의 불균형을 바로잡고 양역민의 부담을 크게 줄였다. 그리고 감필로 인한 재정부족을 보충하는 방안으로 결전을 토지세에 덧붙여서 양반이 위주인 지주층의 부담을 끌어내고, 군관포를 징수하였다. 또한 어염세, 은여결세 등 그 동안 국가세입에 들지 않던 세금을 국고로 환수하게 하여, 양반신분 및 농민층의 이해가 얽힌 양역문제 해결에서 지배층의 양보를 강요하면서까지 민생을 위한 개선책을 도모하였다. 이는 1750년 친히 홍화문에 나가서 한성시민을 만나서 양역개정에 대한 여론을 수렴하는 의지를 보인 것과 함께 균역법이 갖는 의의라고 할 수 있다.

• 영조는 탕평책을 통해 과열된 붕당 사이의 경쟁을 완화했으며 이전의 그 어느 왕보다도 민생을 위한 정치를 펴나가 조선시대 몇 안되는 성군 중 하나로 평가받고 있다.

• 영조는 형벌제도에 대해, 세금에 대해, 서얼들의 관리등용을 허용하는 서얼통청법을 제정하는 등 민생을 살피고 잘 살게 하기 위해 많은 노력을 기울였다. 이는 그가 성군으로 불리는 가장 큰 이유인 것이다.

22

증선지의
《십팔사략》

● **증선지**曾先之
송나라 말기에서 원나라 초기의 학자로 지은 책으로 《십팔사략》이 있다.

●《**십팔사략**十八史略》
《사기》《삼국지》《한서》 등 17정사正史에 송나라 때 사료를 담은 중국 고대 역사서다.

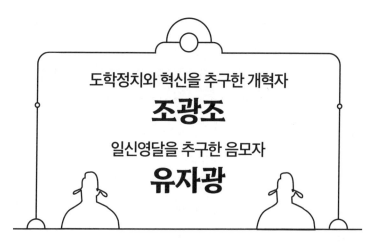

도학정치와 혁신을 추구한 개혁자
조광조
일신영달을 추구한 음모자
유자광

◎ 조광조趙光祖 1482~1519
조선 전기 부제학, 대사헌 등을 역임한 문신이자 학자이자
도학정치를 실현코자 추구한 개혁주의자다.

◎ 유자광柳子光 1439~1512
조선 전기 장악원제조 등을 역임한 문신으로 남이의 옥,
무오사화를 일으킨 음모자이다.

• 중국 고대사와 고전을 요약한 책 《십팔사략》

《십팔사략十八史略》은 1370년대에 원나라 학자 증선지가 쓴 중국 고대사를 담은 역사서이다. 《사기》《삼국지》《한서》 등 17정사正史에 송나라 때 사료를 넣어 쓴 초급 역사교과서라고 할 수 있다. 그러나 연구에 의하면 《자치통감》에서 가려 뽑은 글이 더 많은 것이 파악되었다. 또한 민간인이 저술한 역사책에서도 가려 뽑았다.

《십팔사략+八史略》은 책 제목처럼 18종의 사서를 요약한 책이다. 이 책의 구성을 살펴보면 첫째, 사마천의 《사기》, 반고의 《한서》, 범엽의 《후한서》, 진수의 《삼국지》, 방현령 외 《진서》, 심약의 《송서》, 소자현의 《남제서》, 요사렴의 《양서》, 요사렴의 《진서》, 위수의 《위서》, 이백약의 《북제서》, 최인사의 《후주서》, 위징과 장손무기의 《수서》, 이연수의 《남사》, 이연수의 《북사》, 구양수와 송기의 《신당서》, 구양수의 《신오대사》, 송감이희의 《속송편년자치통감》과 유시거의 《속송중흥편년자치통감》등 두 책을 하나로 봄 으로 구성되었다.

이 책을 쓴 증선자는 송나라 때 진사에 합격한 뒤 지방관을 지내다, 송나라가 멸망한 뒤에는 관직에서 물러나 다시는 출사를 하지 않았다. 《십팔사략》은 글 시작부분에 허황된 글이 많을 뿐만 아니라, 지나치게 함축이 되어 뜻이 자연스럽지 못해 이를 비판하는 경우가 많았다. 하지만 이 책엔 유명한 고사나 명언이 많아 조선시대에는 초학의 학습서로 많이 사용하였다.

이 책엔 사자성어 곡학아세曲學阿世의 유래에 대한 이야기가 전해진다. 이 말의 뜻은. 학문을 바르게 펴지 못하고 왜곡함으로써, 세상에 아부하여 출세하려는 그릇 된 행동을 가리키는 말이다. 이 말의 유례는 다음과 같다.

제나라에 원고생轅固生이라는 사람이 있었다. 그는 《시경詩經》에 정통해서 효경제孝景帝 때 박사가 되었다. 원고생은 성품이 강직해 어떤 사람도 두려워하지 않고 직언도 마다하지 않았다. 어느 날 노자老子의 글을 좋아하던 효경제의 어머니 두태후가 원고생을 불러 노자의 글에 대해 물었다.

"그대는 노자의 말에 대해 어떻게 생각하시오?"

"그것은 다만 하인들의 말 뿐이라고 생각합니다."

"무엇이라, 하인들의 말이라고?"

두태후는 격노해서 그에게 날카로운 칼을 주며 돼지를 찌르게 했다. 원고생은 돼지의 심장을 정확하게 찌르자 돼지는 단 한 칼에 쓰러졌다. 두태후는 아무 말 없이 더 이상 죄를 묻지 않았다.

그후 효경제는 원고생을 정직하고 청렴한 사람으로 여겨 청허왕의 태부로 임명하였다. 오랜 세월이 흐른 뒤 그는 병으로 벼슬을 그만두었다. 금상今上이 즉위해 원고생을 불렀으나, 아첨하는 선비들이 그를 헐뜯으며 원고생이 늙었다고 말해 황제는 그를 돌려보냈다. 원고생은 이미 아흔이 넘은 나이였다.

그가 부름을 받았을 때 설薛 사람 공손홍公孫弘도 부름을 받았는데, 곁눈질을 하며 원고생을 못마땅한 눈초리로 바라보곤 하였다. 이에 원고생이 공손홍에게 말했다.

"이 보시게, 힘써 학문을 바르게 하여 세상에 옳은 말을 하고, 학문을 굽혀 세상에 아부하는 일이 없도록 하시게."

그 뒤로 제나라에서 《시경》을 논하는 사람들은 모두 원고생의 말을 근본으로 삼아 했는데, 《시경》으로 구하게 된 제나라 사람들은 모두 원고생의 제자였다. 원고생이 공손홍에게 충고한 말에서 학문을 굽혀 세상에 아부한다는 곡학아세가 유래되었다.

• 도학정치 선구자 조광조 vs. 음모술수의 귀재 유자광

조선시대 때 도학정치 도학이란 성리학性理學의 이념을 바탕으로 하는 통치 사상을 말한다. 와 혁신을 추구한 개혁자 조광조. 그는 자신이 쌓은 학문을 오직 나라와 백성을 위해 온전히 실천한 문신이자 학자 이다. 다시 말해 학문을 통해 개인의 일신영달을 추구하지 않고 학문을 학문답게 실행으로 옮겼던 것이다.

한편 학문을 자신의 일신영달을 위해 온갖 감언이설 남의 비위에 맞도록 꾸미거나, 또는 이로운 조건을 내세워 그럴듯하게 꾀는 말 로 이용한 유지 광. 그는 곡학아세의 전형적인인물이다.

조광조는 7살 때 어천찰방으로 부임하는 아버지를 따라가, 무 오사화 1498년 연산군 4년 김일손 등 신진사류가 유자광을 중심으로 한 훈구파에 의해 화를 입은 사건 로 화를 입고 희천에 유배 중이던 김굉필에게 수학하 였다. 학문은《소학》《근사록》등을 토대로 하여 이를 경전연구 에 응용했으며, 이때부터 성리학 연구에 힘써 훗날 김종직金宗直 의 학통을 이은 사림파의 영수가 되었다.

1510년 중종 5 사마시 생원과 진사를 뽑던 과거로 초시와 복시가 있었다. 에 장 원으로 합격, 진사가 되어 성균관에 들어가 공부하였다. 1506년 중종반정 이후 당시 시대적 상황은 정치적 분위기를 일신코자 하는 것이 전반적인 흐름이었다. 이러한 가운데 성균관 유생들 의 천거와 이조판서 안당의 적극적인 추천으로, 1515년 조지서 사지라는 관직에 임명되었다. 그 해 가을 별시문과에 을과로 급제하여 예조좌랑이 되면서 왕의 두터운 신임을 얻게 되었다. 그는 유교로써 정치와 교화의 근본을 삼아야 한다는 지치주의 권력을 가진 사람들이 인, 의, 예, 지의 유교적 이념을 철저히 실천하여 군자가 되어야만 제대로 된 정치를 할 수 있다는 공자의 사상. 에 입각한 왕도정치의 실현을 역설하였다. 이와 함께 정언이 되어 언관으로서 그의 의도를 펼치기 시작하였다.

장경왕후가 죽자 조정에서는 계비 책봉문제가 거론 되었다. 이때 순창군수 김정, 담양부사 박상 등은 중종의 정비 폐위된 愼氏 를 복위시킬 것과 신씨의 폐위를 주장했던 박원종을 처벌할 것을 상소했는데, 이 때문에 대사간 이행의 탄핵을 받아 귀양을 가게 되었다.

그때 조광조는 대사간으로서 상소자를 벌함은 언로를 막는 결과가 되므로 국가의 존망에 관계되는 일이라 주장, 오히려 이행 등을 파직하게 하여 그에 대한 왕의 신임을 입증받았다. 이것을 계기로 원로파, 다시 말해 반정공신과 신진사류의 대립으로 발전, 이후 기묘사화의 발생 원인이 되었다.

정랑이 된 조광조는 1517년에는 교리로 경연시독관, 춘추관기주관을 겸임했으며, 향촌의 상호부조를 위해 《여씨향약》을 8도에 실시하도록 하였다. 주자학이 우리나라에 들어온 것은 고려 말이었으나 널리 보급되지는 못했고, 조선 초기에 와서도 도학道學은 일반적으로 경시되었다.

그러나 조광조의 도학정치에 대한 주창은 대단한 것이었고, 이러한 주창을 계기로 당시의 학풍은 변화되어 갔으며 뒤에 이황,

이이 같은 학자가 탄생될 수 있었던 것이다. 조광조의 도학정치는 조선시대의 풍습과 사상을 유교식으로 바꾸어놓는 데 중요한 동기가 되었다. 그러니까 조선시대에 일반서민들까지도 주자의 가례를 지키게 되어 상례를 다하고 젊은 과부의 재가도 허락되지 않게 되었다.

또한 1518년 부제학이 되어서는 미신 타파를 내세워 소격서조선시대에 하늘과 땅, 별에 지내는 도교의 초제醮祭를 맡아보던 관아 의 폐지를 강력히 주청했는데, 많은 반대에도 불구하고 마침내 이를 혁파하는 데 성공하였다.

조광조는 대사헌에 승진되어 부빈객조선 태조 4년 1395 세자의 교육을 위해 만들어진 관직으로 좌빈객과 우빈객의 2인이 있었다 을 겸하게 되었다. 그는 한편으로 천거시취제인 현량과를 처음 실시하게 하여 김식, 안처겸 등 29인이 뽑혔으며, 이어 김정, 박상, 김구, 한충 등 소장 학자들을 뽑아 요직에 안배함으로써, 현량과를 통해 신진사류들을 정계에 본격적으로 진출시키는 계기로 삼았다. 이들 신진사류들과 함께 훈구세력의 타도와 구제의 개혁 및 그에 따른 새로운 질서의 수립에 나섰다. 그리하여 이들은 1519년에 이르러 훈구세력인 반정공신을 공격하였다.

우선 정국공신이 너무 많음을 강력히 비판하였다. 그리고 성희안 같은 인물은 반정을 하지 않았는데도 뽑혔고, 유자광은 그의 척족들의 권귀권세가 있고 지위가 높음 를 위해 반정했는데, 이러한 유의 반정정신은 소인들이나 꾀하는 것이라며 신랄하게 비난하였다. 그리고 이들은 권좌에 올라 모든 국정을 다스리는 데 이를 먼저 하고 있으므로, 이를 개정하지 않으면 국가를 유지하기가 곤란함을 강력하게 주창하였다.

이의 실천 대안으로 반정공신 2, 3등 중 가장 심한 것은 개정해야 하고, 4등 50여 인은 모두 공이 없이 녹을 함부로 먹고 있으므로 삭제해야 한다는 위훈삭제를 강력히 주장하였다. 하지만 신진사류들의 주장은 쉽게 받아들여지지 않았다. 왜냐하면 반정공신들은 이미 기성 귀족이 되어 있었고, 현실적으로 원로가 된 훈구세력을 소인배로 몰아 배척하려는 급격한 개혁주장은 중종도 그리 달가워 하지 않았기 때문이다.

그러나 마침내 2, 3등 공신의 일부, 4등 공신 전원, 다시 말해 전 공신의 4분의 3에 해당되는 76인의 훈작이 삭탈당하기에 이르렀다. 이러한 급진적인 개혁은 마침내 훈구파의 강한 반발을 야기했다. 훈구파 중 홍경주, 남곤, 심정은 경빈 박씨 등 후궁을 움직여 왕에게 신진사류를 무고하도록 하였다. 또한 대궐 나뭇잎에 과일즙으로 '주초위왕走肖爲王'이라는 글자를 써 벌레가 파먹게 한 다음에, 궁녀로 하여금 이를 따서 왕에게 바쳐 의심을 조장시켰다. 한편 이들은 밤에 신무문을 통해 비밀리에 왕을 만나고는 조광조 일파가 당파를 조직하여 조정을 문란하게 하고 있다고 탄핵하였다. 이에 평소부터 신진사류를 비롯한 조광조의 도학정치와 과격한 언행에 염증을 느끼던 왕은 훈구대신들의 탄핵을 받아들여 이를 시행하였다.

그로인해 조광조는 김정, 김구, 윤자임, 박훈 등과 함께 투옥되었다. 처음 김정, 김식, 김구와 함께 그도 사사의 명을 받았으나,

영의정 정광필의 간곡한 비호로 능주에 유배되었다. 그후 구파의 김전, 남곤, 이유청은 각각 영의정, 좌의정, 우의정에 임명되자 이들에 의하여 그 해 12월 바로 사사되었다. 이때가 기묘년이었으므로 이 사건을 '기묘사화'라고 한다.

조광조는 뛰어난 학문과 절제력 있는 몸가짐으로 혁신적인 정치를 위해 혼신의 힘을 기울였으나, 기성세력인 훈구세력의 모략과 음해로 안타깝게 일생을 마쳤다. 조광조는 학문을 자신의 일신영달을 위해 사용하지 않고, 오직 조정과 나라의 발전을 위해 썼던 것이다. 그는 김종직의 학통을 이은 제자 중 가장 진보적이고 개혁적인 학자 중 하나라고 할 수 있다.

반면에 훈구세력의 수장으로서 온갖 모략과 음해로 무오사화를 주도했던 유자광은 곡학아세의 대표적인 인물이라 할 만하다. 유자광의 아버지는 부윤 유규이다. 서얼 출신으로 기사말을 타는 일과 활 쏘는 일 와 서사경서와 사기 에 능하였다. 갑사갑옷을 갖춘 군사. 조선 초기 각 지방에서 서울에 올라와 숙위하던 군사 로서 건춘문을 지키다가, 1467년세조 13 이시애의 난이 일어나자 자원하여 종군했으며, 임금의 총애를 받아 특별히 선략부호군이 되었고, 서얼로서 벼슬길에 올라 병조정랑이 되었다.

1468년에 세조가 세자와 더불어 온양으로 행차할 때 총통장으로 호위하였고, 온양별시문과에 장원하여 병조참지가 되었다. 이어 호송관으로 유구국현재의 오키나와 사자를 호송하였다. 그 해에 예종이 즉위하자 남이 등이 모반한다고 무고하여 수충보사병

기정난익대공신 1등 무령군에 봉해졌다.

1470년에는 응양장군에 봉해졌고, 예종은 유자광을 익대공신 으로서 각을 세워 형상을 그리고 비를 세워 공을 기록하였다. 또 그 부모와 처자에게 벼슬을 주되, 3계급을 뛰어 승진하게 하고, 적자와 장자는 세습하여 그 녹을 잃지 않게 했으며, 자손들은 정 안에 기록하게 하는 등 친히 교서를 내려 위로하기도 하였다.

1476년 성종 7 에는 한명회를 모함한 것이 드러났으나 임금이 죄 를 묻지 않았고, 1477년에는 대신들이 서얼인 유자광을 도총관 에 임명할 수 없다는 비판에도 불구하고 도총관으로 삼을 정도 로 왕의 총애를 받았다. 1478년 성종 9 에는 임사홍, 박효원 등과 함께 현석규를 배제하려다 실패하여 동래로 유배되었다. 1486년 에는 정조사로 명나라에 다녀왔고, 1487년에는 한성부판윤이 되 었으며, 또 등극사의 부사로 다시 명나라에 다녀왔다. 1489년에 는 장악원제조가 되었고, 1491년에는 황해도체찰사가 되었다. 1497년 연산군 3 에는 무령군에 봉해지고, 이듬해에는 겸도총부도 총관, 숭록대부 무령군에 제수되었다.

이극돈이 실록청당상이 되어《성종실록》을 편찬할 때 김일손 이 쓴 사초에 자신의 나쁜 일을 쓴 것과, 또 세조 때의 일을 쓴 것 을 보고 유자광에게 의논하자 곧바로 연산군에게 고하였다. 연 산군이 이 말을 듣고 "이 나라에 충성한다."는 말로써 특별히 칭 찬한 뒤에 남쪽 빈청에서 죄인을 국문하도록 명하였고, 이에 옥 사를 직접 맡았다. 또한 〈조의제문弔義帝文〉에 직접 주석을 달아 글귀마다 해석하여 연산군이 알기 쉽게 했고, 또 김종직의 문집을 걷어다가 빈청 앞뜰에서 불사르게 하였다. 나아가 1498년에 는 김종직과 제자들을 사초사건과 관련지어 크게 제거하는 무오 사화를 일으켰다. 이후부터 유자광의 권세가 조정과 민간에 군 림하게 되었다.

1506년 중종 1년 중종반정 때는 성희안과 인연이 있어 다시 훈열 에 참여하게 되어 정국공신 1등 무령부원군에 봉해졌다. 이듬해 에는 대광으로 제수되어 충훈부당상이 되었으나, 계속되는 대간 과 홍문관, 예문관의 잇따른 탄핵으로 중법에 처해져, 마침내는 훈작을 삭탈당하고 광양으로 유배되었다. 이어 평해로 옮겨졌 고, 정국공신의 호마저 삭제당했으며, 그 자손도 먼 지방으로 유 배되었다. 1512년 중종 7년에 유배지에서 죽었다.

유자광은 자신의 학문을 이용하여 온갖 감언이설로 남이 장 군을 모함하여 죽게 하고, 김종직의 조의제문을 구실로 모함하 여 김종직의 명예를 더럽혔으며 김일손, 정여창 등 뛰어난 인재 인 그의 제자들을 죽게 하고 귀양을 보내게 조장했다. 이는 단지 사리사욕을 위해 아무 죄 없는 이들을 불행하게 만든 것일 뿐, 공 적도 아무 상관 없는 죄악이다. 결국 못된 짓을 일삼은 그는 유배 보내지고 눈이 멀어 고통받다 죽었다,

조광조는 뛰어난 학식과 인품으로 나라와 백성을 위해 노력 했으나 홍경주, 남곤 등의 모략과 모함을 받고 억울하게 죽고 말 았다. 하지만 유자광은 곡학아세로 일관하여 간교한 혀로 아무 잘못도 없는 뛰어난 인물들을 모함하여 죽게 했으니 그 죄가 심 히 깊다하지 않을 수 없다. 이처럼 같은 학문도 어떻게 쓰느냐에

따라 그 가치는 크게 달라지는 것이다. 학문을 나라와 백성들을 위해 쓰면 그 학문은 해처럼 빛나지만, 자신의 일신영달을 위해 허투루 쓴다면 그 학문은 쓰레기만도 못한 죽은 학문이 되고 마는 것이다.

알아두면 쓸모 있는 역사지식

• 조광조는 유교로써 정치와 교화의 근본을 삼아야 한다는 지치주의에 입각한 왕도정치의 실현을 역설하였다. 그로인해 도학정치는 조선시대의 풍습과 사상을 유교식으로 바꾸어놓는 데 중요한 동기가 되었다. 또한 1518년 부제학이 되어서는 미신 타파를 내세워 소격서의 폐지를 강력히 주청하여 많은 반대에도 불구하고 마침내 이를 혁파하는 데 성공하였다.

• 조광조는 천거시취제인 현량과를 처음 실시하게 하여 김식, 안처겸 등 29인이 뽑혔으며, 이어 김정, 박상, ·김구, 한충 등 소장학자들을 뽑아 요직에 안배함으로써, 현량과를 통해 신진사류들을 정계에 본격적으로 진출시키는 계기로 삼았다. 그로인해 훈구세력을 견제하며 개혁을 위해 과감한 정책을 펼쳤다.

• 기묘사화란 1519년_{중종 14} 11월 조광조, 김정, 김식 등 신진사류가 남곤, 심정, 홍경주 등의 훈구 재상에 의해 화를 입은 사건이다. 그 이유는 중종반정으로 유교적 정치질서가 회복되면서 조광조 등의 신진사류가 점차 두각을 나타냈으며, 이들은 왕도정치를 이상으로 하는 지치주의 실현에 주력하여 많은 성과를 거두었다. 하지만 반정공신 위훈삭제를 주장하여 훈구세력을 공격하자 이들은 계략을 꾸며 조광조를 비롯한 신진사류를 제거한 사건이다.

23

반고의
《한서》

● 반고班固 32~92
중국 후한초의 역사가로 자는 맹견. 전한의 역사서인《한서漢書》를 편찬했다.

●《한서漢書》
90년경에 쓴 책으로 고조의 건국과 무제의 흉노의 정벌 등 230년 동안 전한제국의 역사를 기록했다. 기記 12권, 표表 8권, 지志 10권, 전傳 70권 등 모두 100권으로 이루 어졌다.

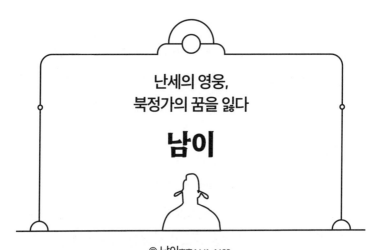

난세의 영웅,
북정가의 꿈을 잃다

남이

◎ 남이南夷 1441~1468
조선시대 무신으로 17살에 무과에 급제하고,
26살에 적개 1등 공신에 책봉되었으며 27살 때 병조판서가 되었다.
유자광의 모함으로 역모의 누명을 쓰고 처형되었다.

● 중국 전한제국의 역사를 기록한 《한서》

《한서漢書》는 90년경에 쓴 책으로 고조의 건국과 무제의 흉노의 정벌 등 230년 동안 전한제국의 역사를 기록했다.《한서》란 한나라의 사적을 기록한 책이란 뜻으로 후한시대 반고가 편찬했다. 기기記 12권, 표表 8권, 지志 10권, 전傳 70권 등 모두 100권으로 이루어졌다.《전한서前漢書》혹은《서한서西漢書》라고도 하는데《사기史記》와 더불어 중국 사학사상의 대표적인 저작이다. 한무제에서 끊긴 사마천의《사기史記》의 뒤를 이은 정사正史로 평가받는다.

이 책을 편찬한 동기는 반고의 아버지 반표가《사기》에서 부족한 점을 발견했으며, 또 무제 이후의 일은《사기》에 기록되지 않았기에 사서를 편집코자《후전後傳》65편을 편집하였다. 하지만 반표가 사망하자 그의 아들 반고는 아버지의 뜻을 이어 20년 동안에 걸쳐《한서》를 완성하였다.

그러나 그가 흉노정벌에 참여했다가 두혼의 황제암살 음모에 연좌되어 옥사하는 바람에《팔표八表》와《천문지天文志》는 완성을 보지 못했다. 이에 누이동생 반소가 화제의 명으로 계승하였고, 다시 마속의 보완으로 완성되었다.

《사기》가 상고시대부터 한무제까지 기술한 통사通史인데 비하여《한서》는 전한前漢만을 다룬 단대사이다.《한서》이후의 전사는 거의 단대사인데 이는 왕조의 입장에서 보는 역사관의 표현이라고 할 수 있다.

《한서》는《사기》와 부분적으로 중복되는 곳도 있으나, 이미 후한시대부터 삼국시대에 걸쳐 응소, 복건, 여순, 맹강 등 20여 명의 주석가가 나타났다. 그로인해 그들의 주석은 당唐나라의 안사고의 주석으로 집대성되어 현재의 간본은 모두 안사고의 주석을 부각한 것이다. 안사고 이후의 제가의 주석은 청나라 말기의 왕선겸이 엮은《한서보주》를 저본개정, 번역 따위를 하기 전 본디의 서류나 책으로 하여 열람하기 좋게 구두점을 찍은 활자본《한서》를 출간했다.

《한서》의 주요 내용 가운데 이릉에 대한 이야기가 나온다.

한나라 7대 황제인 무제는 이부인을 총애했는데, 그러던 어느
날 무제가 이릉 장군을 불러 말했다.

"이릉은 듣거라. 이광리가 흉노를 정벌할 수 있도록 힘써 보좌
하여라."

무제는 이부인의 오빠인 이광리가 흉노 정벌의 공을 세우도록
명장 이릉에게 이광리를 도울 것을 명령했다. 이릉은 별동대 5천
을 이끌고 침입하여 흉노 선우의 3만 병력과 싸워 수천 명의 목
을 베었다. 흉노의 선우는 11만의 병력으로 이릉을 공격했지만
이길 수 없자 철군을 결심했다.

이때 이릉의 부하 중 한 명이 잘못을 저지르고 징벌을 피해 흉
노로 도주하였다. 그런 뒤 이릉의 군대는 원병도 없고 화살도 거
의 바닥이 났다고 말했다. 이에 철군하려던 선우는 이릉을 공격
하였다. 이릉은 남은 병사들의 목숨을 살리기 위해 항복을 했다.
이때 흉노의 선우는 이릉을 얻기 위해 자신의 딸을 주며 사위로
삼았다.

이를 알게 된 무제는 노발대발하며 이릉의 노모와 처자를 참형
에 처했다. 소제가 즉위하자 곽광이 사신을 보내 불렀지만 돌아
오지 않았다. 20여 년을 흉노 땅에 살다가 죽었다.

이릉이 항복한 것은 남은 군사를 살리고, 훗날을 도모하기 위
해서였다. 하지만 무제는 그런 이릉의 마음을 모른 채 그가 항

복하고 선우의 사위가 됐다는 이유로 그의 노모와 가족 모두
를 죽였으니 이릉인들 마음이 오죽했으랴. 사마천은 이릉이 그
렇게 한 것은 훗날을 도모하기 위한 방편이었을 거라는 진언을
했다는 이유로 무제의 분노를 사 궁형에 처하는 형벌을 받았다.

　무제는 왕으로서 좀 더 신중한 마음을 가져야 함에도 자신의
분노를 자제하지 못하고 이릉의 가족을 모두 죽였으며, 사마천
에게 궁형이라는 남자로서는 최악의 형벌을 내렸으니 그의 인격
에 모남이 있는 까닭이다.

　급할수록 돌아가라는 말이 있다. 이는 급함으로 인해 생기
는 잘못됨을 막기 위한 지혜를 뜻하는 말이다. 왜냐하면 급하게
서두르고 판단하다 보면 잘못을 범하는 일이 다반사이기 때문
이다. 그런 까닭에 무슨 일이 있을 땐 특히, 좋지 않은 일이 있을
땐 차분히 마음을 가라앉히고 냉철한 마음으로 자신을 컨트롤
할 수 있어야 잘못됨을 막을 수 있다.

● 사내다운 기개를 갖춘 난세영웅, 남이

백두산석마도진 두만강수음마무 남아이십미평국 후세수칭대장부

白頭山石磨刀盡 頭滿江水飮馬無 男兒二十未平國 後世誰稱大丈夫

　백두산의 돌은 칼을 갈아 닳게 하고, 두만강의 물은 말을 먹여
없앤다.

　사나이 스무 살에 나라를 평정치 못하면 후세에 그 누가 대장

부라 말할까.

이는 남이 장군의 한시 〈북정가北征歌〉로 사내다운 기개가 드높아 읽는 것만으로도 힘이 넘치고 가슴이 부풀어 오른다. 남이 장군은 약관의 나이 27살 때 병조판서가 된 명장이다. 그런 그가 가슴에 품은 뜻을 이루지 못하고 비통하게 세상을 떠났다. 그렇다면 남이 장군은 어떤 인물이었을까.

남이 본관이 의령으로 할아버지는 의산군 남휘이고 할머니는 태종의 넷째 딸인 정선공주다. 아버지는 군수 남빈이다. 또 하나의 중요한 가문적 배경은 그가 권람의 사위였다는 사실이다. 권람은 조선 초기의 대표적 학자인 권근의 손자이자 권제의 아들로서 좌의정까지 오르고 정난 및 좌익 1등 공신에 책봉된 당시 가장 핵심적인 대신의 한 사람이었다. 남이는 17살의 어린 나이로 무과에 급제했다. 조선 전기 문과에 급제하는 평균 나이가 30살 전후였고, 무과도 그와 거의 비슷했던 사실을 감안하면 그가 그만큼 뛰어난 인재였음의 방증이라고 할 만하다.

1467년 세조 13 에 이시애가 난을 일으켰다. 그때 남이는 기백이 넘치는 26살이었다. 세조는 치세 내내 중앙집권의 강화를 주요 시책으로 추진했는데, 그 중 하나가 북방의 통제였다. 그는 북방 출신 수령을 줄이고 중앙에서 직접 관원을 파견했으며, 호패법을 강화해 변방 백성의 이주를 통제하는 정책 등이 시행되었다.

이시애는 함길도 길주 출신의 토반해당 지역의 토착양반 으로 회령부사를 역임한 인물이었다. 그는 세조의 이런 북방 압박정책에

강한 불만을 품었고, 결국 1467년 5월 함길도절도사 강효문을 죽이고 반란을 일으켰다.

전쟁 초기엔 반란군이 우세했다. 이시애는 단천, 북청 등을 거쳐 함흥을 점령해 관찰사 신면을 처형하고 체찰사 윤자운까지 사로잡았다. 그러자 세조는 젊은 종친인 구성군 이준을 총사령관으로 삼고 조석문, 허종 등을 장수로 임명해 3만 명의 진압군을 출동시켰다. 남이도 이때 핵심 지휘관의 일원으로 참전했다. 반란을 진압한 결정적인 계기는 7월 말의 북청전투였다. 이 전투의 승리로 관군은 전황을 장악했고, 이시애는 길주로 달아났다가 8월 12일 영동역서 관군에 체포되어 참수됨으로써 반란은 4개월만에 끝을 맺었다.

이 전투에서 남이는 가는 곳마다 적을 물리쳤다. 이시애 난에서 세운 전공으로 남이는 행호군정4품에 임명되고 적개 1등공신과 의산군에 책봉되었다. 이후 남이는 평안도선위사 윤필상이 지휘한 토벌군에서 우상대장으로 참전해 만포부터 파저강을 공격하면서, 건주위 여진의 우두머리인 이만주를 죽이는 뛰어난 전공을 세웠다. 건주위 여진토벌이 끝난 직후 남이는 공조판서에 임명되었고, 6개월 뒤에는 오위도총부 도총관을 겸직했으며, 한 달 뒤에는 병조판서에 임명되었다.

세조 말년의 정국은 한명회, 신숙주 등으로 대표되는 훈구대신들과 구성군 이준, 남이 등을 중심으로 한 신진세력이 서로 대립하였다. 남이는 훈구대신들에게 반감을 갖고 있었으며, 자신과 비슷한 세력으로 분류되던 구성군도 견제했다. 구성군은 세조의 동생인 임영대군 이구의 아들로 남이와 동갑이었다. 하지만 그는 세조의 신임과 총애를 받아 이시애의 난에서 총사령관으로 임명되었고, 이듬해에는 영의정까지 올랐다.

그런데 남이는 이런 구성군을 불편하게 생각했던 것이다. 남이는 자신을 신임한 세조가 죽고 예종이 즉위하고 훈구대신들이 다시 권력을 장악하면서 실각되었다. 예종은 즉위 당일 남이를 병조판서에서 겸사복장으로 발령했다. 이는 형조판서 강희맹과 중추부지사 한계희 등의 진언進言에 따른 결과였다.

또한 예종은 남이를 그다지 좋아하지 않았다. 그가 무예에 뛰어나고 성격이 강직할 뿐 아니라 아버지 세조의 사랑을 독차지하고 있던 그에 비하면, 예종은 정사에도 능하지 않았으며 세조의 신뢰도 두텁지 않았던 까닭이다. 이 때문에 예종은 평소에 남이를 시기하고 질투했는데도 그 원인이 있다. 그러니까 그에 대한 보복심리가 작용했던 것이다.

모략군인 병조참지 유자광은 남이가 궁궐에서 숙직하고 있다가 혜성이 나타나자 "묵은 것을 없애고 새 것을 나타나게 하려는 징조"라고 말했다고 모함하였다. 그 또한 남이에 대해 시기와 질투심으로 가득 차 있었다. 모든 면에서 그가 자신보다 뛰어났기 때문이다. 그 일로 남이는 체포되어 사흘 뒤 강순, 조경치, 변영, 변자의, 문효량, 고복로, 오치권, 박자하 등과 함께 저자에서 거열형에 처해졌다.

뛰어난 인물이었던 남이는 유자광의 모함으로 안타깝게 역사의 뒤안길로 사라졌다. 만일 그가 살아 있었다면 어땠을까. 조선 전기 때라 조선이 더욱 강건한 나라가 되는 데 도움이 되지 않았을까, 생각느니 자못 그가 참 가련하다는 생각이 드는 건 어쩔 수가 없다.

사림파의 거두 김종직이 유자광이란 간신배를 그토록 경멸한 것은 그가 남이 장군을 누명 씌어 억울하게 죽게 했기 때문이다. 한 사람의 뛰어난 인물은 수천수만 명보다도 더 큰 일을 해낸다. 그런데 간신배의 모략에 그를 죽게 한 예종은 임금으로서 사려가 깊지 못하다는 생각이다.

이는 마치 《한서》에 나오는 이릉 장군이 한 무제의 성급함에 노모와 가족을 잃고 좌절하며 살다 타국에 죽었듯이 좋은 인재를 잃게 한 것과 다를 바 없기 때문이다. 모름지기 동서고금을 막론하고 지도자는 대범해야 한다. 그리고 현명하고 판단력과 포용력이 좋아야 한다. 그 어느 때고 나라가 강건할 때 지도자는 하나같이 이런 마인드를 지녔다는 공통점이 있다. 하지만 나라가 빈약하여 혼란에 빠지고 멸망한 경우에는 지도자가 하나같이 탐욕적이고 배려심과 포용력이 없고 대범하지도 않았다는 공통점이 있다.

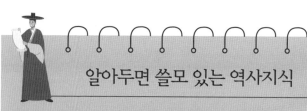

알아두면 쓸모 있는 역사지식

• 남이는 이시애가 반란을 일으키자 세조의 명에 따라 총사령관 이준과 장수 조석문, 허종 등과 3만 명의 진압군을 이끌고 진압에 나섰다. 이 전투에서 남이는 가는 곳마다 적을 물리쳤다. 이시애 난은 4개월만에 끝을 맺었다. 전투에서 세운 전공으로 남이는 행호군정4품에 임명되고 적개 1등공신과 의산군에 책봉되었다.

• 건주위 여진토벌이 끝난 직후 남이는 공조판서에 임명되었고, 6개월 뒤에는 오위도총부 도총관을 겸직했으며, 한 달 뒤에는 병조판서에 임명되었다. 세조 말년의 정국은 한명회, 신숙주 등으로 대표되는 훈구대신들과 구성군 이준, 남이 등을 중심으로 한 신진세력이 서로 대립하였다. 남이는 훈구대신들에게 반감을 갖고 있었으며, 자신과 비슷한 세력으로 분류되던 구성군도 견제했다.

• 예종은 즉위하자마자 남이를 병조판서에서 겸사복장으로 발령했으며, 훈구대신이 권력을 장악하면서 실각하였다. 그후 역모를 꾸민다는 유자광의 모함으로 큰 뜻을 펼쳐보지도 못한 채 28살에 생을 마감하였다.

24

왕충의
《논형》

● **왕충**王充 27~104
후한시대의 사상가로 《논형論衡》을 편찬하였다.

●《**논형**論衡》
90년경 후한의 왕충이 쓴 책으로, 한나라 시대의 자연관, 인간론, 지식론에 관한 과
학적이고 실증적인 비판서이다.

열하일기와
실학사상의 주체
박지원

◎ 박지원朴趾源 1737~1805
조선후기 실학자겸 소설가로 이용후생의 실학을 강조하였으며
여러 편의 한문소설을 발표하였다.
저서로 《열하일기》《연암집》《허생전》 등이 있다.

• 자연과 인간, 그리고 과학지식에 대한 비판서 《논형》

《논형論衡》은 90년경 후한시대의 사상가인 왕충이 쓴 책으로, 한나라 시대의 자연관, 인간론, 지식론에 관한 과학적이고 실증적인 비판서이다. 《논형》이란 책이름에 대해 왕충 자신이 '논論을 저울에 단다." 말의 경중을 따져 그 진위를 저울에 달아본다.'라고 말한다. 이를 좀 더 부연한다면 '논의하여 저울질한다거나 저울질하여 논의한다.'는 뜻이다. 그러니까 한나라 때 유행하던 여러 가지 논의 들을 검토하고 비판한다는 뜻이다.

왕충은 하급 사下級士 낮은 등급이나 계급 출신으로 평생 지방관리로 지냈다. 그 당시 사회는 하늘의 의지에서 왕권이 비롯된다는 왕권신수설이 지배하던 시대였다. 그런데 왕충은 이를 비판해 하늘은 의지를 갖지 않고 저절로 그럴 따름이다라고 주장하였다. 말하자면 하늘의 인격성을 부정한 것이다.《논형》은 전 38권 58편으로 이루어졌다. 왕충은 이 책을 통해 자신의 생각을 가감 없이 드러내고 있다.

왕충이 살았던 한나라는 경학이 지배하는 세상이었다. 경학은 유교사상이 담긴 책을 유일한 진리이자 '경전經典'으로 숭배하였다. 그런 까닭에 유교경전을 더 잘 이해할 수 있도록 보충하고 설명할 수는 있지만 자기의 견해를 피력하는 새로운 글을 쓸 수 없다는 태도를 견지하고 있었다. 그래서 유교경전에 해박한 경학박사들의 생각을 공부하고 학파를 만들어 그 일원으로 소속될 때에야 비로소 벼슬을 얻을 수 있는 세상이었다.

이처럼 독창성을 금지한 시대에 왕충의 글쓰기는 매우 도발적이고 독창적이었다. 왕충은 세상의 요구에 자신을 맞출 수가 없었다. 유교경전을 신봉하기는커녕 공자와 맹자의 사상에 대해 비판을 퍼부어대는 그의 주장엔 그 어디에서도 볼 수 없었던 날카로움과 독창성이 넘쳐난다.

왕충은 세계에 깊숙이 관여하고 시시비비, 다시 말해 옳고 그름을 바르게 할 뜻을 품었다는 점에서 노자, 장자의 계열이라고 볼 수 있다. 하지만 오히려 유교에 가깝다. 그럼에도 그가 노장老

莊의 무위자연설을 받아들여 도道를 자연이며 무위라고 하는 것은 종교적 권위와 정치권력에서 학문의 자유, 사색의 자유를 모색하였기 때문이다.

《논형》에서 왕충은 말한다. 진실한 것보다 잘난 체 하고 진짜가 거짓에 의해 오도당하는데도 사람들이 깨닫지 못하니 옳고 그름이 바로 잡히지 않는다고. 그러기 때문에 시비와 선악을 판별할 수 있는 지식인이 되기 위해서는 널리 배우고 의심스러운 부분에 대해서는 질문하고 비판함으로써, 다시 말해 참되기 위해 끊임없이 노력해야 하는 것이다.

왕충은 사회적으로 불우한 생애를 보내고, 또 최근까지 이단시되어 그에 대한 정당한 평가가 내려지지 못했는데, 그것은 공자, 맹자를 비판했기 때문이었다. 그는 당시當時에 하늘에는 합목적목적에 적합함적 의지활동의 능력이 있고 이것이 사람의 일에 영향을 끼친다고 하는 천인상관설이나, 미신적 예언설인 참위설을 비판하고 부정하였다. 반면에 자연으로서의 천天과 제 현상은 기氣의 작용에 의해 필연적으로 일어난다고 하는 유물론을 주장하였다. 왕충은 인간도 모든 사물과 마찬가지로 기의 산물이고 성인聖人과 범인凡人, 다시 말해 평범한 사람에게는 질적인 차이는 없으며, 개별적이고 특색적인 지식을 보편화하는 능력의 유무가 그 차이를 결정한다고 주장하였다. 그런 까닭에 그는 성인의 절대화에 반대하고, 성인은 덕의 체득자로서 군주의 지배를 합리화하는 지배계급적 견해에 대하여 누구에게나 성인의 길을 개방하는 주장을 펼친 것으로 유명하다.

이처럼 왕충은 기본적 학문, 다시 말해 경학에 바탕을 두지만, 자신의 생각을 펼쳐 보임으로써 진실한 학문적 자세와 그 가치에 대해 역설하였다. 진실한 학문은 아는 것을 안다고 하고 모르는 것은 모른다고 해야 한다. 그래야 아는 것은 더 알리기 위해 노력하고, 모르는 것은 알기 위해 노력하기 때문이다. 그런 까닭에 그 누구의 학설이나 사상이라고 할지라도 잘못된 부분이 있으며 질문하고 논함으로써 바르게 고침은 물론 자신의 새로운 학문을 펼쳐 보여야 하는 것이다.

그런데 그것을 알고도 제대로 알기 위해 공부하지 않거나 게으름을 피운다면 그것은 올바른 학문의 자세가 아닌 것이다. 생각해보라. 이미 남들이 연구한 것을 갖고 달달 외운다고 해서 그것이 진실한 학문인지를. 절대 아니다. 세월이 흐르면 사회도 변하고 유행도 시시각각 변한다. 그렇기 때문에 학문에도 변화가 따르는 것은 당연하다. 그런 까닭에 지금까지의 학문을 바탕으로 하여 새로운 것을 연구하고 공부함으로써 잘못된 것은 바로잡고, 새로운 것은 널리 알림으로써 발전시켜나가도록 할 때 진정한 학문은 이루어지는 것이다. 그리고 이는 영원히 지속되어져야 한다. 그것이 진리에 대한 학문의 목적이기 때문이다.

• 조선이 낳은 천재적인 실학자 박지원

　조선 후기의 대표적 실학자이자 《열하일기熱河日記》로 유명한 연암 박지원. 그는 누구인가. 그의 아버지는 박사유이며, 어머니는 함평이씨 이창원의 딸이다. 아버지가 벼슬 없는 선비로 지냈기 때문에 지돈녕부사인 할아버지 박필균이 양육하였다. 박지원은 1752년 전주이씨 이보천 딸과 혼인하면서 《맹자孟子》를 중심으로 학문에 정진하였다. 이보천의 아우 이양천에게서는 사마천의 《사기史記》를 비롯해 주로 역사와 문장 쓰는 법을 터득하고 많은 논설을 습작하였다. 수년 동안의 배움을 통해 문장에 대한 이치를 터득했다.

　1765년 처음 과거에서 뜻을 이루지 못하자 이후로 과거나 벼슬에 뜻을 두지 않고 오직 학문과 저술에만 전념하였다. 1768년 박제가, 이서구, 서상수, 유득공, 유금 등과 어울리면서 학문적으로 깊은 교유를 가졌다. 또한 홍대용, 이덕무 등과 이용후생 기구를 편리하게 쓰고 먹을 것과 입을 것을 넉넉하게 하여, 국민의 생활을 나아지게 함 에 대해 자주 토론했다. 당시 국내정세는 홍국영이 세도를 잡아 벽파였던 박지원은 만일을 위해 황해도 금천 연암협으로 이사했다. 이곳에 있는 동안 농사와 목축에 대한 장려책을 정리하였다.

　1780년 처남 이재성의 집에 머물다가 팔촌 형 박명원이 청의 고종 70살 진하사절 정사로 북경으로 가자 수행해 북경, 열하를 여행하고 돌아왔다. 이때의 견문을 정리해 쓴 책이 그 유명한 《열하일기熱河日記》이다. 이 책엔 평소의 이용후생에 대한 생각을 구체적으로 표현하였다. 이 저술로 인해 이름을 떨치기도 했으나 문원文垣 조선시대에 삼사三司 가운데 궁중의 경서, 문서 따위를 관리하고 임금의 자문에 응하는 일을 맡아보던 관아 에서 호된 비판을 받기도 하였다.

1786년에 뒤늦게 음사과거를 보지 않고 부조父祖의 공으로 음직을 얻어 관리로 서용됨로 선공감감역에 제수되었으며, 1789년 평시서주부, 1791년 한성부판관, 1792년 안의현감, 1797년 면천군수, 1800년 양양부사를 끝으로 관직에서 물러났다. 안의현감 시절에는 북경여행의 경험을 토대로 실험적 작업을 시도했으며, 면천군수 시절의 경험은《과농소초課農小抄》《한민명전의限民名田議》《안설按說》등을 남기게 되었는바,《열하일기》와 위의 책들은 박지원이 추구하던 현실개혁의 포부를 이론적으로 펼쳐 보인 작업의 하나였다.

박지원이《열하일기》에서 강조한 것은 당시 중국 중심의 세계관 속에서 청나라의 번창한 문물을 받아들여 낙후한 조선의 현실을 개혁하는 일이었다. 이때는 명明에 대한 의리와 연관 지어 청淸나라를 배격하는 풍조가 만연하던 시기였다. 박지원의 주장은 당시의 위정자나 지식인들에게 강한 자극을 불러일으켰다.

이러한 박지원의 주장은 비록 청나라에 적대적 감정이 쌓여 있다할지라도 그들의 문명을 수용해 우리의 현실이 개혁되고 풍요로워진다면 과감하게 받아들여야 한다는 것이다. 나아가 조선에 대한 그들의 잘못된 인식을 설파하고 개선책을 제시했으며, 또한 역대 중국인들이 우리에게 갖는 왜곡된 시각을 바로잡는 방법도 서술하였다.

박지원는 서학西學 서양학문 및 천주교에도 관심을 가졌는데, 이는 자연과학적 지식의 근원을 이해하려 한 것이며 새로운 문물에 대한 애착을 보인 결과였다. 특히 박지원이 펼친 우주에 대한 논리적 조리는 당시의 중국학자들도 놀라게 했다.

박지원의 생각은 당시로서는 받아들여지기 어려운 주창이었으나 과감한 개혁의지의 한 표출이라고 할 수 있다. 그 방도의 구체적 현상은 정치, 경제, 사회, 군사, 천문, 지리, 문학 등의 각 분야에서 나타났다. 특히 경제문제에서는 토지개혁정책, 화폐정책, 중상정책 등을 제창했으며 현실의 문제를 개혁하지 않고는 미래의 비전을 찾기 힘들다는 점을 강조하고 있다.

그리고 표현의 절제와 문장조직 방법의 운용, 사실적인 표현 등은 박지원이 생각한 당대의 현실과 문학과의 관계를 연결 짓는 방법들이었다. 이는 문집 속에 수록된 당시 교유했던 사람들의 문집서 등에서도 잘 나타나 있다. 또한 박지원이 남긴 일련의 한문 단편들 속에서도 구체적으로 형상화되고 있다.

박지원의 저술은 모두《연암집燕巖集》에 수록되었다. 저술에서 특이한 점은 문집 대부분이 논설을 중심으로 한 문장이 대부분이라는 것이다. 저서로는《열하일기》, 작품으로는《허생전許生傳》《양반전》《봉산학자전》외 다수가 있다.

박지원의 실학사상은 진보적이고 개혁주의적인 것으로 조선시대의 고착화된 유교사회에서 볼 때 매우 위험한 발상이자 눈살을 찌푸리게 하는 위학僞學, 다시 말해 정도에서 벗어난 거짓학문과도 같은 것이었다. 그런 까닭에 당시 그의 학문은 관료사회와 양반계층에서는 도외시 될 수밖에 없었고 비판받았다. 하지만 동서고금을 막론하고 새로운 학문이 출현되면 어김없이 기존 학문에 빗대 제대로 보려고 하지 않고 비판적인 입장을 견지하였다. 그러나 이런 과정을 거쳐 새로운 학문은 그 가치를 인정받게 되었고, 그후 새로운 학문으로서의 역할을 톡톡히 해냈다.

이런 관점에서 볼 때 왕충의 《논형》과 박지원의 《열하일기》를 비롯한 저작물은 일맥상통한 데가 있다고 할 수 있다. 당시에 왕충의 사상이 이단시되어 곤혹을 치르고 평가받지 못했으나 지금에 이르러서는 뛰어난 학문적 가치를 지니고 사상적 가치를 확보했다. 이렇듯 지금에 와서는 박지원의 저서와 사상 또한 높이 평가받고 있다. 그런 까닭에 자신의 생각이 옳다면 그 생각을 뒷받침할 수 있도록 충분한 논거를 지닐 수 있도록 실력을 쌓아야 하는 것이다.

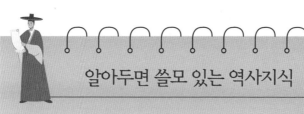

알아두면 쓸모 있는 역사지식

• 박지원은 북경, 열하를 여행하고 돌아와 견문을 정리해 쓴 책이 그 유명한 《열하일기熱河日記》이다. 이 책엔 평소의 이용후생에 대한 생각을 구체적으로 표현하였다. 이 저술로 인해 이름을 떨치기도 했으나 문원文垣에서 호된 비판을 받기도 하였다. 그가 《열하일기》에서 강조한 것은 당시 중국 중심의 세계관 속에서 청나라의 번창한 문물을 받아들여 낙후한 조선의 현실을 개혁하는 일이었다.

• 박지원의 생각은 당시로서는 받아들여지기 어려운 주창이었으나 과감한 개혁 의지의 한 표출이라고 할 수 있다. 그 방도의 구체적 현상은 정치, 경제, 사회, 군사, 천문, 지리, 문학 등의 각 분야에서 나타났다. 특히 경제문제에서는 토지개혁정책, 화폐정책, 중상정책 등을 제창했으며 현실의 문제를 개혁하지 않고는 미래의 비전을 찾기 힘들다는 점을 강조하고 있다.

• 박지원의 저술은 모두 《연암집燕巖集》에 수록되었다. 저술에서 특이한 점은 문집 대부분이 논설을 중심으로 한 문장이 대부분라는 것이다. 저서로는 《열하일기》, 작품으로는 《허생전許生傳》 《양반전》 《봉산학자전》 외 다수가 있다.

25

순황의
《순자》

● **순황**荀況 기원전 298~기원전 238

중국 전국시대 말기의 유교 사상가이자 학자다. 지은 책으로 《순자》가 있다.

● **《순자**荀子**》**

진나라의 천하통일의 이론적인 근거를 쓴 책이다. <권학편勤學篇>에서 <요문편堯問篇>편까지 총 32편으로 구성되어 있다. 이 책엔 교육과 수양, 정치, 문학, 음악, 군사, 경제, 인식론, 논리학 등이 주요 내용을 이룬다.

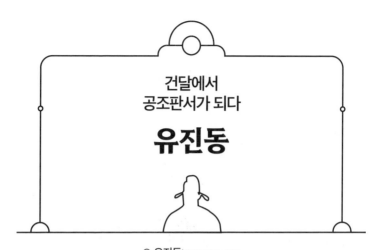

건달에서
공조판서가 되다

유진동

◎ 유진동柳辰소 1497~1561
조선 중기에 활동한 문신이자 서화가이며 공조판서를 지냈다.

● 교육부터 정치, 문학, 군사, 경제, 철학까지 중국 사상을 집대성한 《순자》

순자의 본명은 순황이지만 그가 쓴 책《순자荀子》와 같이 순자라고 불린다. 순자는 중국 전국시대 말기의 철학자로, 순경荀卿 또는 손경자孫卿子로도 불린다. 초나라 춘신군의 부름을 받아 난릉령에 임명되기도 했으나, 춘신군이 살해당하면서 파직된 이후로는 제자 양성과 저술에 전념하며 여생을 마쳤다. 순자는 현실 규범적·정치적 요소를 중시했고 도가, 묵가, 명가 등 자사와 맹자의 관념적 유가 계통을 비롯해 자하학파, 자유학파, 자장학파 등에도 미쳐 유가 내부의 자성을 이끌었다. 이 과정에서 논리적 탐구가 체계화 되고 묵가, 명가와 함께 순자학파는 춘추전국 3대 논리학파를 형성했다.

그의 사상의 중심은 예禮를 바탕으로 한다. 그가 예를 중시했던 것은 천하의 안정과 질서의 확립을 위해서는 인격도야를 중요시했기 때문이다. 다시 말해 인격을 수양함으로써 몸과 마음을 정결히 하고, 예를 갖추는 것을 근본으로 했던 것이다. 순자는 공자의 사상을 따른다고 했지만, 공자의 사상을 나름대로 정리함과 동시에 맹자의 성선설을 반박하고 비판하며 인간은 본시 악하다는 성악설을 주장하였다. 그런 까닭에 인간의 악한 심성을 선하게 하기 위해서는 인격수양을 통해 예를 갖춰야 한다는 것이다. 이를 좀 더 부연해서 말한다면 천명天命, 다시 말해 하늘의 뜻을 부정하고 인간을 주체로 하는 사상, 그러니까 인식, 다시 말해 '사물을 분별하고 판단하는 일'은 감각기관 및 경험을 통해 이뤄진다는 것을 말한다.

그의 사상을 잘 알게 하는 말을 보면 '한 발 한 발 걷지 않고는 천리를 갈 수 없다, 군자는 스스로 믿고 하늘에 기대지 않는다, 인간의 본성은 악하지만 인위에 의해 선해진다, 성인이란 인위를 통해 완성된 인격체이다' 등이다. 앞에서도 말했지만 이는 인간의 노력과 경험을 중요시했기 때문이다. 그렇다. 그런 까닭에 인간은 인위, 다시 말해 스스로 노력함으로써 얼마든지 성인이 될 수 있고, 선한 사람이 될 수 있다는 것이다.

이를 뒷받침하듯 사람들 가운데 한때 악행을 일삼다 깊이 반성하고 노력함으로써 사람들의 찬사를 받으며 사람답게 사는 사람들을 종종 보게 된다. 하지만 악행을 일삼다 평생을 그늘진 곳을 벗어나지 못하고 비극적인 인생으로 끝내는 이들도 있다. 그렇다면 문제는 간단하다. 자신의 인생을 가치 있게 살기 위해서는 '악'을 멀리하고 '선'을 가까이 함으로써 인간답게 살아야 한다.

사람은 본의 아니게 잘못을 하기도 하고, 작위적으로 잘못을 일삼기도 한다. 그러나 문제는 잘못됨을 바로 잡지 않으면 안 된다는 것이다. 이는 인간이 인간답게 살기 위해서는 반드시 고쳐 바로잡아야 하는 까닭이다. 한때 악행을 저지름으로써 비난의 화살을 면치 못했던 이가, 자신을 반성하고 노력함으로써 선행의 본이 되어 역사적인 인물로 평가 받는 이가 있다. 그에 대한 이야기이다.

● 스스로를 깨닫고 개과천선한 유진동

조선 제13대 임금인 중종 때 유진동이란 이가 있었다. 그는 일찍이 부모를 여의고, 공부도 하지 못한 채 건달들과 어울려 도둑질을 일삼고, 힘자랑을 하며 손가락질 받는 일을 서슴지 않았다. 그런데 그런 그를 유심히 눈여겨보던 이가 있었다. 그는 중종 때 호조판서를 지낸 이자견이다.

어느 날 그는 자신의 누나에게 말했다.

"누님, 제가 소개하는 사람과 혼인을 하심이 어떻겠는지요. 지금은 비록 보잘 것 없지만 장차 큰 인물이 될 사람입니다."

"그래? 네 뜻이 그렇다면 그 사람과 혼인할게."

이자견이 비록 동생이지만, 그의 누나는 평소 그를 믿고 그의 말을 잘 따라주었다. 그녀는 동생의 말에 유진동과 혼인하였다. 유진동은 결혼을 해서도 별로 달라지지 않았다. 하지만 이자견은 때가 오기를 묵묵히 기다렸다.

그러던 어느 날이었다. 말을 타고 사냥을 나갔던 유진동이 그만 말에서 떨어지고 말았다. 그는 그날로부터 바깥출입을 삼가고 책을 읽고 글을 쓰는 등 학문에 정진하였다. 그리고 마침내 1531년 문과에 급제하여 벼슬길에 올랐다. 그는 검열을 거쳐 지위가 점점 올라 전라도, 경기도 관찰사. 평안감사를 역임하고 파직당했으나, 주역周易에 밝은 유신으로 뽑혀 무관으로 벼슬을 받은 후 한성 좌윤이 되었으며, 나아가 자헌대부의 위계에 올라 지중추부사가 되었다.

유진동은 경기도 중심지역을 순찰하여 모든 관폐를 갱신하는 한편 방어를 튼튼케 했다. 함경감사에 보직되어 성지城池를 수축하고 국경의 방위를 견고히 하였다. 만기로 돌아와 공조판서가 되어 오위도총부 도총관을 지냈다.

그는 인품이 뛰어나고 용모가 준수하여 사람들이 그를 업신여기지 못하였으며, 매사에 치밀하고 시사나 정치에 대해 경솔히 말하지 않았다. 문장文章에 있어 자신을 과시하려는 잔재주를 피했고, 시는 간결했으며 그림을 잘 그렸다. 그는 함경감사 때는 소학小學으로 백성을 가르치고 군비와 병졸의 훈련에 힘써 항상 임전태세를 갖추었다. 또한 그는 큰 글씨를 잘 써 현재 남대문의 현판인 숭례문崇禮門은 그의 글씨라는 설이 있다.

이 이야기에 보듯 젊어 한때 건달로 지냈던 그가 훌륭한 인품을 갖추고 임금과 나라와 백성들을 위해 요직을 두루 거치며 치적治績을 쌓을 수 있었던 것은 스스로를 뉘우치고 반성함으로써 인격을 수양했기 때문이다. 나아가 예를 갖추고 선비로서 올곧은 품성을 기른 까닭이다. 유진동은 건달인 자신을 이끌어줌으로써 인생을 변화시킨 처남 이자견을 인생의 스승처럼 존경했다고 한다.

한나라를 세운 한고조 유방 또한 한때 건달이었다. 그런데 시골출신이자 무식쟁이인 그가 한나라 건국의 3걸로 불리는 지략가 장량과 소하, 명장 한신 등 뛰어난 사람들을 곁에 둠으로써 한나라를 세워 자신의 뜻을 이룬 걸로 유명하다. 그는 배움은 없었지만, 인정이 많고 사람을 잘 다루었기 때문이다. 나아가 장량과 같은 현인의 가르침을 기꺼이 받아들여 스스로를 돌아보는 안목을 길렀기 때문이다.

이런 점에서 볼 때 유진동과 유방은 비슷한 점이 너무 같다는 것을 알 수 있다. 세계사적으로 볼 때 유진동이나 유방과 같은 처지에서 일약 인생의 주인공이 된 이들이 도처에 있다. 동서고금을 막론하고 이들이 이처럼 될 수 있었던 것 순자의 사상인 예를 잘 받들어 자신의 몸과 마음을 정결하게 갖추었기 때문이다.

예의는 인간관계에서 가장 중요한 기초이다.

이는 공자孔子가 한 말로 '예'는 인간이 살아가는 데 있어 가장 근본으로 삼아야 하는 것이다. 그래야 서로 존중하게 되고 살기 좋은 사회가 되기 때문이다.

알아두면 쓸모 있는 역사지식

• 유진동은 젊어 한때 건달들과 어울려 도둑질을 일삼고, 힘자랑을 하며 손가락질 받는 일을 서슴지 않았다. 하지만 스스로를 뉘우치고 반성함으로써 인격을 수양하고, 올곧은 인품을 기른 까닭에 성공한 인생이 되었다.

• 유진동은 경기도 중심지역을 순찰하여 모든 관폐를 갱신하는 한편 방어를 튼튼케 했다. 함경감사에 보직되어 성지城池를 수축하고 국경의 방위를 견고히 하였으며, 소학小學으로 백성을 가르쳐 학문을 장려하였다. 만기로 돌아와 공조판서가 되어 오위도총부 도총관을 지냈다.

• 시, 서, 화에 능하고 큰 글씨를 잘 써 현재 남대문의 현판인 숭례문崇禮門은 유진동의 글씨라는 설이 있다.

26

안지추의
《안씨가훈》

● **안지추**顏之推 531~591
중국 육조시대六朝時代 말기의 문학가다. 지은 책으로 가족과 가정 도덕의 실천덕목을
담은《안씨가훈顏氏家訓》있다.

●《**안씨가훈**顏氏家訓》
중국 육조시대 말기의 귀족 안지추가 자손을 위하여 저술한 교훈서다.

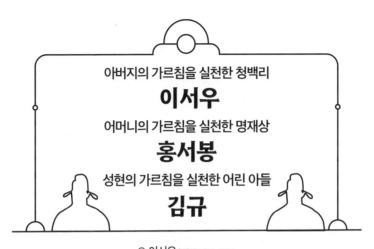

아버지의 가르침을 실천한 청백리
이서우
어머니의 가르침을 실천한 명재상
홍서봉
성현의 가르침을 실천한 어린 아들
김규

◎ 이서우李瑞雨 1633~1709
조선 후기의 문신으로 공조참판을 지냈으며 시문이 뛰어난 청백리였다.

◎ 홍서봉洪瑞鳳 1572~1645
조선 중기 때 문인으로 인조반정을 주도하였으며
이조판서, 좌의정, 영의정을 지냈다.

◎ 김규金虯 1521~1565
조선 명종 때 문인으로 이조정랑과 전한을 지냈다.
13살 때 글을 지어 감옥에 갇힌 아버지를 석방시킨 일화로 유명하다.

• 자식과 자손에게 남긴 인생 지침서 《안씨가훈》

《안씨가훈顔氏家訓》은 590년경에 저술된 책으로 오랫동안 전쟁의 혼란 가운데 살았던 안지추가 그의 자식과 자손에게 남긴 인생 지침서이다.《안씨가훈》이란 안씨 가문의 가훈이란 의미이다. 책은 서序에서 유언까지 총 20편으로 구성 되어 있다.《안씨가훈》

은 지금까지 1400년 동안 널리 읽혀져 왔으며, 유교적 생활에 젖어 살았던 시대 사람들의 삶과 행동양식에 큰 영향을 끼쳤다.

당시의 중국은 한족인 남조와 북방민족인 북조가 대립한 이후 수나라가 통일을 이룰 때 까지 지속적인 전쟁으로 인해 무질서와 혼란스러움으로 사람들이 힘들게 살아야만 했다. 안지추 또한 그런 난세에서 살았기에 가족의 소중함은 물론 자손들이 인생을 잘 살아가기 위해서는 인생의 지침이 되는 교훈을 일깨워야 한다는 생각했다.

그는 남조 양나라에서 관직생활을 했으나 서위의 군대에 납치되었다. 그런데 그는 북제에서 중용되어 황문시랑이 되었다. 하지만 북제는 북주에게 멸망하였으며, 수나라가 통일을 이루었다. 안지추는 어려운 상황에서도 유학을 공부한 사람으로서의 품위를 지키려고 노력했으며, 자식들에게 본이 되게 생활하였다. 《안씨가훈》은 그런 가운데 쓰였고, 그런 까닭에 오랜 기간 동안 가훈을 담은 책 중 가장 널리 읽히고 중요시되었다.

이 책의 중요 지침 몇 가지를 살펴본다면 첫째, 가풍을 올바르게 세우고 자손을 가르쳐야 한다. 둘째, 자식교육의 중요성을 역설하며 자식이 어릴 때부터 예법을 가르치고, 바람직한 아버지와 자식 사이의 도에 대하여 가르치고, 부모는 자식을 편애하지 말아야 한다. 셋째, 가장으로서 가족을 잘 이끌기 위해서 감화는 위에서 아래로 내려가도록 하라, 베푸는 자는 오만하고 검약하는 자는 인색하니 이를 경계하고, 사위는 예뻐하고 며느리는 미워하는 것을 경계하라, 결혼은 인륜지지 대사지 상거래가 아님을 강조하고, 남에게 빌린 책은 소중히 다루고 본 다음에는 돌려주라고 한다. 넷째, 마음가짐에 대해 이르기를 이별할 때 잘 이별하라, 예의의 참뜻을 모르면 함부로 하기 쉬우니 예의를 분명하게 행하라, 찾아 온 사람은 그가 누구든 문전박대하지 말아야 한다, 고 말한다.

이렇듯 《안씨가훈》은 가훈의 교과서라고 하기에 부족함이 없다하겠다.

아주 오래전 강연을 할 때 일이다. 강연 주제 '가훈'에 대한 이야기도 있었는데, 그때 10대들 중엔 가훈은 왜 필요한가라는 생각을 가진 10대가 의외로 많은 걸 보고 깜짝 놀란 적이 있다. 학교에는 교훈이 있고 학급마다 급훈이 있듯이 가정에는 가훈이 있는 게 당연하다고 역설하며 가훈은 가족에 대한 마음가짐을 바르게 하는 지침임을 강조하였다.

우리가 머리로는 알아도 실제는 그것을 행하는 경우가 드문 일이 많다. 다시 말해 머리로는 그렇게 해야 한다고 생각하면서도 실제에 있어서는 잊는 경우가 많다. 그런 까닭에 교훈이나 급훈, 가훈은 필요하다. 다시 말해 우리가 날마다 거울을 보고 얼굴을 살피고 옷깃을 매만지고 단정히 하는 것처럼 가훈은 집안을 바르게 세우고, 가족을 바르게 세우는 '마음의 거울'인 것이다.

그렇다. 그런 까닭에 지금도 가훈을 써서 집에 걸어둔 가정들이 있다. 그런 가정을 보게 되면 '아, 이 집은 가족 사이에 화목하고 행복하게 잘 지내겠구나.'라는 생각이 든다. 왜 그럴까. 앞에서도 말했듯이 마음의 거울인 가훈을 매일 보고 마음에 새기니 그런 생각이 드는 것은 당연하다. 그리고 사실에 있어 가훈이 있는 집이 그렇지 않은 집보다 가정이 화목하다고 한다. 이런 사례를 보더라도 가훈은 있는 것이 좋다.

다음은 가훈에 따른 가정교육의 중요성을 잘 알게 하는 이야기이다.

● 아버지의 가르침을 실천한 청백리 이서우

이서우는 조선 제19대 임금 숙종 때 사람으로 홍문관으로 재직하고 있었는데, 어느 날 숙종은 그를 공조참판으로 승진시켰다. 여기에는 흥미로운 일화가 전해진다. 숙종은 성군인 세종대왕의 뒤를 이을 만큼, 인품이 뛰어나고 백성을 지극히 사랑한 임금으로 평가받는다. 어느 해 대보름날 밤 숙종은 내관을 불러 말했다.

"오늘은 정월대보름인데 이 약밥을 남산골에서 가장 가난한 선비에게 전해주도록 하라."

"네, 전하."

명을 받은 내관은 남산골로 가서 여기저기 살핀 끝에 집은 거의 반파되고, 눈 위에 사람 발자국조차 없는 집을 발견하였다. 그런데 그때 방안에서 희미한 여자의 목소리가 들렸다. 그리고 이어 힘 없는 남자의 목소리가 들렸다. 가만히 들으니, 따뜻한 물을 마시고 싶다는 거였다. 내관은 이 집이 가장 가난하다고 여겨 약밥을 창문으로 밀어주고 왔다.

　그후 세월이 흐른 뒤 숙종은 몇 해 전 자신이 보낸 약밥을 먹은 남산골 가난한 선비가 궁금하여 자신도 모르게 혼잣말로 말했다.

　"몇 해 전 내가 보낸 약밥을 먹은 선비는 어떻게 살고 있는지 궁금하구나."

　그 말을 듣고 옆에 있던 이서우가 말했다.

　"전하, 소신이 그 약밥을 받았나이다. 그때 추위와 굶주림을 견디지 못해 아내와 함께 죽을 지경에 이르렀습니다. 그런데 약밥을 나눠 여러 날을 버틴 끝에 살아날 수 있었나이다."

　"그래? 그런 일이 있었구만. 그럼 그 상자에 있던 다른 물건은 보지 못했는가."

　"은덩이가 들어 있었나이다."

　"그래? 그거면 넉넉하게 살 수도 있었을 텐데."

　"신은 누가 보낸 것인지 몰라 지금껏 상자에 보관하고 있나이다."

　숙종은 이서우의 청렴함에 크게 감동하여 그에게 특별히 공조참판의 벼슬을 내렸던 것이다. 이서우가 이처럼 청렴하게 될 수 있었던 것은 그의 아버지 가르침 때문이었다. 아무리 내 상황이 어렵고 힘들어도 절대 남의 것을 탐해서도 안 되고, 까닭 없이 받아서도 안 된다는 가르침이었다. 그랬기에 그는 지독한 가난 속에서도 상자 속에 들어 있는 은덩이를 그대로 보관했던 것이다. 그리고 훗날 벼슬길에 올라 숙종을 감동시킴으로써 공조참판이

되었던 것이다.

● 어머니의 가르침을 실천한 명재상_ 홍서봉

홍서봉은 조선 제14대 임금인 선조 때 문신으로 청렴하고 문장과 서예에 능했다. 또한 성품이 온화하여 누구와도 잘 어울렸으며, 반면에 곧고 흐트러짐이 없었다. 그는 인조반정 1623년 광해군 15년 이귀 등 서인 일파가 광해군 및 집권당인 이이첨 등의 대북파를 몰아내고, 능양군 종 인조을 왕으로 옹립한 정변 후 이조판서를 거쳐 영의정에 이르렀다. 그의 그러한 성품은 어머니를 그대로 이어받았다. 다음은 그의 어머니에 대한 이야기이다.

"가서 고기를 좀 사오너라."

어느 날 홍서봉의 어머니는 하인을 시켜 고기를 사오게 했다. 그런데 사온 고기는 모두 상해 있었다. 그의 어머니는 하인을 야단치기는커녕 넌지시 물었다.

"애야, 사온 것과 같은 고기가 얼마나 더 있던?"

이에 하인은 자신이 본 대로 말했다. 그러자 홍서봉의 어머니는 비녀 등 패물을 팔아 그 돈으로 고기를 다 사오게 했다. 하인이 고기를 사오자 아까 사온 고기와 지금 사온 고기를 땅을 파고 다 묻으라고 하였다. 하인은 영문을 몰라 고개를 갸웃거리며 땅을 파서는 고기를 다 묻었다.

홍서봉의 어머니가 고기를 다 사다 땅에 묻은 것은 혹시나 다른 사람들이 사서 먹고 탈이 날까 해서였다. 이 소식을 들은 홍서봉은 어머니에게 말했다.

"어머니의 어진 마음이 하늘에 닿아, 우리 자손들이 모두 다 잘 될 것이옵니다."

그러던 어느 날 소현세자가 갑자기 세상을 떠나자 왕실에서는 봉림대군을 세자로 책봉하려고 하였다. 이에 홍서봉은 봉림대군의 책봉을 반대하고 소현세자의 아들을 세자로 책봉할 것을 주장하였다. 그러나 그의 뜻은 관철되지 않았다. 그러자 홍서봉은 그 참담한 심경을 시로 썼다.

이렇듯 홍서봉은 자신이 옳다고 생각하는 것은 그 어디에도 굴하지 않고 소신껏 자신의 생각을 전했다. 그의 이런 마음은 남을 배려하고 생각하는 그의 어머니의 마음을 닮았기 때문이다. 그의 어머니는 그에게는 스승과도 같은 존재였다.

홍서봉이 훗날 인조반정을 주도하여 이조판서가 되고, 좌의정, 영의정을 지낼 수 있음은 어머니의 가르침 때문이었다. 다른 사람들이 먹으면 탈이 날까봐 상한 고기를 모두 사다 땅에 파묻은 어머니의 행동은 그 어떤 명문장의 교훈보다도 홍서봉에게는 생생한 교훈이었다. 그런 까닭에 벼슬길에 올라 대사헌으로 재직 중 흉년으로 안팎이 곤궁할 때 사치가 심함을 지적하여, 이의 시정을 진언하여 바로잡았다. 그리고 병자호란이 일어나자 화의를 주장 최명길, 김신국, 이경직 등과 청나라 군사 진영을 내왕하며 화의를 위한 실무를 수행하였다.

또한 가뭄으로 인한 기민의 구제를 위해 일정한 곳에 정착하지 못하고 이곳저곳으로 떠돌아다니는 백성들에게 실제로 일정한 직업을 주어 모여 살게 할 것을 주장하였으며 왕을 적극적으로 보필하여 나라와 백성을 위해 헌신하였다. 이처럼 백성을 생각하고 배려하는 마음으로 관직에 임했기에 일인지하만인지상人之下 萬人之上 이란 영의정의 벼슬까지 지닐 수 있었던 것이다.

● 성현의 가르침을 실천한 어린 아들 김규

조선 제13대 임금 명종 때 전한의 벼슬을 지낸 문인 김규는 어린 시절 효성이 지극하고, 글을 잘 써 명종을 감동시킴으로써 아버지를 감옥에서 석방시킨 인물이다. 이에 대한 흥미로운 이야기이다.

명종 재위 시 어느 핸가 극심한 가뭄이 들어 온 나라가 아우성이었다. 명종은 기우제를 올려 간절한 마음을 하늘에 전하던 차 갑자기 풍악소리가 들려왔다. 시절이 시절인지라 괘씸한 생각에 뉘 집에서 나는 소리인지 알아보라고 명을 내렸다. 명을 받은 자가 돌아와 아뢨다.

"전하, 감찰 김세우라는 자가 잔치를 베풀고 있다하나이다."

"지금 때가 어느 땐데 국록을 먹는 자가 어찌 그처럼 무모하고 방자할 수 있단 말이냐. 지금 당장 잡아다가 죄를 묻도록 하라."

어명으로 13명이나 되는 자들을 잡아들였다. 그러자 김세우의 자식들과 동생들이 용서를 구하는 상소문을 올렸다. 그러자 반성도 모르는 그에게 분노한 왕이 아들과 동생들까지 잡아 가뒀다. 그러자 다른 가족은 모두 도망하여 숨었다. 그런데 김규만

집을 지키고 있다 붙잡혀 왔다. 명종이 그에게 물었다.

"너는 왜 도망을 가지 않았느냐?"

"아버지의 목숨이 경각에 달렸는데, 자식으로서 어찌 도망을 가겠습니까."

그러자 명종은 상소문을 누가 지었느냐고 물었다. 김규는 한 치의 망설임이 없이 자기가 지었다고 말했다. 그 말에 놀라 몇 살이냐고 물었다. 김규는 13살이라고 말했다.

"열세 살인 어린 네가 어찌 이토록 글을 잘 짓는단 말이냐. 조금이라도 거짓이 있으면 용서치 않겠다."

명종은 이리 말하고는 글을 짓도록 명했다. 김규는 명이 떨어지자마자 거침없이 글을 지어 명종에게 바쳤다. 글을 읽고 난 명종은 감탄하며 말했다.

"너의 효성과 글을 보고 아버지를 석방하리니, 아버지에게 효도하고 나라를 위해 충성을 다하라."

어린 아들 김규의 글 솜씨 덕에 그의 아버지는 석방되었다.

그가 이처럼 할 수 있었던 것은 성현의 글을 보고 마음에 새겨 실천한 까닭이다. 어린 자식이 아버지를 위해 효심을 다하는데 어느 누군들 감동하지 않을 수 있을까.

이 세 편의 이야기를 보면 가정이란 얼마나 중요한 것이며, 가정교육의 주제가 되는 '가훈'은 '마음의 거울'이 된다는 것을 알 수 있다.

착한 집안에는 반드시 경사가 있고,
악한 집에는 반드시 재앙이 있다.

이는 《역경易經》에 나오는 말로, 가정이 왜 화목해야 하는지를 잘 알게 안다. 그 까닭은 가화만사성家和萬事成이란 말이 있듯, 집 안이 화목하면 모든 일이 잘 된다는 말이다.

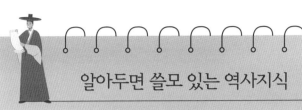

• 홍서봉이 훗날 인조반정을 주도하여 이조판서가 되고, 좌의정, 영의정을 지낼 수 있음은 어머니의 가르침 때문이었다. 다른 사람들이 먹으면 탈이 날까봐 상한 고기를 모두 사다 땅에 파묻은 어머니의 행동은 그 어떤 명문장의 교훈보다도 홍서봉에게는 생생한 교훈이었다. 그가 백성을 생각하고 배려하는 마음으로 관직에 임했기에 일인지하만인지상—人之下 萬人之上 이란 영의정의 벼슬까지 지닐 수 있었던 것이다.

• 김규가 13살 되던 해 극심한 가뭄으로 명종 임금이 기우제를 지내는데, 그의 아버지가 잔치를 벌여 괘씸죄가 붙어 감옥에 갇히게 되었다. 그러자 어린 나이에 글을 지어 명종을 감동시킴으로써 아버지를 석방시켰다. 그가 이처럼 할 수 있었던 것은 성현의 글을 마음에 새겨 실천한 까닭이다. 훗날 식년문과에 병과로 급제하여 이조정랑, 전한을 지냈다.

27

제갈공명의
《제갈량집》

● **제갈공명**諸葛孔明 181~234

중국 삼국시대 촉한蜀漢의 정치가 겸 전략가로 유비의 책사를 지냈다. 명성이 높아 와룡선생이라 일컬었다.

● **《제갈량집**諸葛亮集》

제갈공명의 병법서로 문집 4권, 부록 2권, 고사 5권으로 구성되어 있다. 문집은 제갈공명의 저술이고, 부록은 그에 대한 관계자의 문서이며, 고사는 그에 대한 기록으로서 그의 인물 됨됨이와 활동에 대해 편집한 것이다.

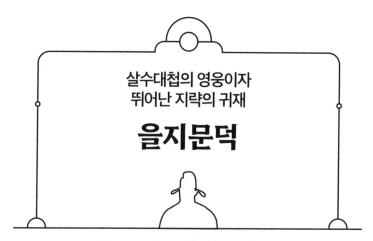

**살수대첩의 영웅이자
뛰어난 지략의 귀재**

을지문덕

◎ 을지문덕乙支文德
고구려 영양왕 때 대장군. 살수에서 수나라 30만 대군을 물리친
살수대첩으로 유명하다.

• 위대한 전략가 제갈공명이 집필한 병법서 《제갈량집》

《제갈량집諸葛亮集》은 제갈공명의 병법서이다. 촉나라보다 7배
나 강하다는 위魏나라를 상대로 5전 전승이라고 할 만큼 호각지
세互角之勢로 싸웠던 제갈공명은 중국역사에서 가장 뛰어난 인물
이라 할 만큼 인기가 있다. 유비가 그를 자신의 곁에 두기 위해
삼고초려三顧草廬의 예를 다한 그이기에 그의 출중한 능력이 어떠
한지는 이미 널리 알려진 사실이었다. 유비는 그를 군사로 삼고

자신의 뜻을 이루어 나갔다.

정사 삼국지 저자인 진수는《삼국지》의 〈제갈량전〉에서 이르기를 제갈공명의 저서는 14만 5천 2백 여자로 이루어진《제갈씨집》24편이 있었다고 했다. 하지만 지금은 전해진 것은 없다. 오랜 시간이 지난 후 제갈공명에 대해 기록한《제갈량집》이 드문드문 보이곤 했다. 명나라 때부터 청나라에 걸쳐 왕사기의《무후전서》20권, 양시위의《제갈충무전》10권, 주린의《제갈무후집》20권 등을 비롯한 종류의 책이 10여 종이나 편집되었다.

그런데 이중 청나라때 장주라는 사람이 편집한《제갈충무후문집》이 내용면에서 가장 잘 정리되었다. 이 책을 내용은 거의 그대로 하고 제목을 바꾼 것이 바로《제갈량집》이다.《제갈량집》은 문집 4권, 부록 2권, 고사 5권으로 구성되어 있다. 문집은 제갈공명의 저술이고, 부록은 그에 대한 관계자의 문서이며, 고사는 그에 대한 기록으로서 그의 인물 됨됨이와 활동에 대해 편집한 것이다.

제갈공명은 지략이 뛰어났을 뿐만 아니라 유비에 대한 충성심이 뛰어났으며, 사심이 없는 청빈한 인물이었다. 유비는 자신의 아들 유선이 나라를 이끌 만한 능력이 부족하자 제갈공명에게 황제에 올라 나라를 이끌라고 말했다. 하지만 그는 자신이 유선을 잘 보필해서 나라를 잘 이끌도록 하겠다며 유비의 뜻을 받아들이지 않았다. 이렇듯 제갈공명은 지략과 인간성과 인격이 뛰어난 인물이었기에 유비는 평생 그를 신임하였으며, 중국역사에서 그를 높이 평가하였던 것이다.《제갈량집》은 그의 지략과 인간성을 면면히 살펴볼 수 있는 책이자, 지략의 중요성에 대해 생각하게 하는 책이라고 할 수 있다.

　유비는 제갈공명을 자신의 군사로 삼기 위해 그를 찾아갔다. 그러나 그는 유비를 만나주지 않았다. 헛걸음을 치고 돌아온 유비는 또 다시 그를 찾아갔지만 역시 만나주지 않았다. 유비는 포기하지 않고 또 다시 그를 찾아갔다. 그때서야 제갈공명은 유비를 만나주었다. 제갈공명은 유비가 자신을 세 번째로 찾아온 날 그에게 앞으로 일어날 일에 대해 일목요연하게 말하며, 유비가 취해야 할 일에 대해 말했다.

　황실의 후예로서 무너진 황실을 재건시키려는 뜻을 품고 있었지만, 모든 것이 역부족이었던 유비는 제갈공명이 펼쳐놓는 마스터 플랜에 대해 놀라워하면서, 그를 자신의 곁에 두기를 갈망하며 자신을 도와달라고 했다. 이에 제갈공명은 유비와 뜻을 함께하기로 했다.

　이때 유비의 나이는 47살, 제갈공명은 27살이였으니 조카뻘 되는 그를 곁에 두기 위해 취한 유비의 결단이나, 자신의 생각을 기탄 없이 말하며 유비를 감동시킨 제갈공명은 서로가 서로에게 반드시 필요한 수어지교水魚之交임을 알 수 있다.

　유비는 제갈공명의 뛰어난 지략에 의해 촉나라를 세우고 황제가 되어 자신의 뜻을 펼칠 수 있었다. 여기서 우리는 중요한 사실을 알 수 있다. 유비처럼 자신이 원하는 사람을 얻기 위해서는 자존심을 벗어버리고 그를 내 편으로 만들기 위해 최선의 노력을 다해야 한다는 것을. 그리고 자신을 필요로 하는 사람에게 절대로 가치 없이 굴어서는 안 된다는 것을. 왜냐하면 그 사람이 자신에게 행하는 정성의 유무에 따라 그리고 정도에 따라 그 사람이 어떤 사람인지를 파악해야 한다. 그래서 그 사람이 진실한 사람인지 아닌지를 판별한 후 그의 간청을 들어주어야 탈이 없는 법이기 때문이다.

그렇다면 제갈공명은 어떤 사람이기에 유비가 그토록 그를 자신의 사람으로 만들기 위해 공을 들였을까. 유비는 촉나라보다 7배나 강한 조조의 위나라와 5번 싸워 다 이길 정도로 지략이 뛰어났다. 때론 지형을 이용해서, 때론 상대의 허를 찔러서, 때론 화공으로, 때론 격장법으로 그 어떤 상황에서도 그 상황에 맞는 지략을 펼침으로써 적국을 물리쳤던 것이다.

• 지략과 용맹을 갖춘 고구려 장수 을지문덕

한국사에서 3대 대첩을 보면 고구려 을지문덕 장군의 살수대첩, 고려 강감찬 장군의 귀주대첩, 조선 이순신 장군의 한산도 대첩을 말한다. 살수대첩은 수나라 30만 대군을 살수 지금의 청천강에서 물리친 전쟁을 말하고, 귀주대첩은 거란군 10만 대군을 귀주에서 물리친 전쟁을 말하고, 한산도대첩은 한산도 앞바다에서 대선 36척, 중선 24척, 소선 13척 등 모두 73척의 왜군을 물리친 전쟁을 말한다.

612년 고구려 영양왕 23년 여름과 가을에 걸쳐 수나라와 벌인 전쟁은 한국역사에 있어서도 손가락에 꼽는 전쟁이다. 특히 이 전쟁의 주인공인 고구려 을지문덕 장군의 용병술은 매우 뛰어날 뿐만 아니라 담대하고 용맹스러워 수나라 100만이 넘는 대군 앞에서도 두려움이 없었다.

일찍이 독립운동가이자 사학자인 단재 신채호는 을지문덕의 그런 마인드를 '을지문덕주의'로 규정하였다고 한다. 그 까닭은 무엇인가. 그것은 을지문덕 장군이 대군을 앞세운 막강한 군사력으로 고구려를 침공한 수나라에서 나라를 구했기 때문이다. 더군다나 적은 군사력으로 수나라의 대군大軍과의 싸움에서 승리를 거뒀다는 것은 신기神技에 가까운 일이었기 때문이다. 이것이 바로 신채호가 을지문덕 장군을 높이 흠모하는 까닭인 것이다. 그렇다면 을지문덕은 어떤 인물인지에 대해 살펴보는 것은 큰 의미가 될 것이다.

대개의 역사적인 인물들은 출생과 가족사에 대해 문헌에 나와 있지만 을지문덕에 대해서 그가 언제 출생했으며, 어디 출신이며, 가족사는 어떻게 되는지, 어떻게 성장했는지에 대해 나와 있지 않다. 하지만 여러 정황으로 보아 그가 고구려 장군인 것만큼은 확실하다. 그러면 을지문덕이 수나라 대군을 물리친 살수대첩에 대해 알아보자.

612년 영양왕 23년 여름에 수나라 수양제는 100만이 넘는 대군을 이끌고 침공하였다. 그는 고구려에 대해 불만이 많았다. 불만의 원인은 수나라의 요구에 잘 따르지 않고, 제멋대로 구는 꼴이 보기 싫다는 것이다. 다시 말해 자신의 마음에 들지 않는다는 것이다. 수나라 군대는 요하를 건너 고구려로 들어오려고 하였다. 고구려군은 그들이 요하를 건너지 못하게 공격을 퍼부어 댔다. 고구려 궁수부대는 수나라 장수 맥철장, 전사웅, 맹차 들을 활로 쏘아 죽였다. 첫 싸움에서 요하를 건너지도 못하고 크게 패한 수나라 군대는 일단 후퇴하고 뒤에 오는 부대를 기다렸다. 이 사이 을지문덕은 방어태세를 더욱 견고하게 했다.

4월 중순이 되자 수양제가 직접 요하 서쪽에 와서 지휘하자 상황은 급변했다. 적이 압도적인 병력으로 강을 건너자 고구려군은 요동성으로 퇴각할 수밖에 없었다. 요동성은 높이가 수십 미터나 되는 난공불락難攻不落 공격하기에 어려울 뿐 아니라 결코 함락되지 않음이었다. 을지문덕은 고구려군에게 성을 굳게 지키고 나가서 적과 싸워 빨리 이기려고 하지 말라고 명령했다. 적군은 요하를 건너자 곧 요동성을 포위하기 시작했다.

수나라군은 성문을 부수기 위한 충차, 불을 지르기 위한 화차, 돌을 던져 성벽을 부수는 발석차 등 새로운 무기들을 총동원했다. 그러자 고구려는 마름쇠를 성벽 주위에 집중적으로 뿌렸다. 마름쇠는 밤송이처럼 뾰족한 쇠촉이 사방으로 나 있어 보병들이나 기병들이 마름쇠에 잘못 찔리면 큰 상처를 입는 무서운 무기였다. 숱한 수나라 공격에도 요동성은 요지부동이었다.

수양제는 고구려의 성을 하나도 빼앗지 못하자 분노했다. 그래서 생각 끝에 30만 5천 명의 별동대를 보내 고구려 수도인 장안성을 직접 공격하기로 했다. 이에 을지문덕은 요동성의 방어를 부하들에게 맡기고 별동대를 직접 상대하기로 했다. 을지문덕은 수나라 군사들이 고구려 영토 안에서 어떤 식량도 얻지 못하도록 전쟁터 주변의 사람들에게 단단히 이르고 먹을 것을 전부 치워버렸다. 수나라 군사들은 고구려 깊숙이 쳐들어오면서 점차 식량이 부족해졌다. 하나둘 굶주림에 지치기 시작했다.

수나라 군대가 압록강에 이르자 을지문덕은 적의 약점을 파악하기 위해 자신이 직접 적진에 사신의 임무를 가지고 방문했다. 을지문덕의 방문에 수나라 장군들은 당황해했다. 그의 뛰어남과 용맹함을 익히 알고 있었기 때문이다. 그때 우중문은 을지문덕을 사로잡으려고 했다. 고구려에서 반드시 잡아야 할 사람은 왕과 을지문덕이니 이 둘은 반드시 사로잡거나 죽이라고 수양제가 말했기 때문이다.

그런데 이때 상서우승 유사룡이 사신으로 온 적장을 사로잡는 것은 예의에 어긋나니 돌려보내야 한다고 했다. 그의 만류로 인해 을지문덕을 돌려보냈다. 그로인해 적군의 실태를 알아보려고 한 을지문덕의 작전은 성공을 거뒀다. 하지만 을지문덕을 놓아준 수나라 장수 우중문은 후회스러운 마음이 들었다. 자칫 그로인해 사태가 자신들 쪽이 불리할 것 같은 생각이 들었던 것이다.

그러자 수나라 진영에서 우문술과 우중문 사이에 불화가 발생했다. 우중문은 정예부대를 시켜 을지문덕을 쫓으면 성공할 수 있다고 말했지만, 우문술은 그의 말을 듣지 않으려 했던 것이다. 이에 화가 난 우중문은 나중에 무슨 얼굴도 황제를 보느냐며 말했다. 하는 수없이 우문술은 우중문과 함께 군대를 이끌고 을지문덕을 쫓아갔지만 을지문덕은 수나라 군대가 배고픔에 지쳐 있음을 파악하고 더욱 지치게 하도록 싸우는 척하며 달아나기를 일곱 차례나 반복하였다. 그러나 우중문과 우문술은 이것이 을지문덕의 전술인지도 모르고 평양성 30리 밖에까지 쫓아왔다.

을지문덕은 한시 〈여수장우중문시與隋將于仲文詩〉를 써서 우중문에게 보냈다.

> 귀신같은 계책은 천문을 구명하고
> 신묘한 꾀는 지리에 통달했네.
> 싸움에서 이긴 공은 이미 드높으니
> 만족함을 알았으면 그치기를 바라노라.

이 시를 보고 우중문이 답서를 보냈다고 하나 어떤 내용인지 전해지지 않는다고 한다.

수나라 군대는 공격을 감행하여 살수를 건너기 시작했다. 적군이 강을 반쯤 건넜을 무렵 매복해 있던 고구려군은 을지문덕의 명령에 따라 총공격을 펼쳤다. 이에 놀란 수나라 군사들은 우왕좌왕하며 어쩔 줄을 몰라 했다. 이때를 놓치지 않고 고구려군은 화살을 퍼부어 댔다. 화살에 맞아 죽고, 칼과 창에 찔려 죽은 수나라 군사가 산더미처럼 늘어갔다. 30만 5천의 수나라 군대는 살수에서 무참히 패배하였다. 살아서 돌아간 수나라 군사는 고작 2천 7백 명뿐이었다고 하니 이는 고구려의 완벽한 대승이었다.

이 이야기를 통해 을지문덕이 용맹스러울 뿐만 아니라 지략이 매우 뛰어났다는 걸 알 수 있다. 호랑이를 잡으려면 호랑이 굴로 들어가야 한다는 속담이 있듯, 을지문덕은 적의 동태를 살피기 위해 과감하게 적지로 찾아야 갔다. 그 일은 전략을 세우는 데 큰 도움이 되었다. 그리고 지치고 배고픔에 주린 적군을 더 지치게 하기 위해 일곱 차례나 공격했다가 달아나는 전략은 수나라 군사들을 더욱 지치게 만들었던 것이다. 또한 살수로 유인하여 수나라군대를 물로 공격함으로써 기진맥진하게 만들어 승리로 이끈 수공水攻전략은 가히 놀랄 만하다.

전쟁에 있어 뛰어난 장수의 전술과 전략은 수 만 수십 만의 적을 한 번에 물리칠 수 있을 만큼 힘이 세다. 그런 점에서 볼 때 을지문덕 장군은 촉나라 군사인 제갈공명에 결코 뒤지지 않는 용장이자 지략가라고 할 수 있다. 지금 우리나라가 이처럼 부강하게 된 데에는 과거 우리 역사에서 위태로울 때마다 굳건히 나라를 지킨 을지문덕 장군과 같은 위대한 인물이 있었기 때문이다. 그런 까닭에 우리 10대들은 역사적인 위인들에 대해 감사함을 잊지 말고, 그분들의 훌륭한 정신을 마음에 새겨 자신의 미래를 개척하는 데 바탕으로 삼기 바란다.

알아두면 쓸모 있는 역사지식

• 살수대첩이란 을지문덕 장군이 수나라 장수 우중문과 우문술이 이끄는 30만 5천 명의 수나라 군대를 살수에서 무참히 패배시킨 전쟁을 말한다. 이때 살아서 돌아간 수나라 군사는 고작 2천 7백 명뿐이었다고 하니 이는 고구려의 완벽한 대승이었다.

• 을지문덕 장군은 적의 상황에 따라 직접 적지로 찾아가기도 하고, 싸움에서 지는 척 도망치기도 하고, 강을 이용하여 수공을 하는 등 지략의 귀재였다. 전쟁에 있어 뛰어난 장수의 전술과 전략은 수만 수십만의 적을 한 번에 물리칠 수 있을 만큼 힘이 세다. 그런 점에서 볼 때 을지문덕 장군은 촉나라 군사인 제갈공명에 결코 뒤지지 않는 용장이자 지략가라고 할 수 있다.